謹以此書紀念辛介夫先生逝世十周年！

"長安學人叢書"編委會

叢書主編
張新科

編　　委
（以音序排列）

党懷興	高益榮	賀衛東	李繼凱
李西建	李躍力	李　釗	劉鋒燾
裴亞莉	蘇仲樂	孫清潮	王同亮
王曉鵑	邢向東	楊曉斌	趙學清
周淑萍			

長安學人叢書

《說文》部首集注箋證

辛介夫 主編

葉正渤　蔡永貴　陳　楓
田耕漁　陳　曦　馮玉濤　參編

陝西師範大學出版總社

圖書代號　ZZ20N2261

圖書在版編目(CIP)數據

《説文》部首集注箋証／辛介夫主編.—西安：
陝西師範大學出版總社有限公司，2020.11
　ISBN 978-7-5695-2001-9

　Ⅰ.①説…　Ⅱ.①辛…　Ⅲ.①《説文》—注釋
Ⅳ.①H161

中國版本圖書館 CIP 數據核字(2020)第 217445 號

SHUOWEN BUSHOU JIZHU JIANZHENG
《説文》部首集注箋証
辛介夫　主編

責任編輯／	孫瑜鑫
責任校對／	馮新宏　倪天睿
封面設計／	浥林書裝
出版發行／	陝西師範大學出版總社
	（西安市長安南路 199 號　郵編 710062）
網　　址／	http://www.snupg.com
經　　銷／	新華書店
印　　刷／	西安市建明工貿有限責任公司
開　　本／	787mm×1092mm　1/16
印　　張／	22.25
插　　頁／	2
字　　數／	260 千
版　　次／	2020 年 11 月第 1 版
印　　次／	2020 年 11 月第 1 次印刷
書　　號／	ISBN 978-7-5695-2001-9
定　　價／	89.00 圓

讀者購書、書店添貨如發現印刷裝訂問題，請與本社高教出版中心聯繫。
電　話：(029)85303622（傳真）　85307826

總　　序

　　陝西師範大學今年迎來 70 年華誕,中文系(現在的文學院)與學校的發展歷史同步,也是 70 年。

　　中文系的前身是 1944 年成立的陝西省立師範專科學校國文科。此後隨着學校的幾次調整,先後經歷了西北大學師範學院國文系(1949—1953)和中文系(1953—1954)、西安師範學院中文系(1954—1960)、陝西師範大學中文系(1960—2000)和文學院(2000 年成立)幾個階段。在 70 年的發展歷程中,中文系幾代學人薪火相傳,勤奮耕耘,在師資隊伍建設、專業建設、學科建設、人才培養、科學研究、社會服務等方面取得了令人矚目的成績,并且涌現出了一大批蜚聲海内外的著名學者,他們在不同的學科領域做出了杰出貢獻。

　　由於種種原因,文學院一批德高望重的先生生前撰寫的著作没有能够出版,還有一批健在的先生在退休後仍然筆耕不輟,進行學術研究。爲了展現文學院老一輩學者的學術成果和學術精神,借 70 年校慶之際,文學院籌劃出版"長安學人叢書"。這套叢書,是文學院寶貴的精神財富,既體現了老一輩學者的學術思想、學術追求,也將給後來的青年教師樹立榜樣,鼓勵青年教師崇尚學術,追求理想。

陝西師範大學地處古都長安，隨着學校事業的蓬勃發展，文學院從雁塔校區搬遷到了長安校區。近年來，爲了發揮中文學科的優勢和特色，文學院以"長安"爲名，展開一系列的學術研究和學術活動。國家"211工程"三期重點學科建設項目"長安文化與中國文學"以其獨特的風貌贏得了學界的好評，並以優秀的成績順利通過驗收，但我們對長安文化的研究並沒有停止。面向全校師生的"長安大講堂"從2004年創辦以來，一大批海內外學者登臺講學，目前已超過100期。面向研究生和高年級本科生的"長安學術講座"匯集各家思想，目前也已接近200期。以文學院教師作爲主講人的學術講座"長安學人講座"，不僅爲"長安"品牌增添了絢麗色彩，而且教師把自己最新的研究成果介紹給學生，也開闊了學生的視野。文學院創辦的學術刊物《長安學術》到目前也已出版八輯，與外界進行廣泛的學術交流。本次編纂"長安學人叢書"，與文學院的其他學術研究、學術活動合爲一體，仍以"長安"爲名。我們期望通過這一系列的努力，打造屬於我們自己的"長安"品牌，凸顯我們的學科特色。

　　"長安學人叢書"的編撰得到文學院老一輩學者及其親屬的積極響應和大力支持，我們表示誠摯的謝意。叢書的出版得到陝西師範大學211辦公室、陝西師範大學出版總社的大力支持，在此一並表示衷心感謝。

　　學術之樹常青，學術生命永恒！

編委會
2014年7月

序　言

　　後漢許慎所著《說文解字》一書，是中國漢文字學史上一部極爲重要的寶書。時至今日，由於主客觀方面的原因，雖然存在著一些錯誤，但其歷史意義與現實價值，仍是顯而易見、有目共睹的。研究中國漢文字學，不可不讀。《說文》之五百四十部首，又是研讀《說文》必須首先掌握的鑰匙。於其形、音、義不可不明。由部首而讀《說文》，舉綱挈領，執要說詳，可收事半功倍之效。有鑒於此，我們中國文字學專業葉正渤、陳楓、田耕漁、蔡永貴、陳曦、馮玉濤六位研究生同志，在指導老師辛介夫先生的指導下，以一年有半的時間，集體討論的方式認真研究了《說文》五百四十部首及所統屬的一些字。求實求是，溯源探流，對於每一個部首的初形、古音、本義以及形變、音轉、意義引申等，勾沈索隱，無徵不信，務求明其所以然。同時，我們又將研討的結果，整理成册，反復修改，幾易成稿，由辛先生一一審閱修改，並加按證，方集成是稿。希冀於中國漢文字學的建設能有萬一之用。

　　本書自屬獻芹之作，然同類著述國内外迄今尚未多見。康殷《說文部首》、鄧散木之《說文部首校釋》窺其用意，似爲書法、篆刻而作，非爲文字學而作。本書主旨，不關書法、篆刻，專爲讀《說文》而作的入門書。

對於初學《說文》者來說,或可起一點嚮導作用。由此而讀《說文》,或可少走一些彎路,早登《說文》之堂而入古文字學之室。這只是一種大膽嘗試,能否如願,未可逆料。加之編者學歷淺薄,譾陋寡聞,舛誤疏失,實所難免。懇請學者通人,惠於指正。

本書在寫作過程中,參考了前賢和今人的論著。我們在"凡例"中擇其要者作了說明,其他則不再一一標出,在此,謹向有關作者表示謝忱。

爲了學習的方便,我們另撰有《〈說文解字〉部首字六書歸類表》和《〈說文解字〉六書歸類解說用語》作爲附錄,附於書後。

一九八六年十二月於陝西師範大學

凡　例

1.本書於每字之下,首列篆文、楷書、反切、今音,次錄許書原文;再次則錄所擇各家注語;最後爲編者按語。

2.本書所錄篆文及《說文解字》正文,一仍中華書局 1963 年 12 月所印大徐本。若大徐本顯有訛脱者,則於注中加以訂正說明,正文中不擅加改正。

3.本書所注切音,仍依大徐,用孫愐《唐韻》。

4.本書所注今音,是根據大徐所注反切,並參考了《古今字音對照手冊》《現代漢語詞典》《中華大字典》《辭海》《辭源》以及《廣韻》等書。

5.自唐迄今,疏釋許書者甚夥。或臧或否,歷代皆然。本書不諱過、不掠奇、不求全,唯真理是求;於諸家注疏中,但取其精者是者,以時代先後次第之而已。

6.本書所錄《說文解字》原文,簡稱"許解"。所引各家書中,其書(或文)多次出現者,則簡稱如:

(1)徐鍇《說文解字繫傳》簡稱《繫傳》,

(2)段玉裁《說文解字注》簡稱《段注》,

(3)桂馥《說文義證》簡稱《義證》,

— 1 —

（4）王筠《說文句讀》、《說文釋例》簡稱《句讀》、《釋例》，

（5）徐灝《說文解字注箋》簡稱《徐箋》，

（6）朱駿聲《說文通訓定聲》簡稱《定聲》，

（7）張舜徽《說文約注》簡稱《約注》。其他書偶有引證者，則錄全名。

（8）本次出版時，某些參考文獻的版本有所變化。

7.本書所加按語，爲求說明問題而已，或長或短，不求統一。所下斷語，力求信而有征，或求之以形、音或形、音、義互求，或稽之於文獻典籍，或考之於方言俚語。遇有著者所見與前賢偶有同者，則棄私見而從成說；若有與前人、今人所論同而未能標出者，或爲行文方便而未標，或爲暗合，並非掠美。

8.本書於按語之中，力求說明一些文字嬗變之軌跡，或探求古音、本義，推尋形變、義轉。凡有可信之古文字者，均選而錄之，或一或眾，不求統一，以能說明問題爲准。但本書不以古非今，不以甲骨文、金文否定小篆，而是正視文字發展之事實，承認文字改革的合理性。

9.原初稿和油印本所錄古文字，多取自《甲骨文編》（中國科學院考古研究所編輯，中華書局 1965 年版）、《金文編》（容庚著，中華書局 1985 年版）、《古文字類編》（高明編，中華書局 1980 年版）、《漢語古文字字形表》（徐中舒主編，四川辭書出版社 1981 年版）、《甲骨文集釋》（李孝定編，臺灣中央研究院歷史語言研究所 1965 版）、《金文詁林》（周法高主編，香港中文大學出版社 1974 年版）等書。現在本書所錄古文字，取自電子版的《古文字詁林》（《古文字詁林》編纂委員會，上海教育出版社，1999 年）於正文中不再加注說明。

10.本書所論雖爲五百四十部首，但其涉及甚廣。遇有難明其義者，或闕或疑，不作定論；遇有兩說均可通者，則兼收並蓄，以示審慎藉廣異聞。

目錄

卷一	1
卷二	12
卷三	29
卷四	59
卷五	83
卷六	128
卷七	140
卷八	169
卷九	191
卷十	215
卷十一	243
卷十二	258
卷十三	280
卷十四	296

參考文獻 …………………………………………………… 330

附錄一：《說文》部首字"六書"歸類表 …………………… 332

附錄二：《說文解字》六書歸類解說用語 ………………… 336

後記 ………………………………………………………… 343

卷　一

一【一】　　於悉切　　今讀 yī

　　許解：惟初太始，道立於一，造分天地，化成萬物。凡一之屬皆从一。弌，古文一。

　　王筠《句讀》：此論道，非論世，故舉《繫辭》"易有太極"以立言，大徐本作"太始"，非也。雖《易》曰："乾知大始"，然下文方言"造分天地"，此不得偏主於乾。《繫辭》："天下之動貞夫一。"太極生兩儀。乾道變化，坤作成物。

　　桂馥《義證》：《易·繫辭》："乾知太始，坤作成物。"又云："是故易有太極，是生兩儀"。正義云："太極謂天地未分之前，元氣混而爲一。即是太初、太一也。"故《老子》云："道生一"，即此太極是也。又謂："混元既分，即有天地"，故曰"太極生兩儀"，即老子云"一生二"也。……太初者，氣之始也；太始者，形之始也；太素者，質之始也。……"凡一之屬皆從一"者，許氏自云："分別部居，不相雜廁。"又云："其建首也，立一爲耑，方以類聚，物以群分；同條牽屬，共理相貫；雜而不越，據形系聯。"徐鍇曰："分部相從，自許始也。"馥案：始一終亥，五百四十部文以統字，昔人稱爲偏旁之學是也。戴侗《六書故》謂弌不能古於一，欲以弌爲小篆，一爲古文。案：小篆意趨簡易，數目字尤所習用，故省弌爲一，其二三皆因一積成之，猶古文之積三爲四也。戴氏以簡爲古文，緐爲小篆，豈李斯作字之本意乎？

　　謹按：一，甲文作━，金文作━，可知小篆沒有譌誤。許氏借黄老之學，解爲"惟初太始，道立於一"，非造字本義。王筠評爲"此論道，非論世"近是。漢代黄老之術、陰陽五行之說甚囂，許氏亦未能倖免受其影響。"一"字之解說，即其一例。但在書中解說其他从一諸字時，或以爲天，如"不""天"；或以爲地，如"旦""且"；或以爲標誌，如"本、末"；或以爲一字形物體形象，如"毋""正"；或以爲陽氣，如"七""丙"，並未使用"道立於一"觀點。此足證許氏部居五百四十首，始一終亥，實含有道家所謂萬物皆始於一，復入於亥之意。與漢字之緣起及"一"字本義，固無涉也。

　　"一"的本義爲數之始，原始人積畫記數，如━、═、☰、☰，都積畫而成，✕(五)、∧(六)、╋(七)、八(八)、ㄋ(九)，當較後出。自然數以一爲始，从另一個角度說，一爲數的整體，對於部分而言，它又最大。故王弼說："一者，數之始也，物之極也"。物之極即整體的，也可以認爲是"一"的本義。从數之始，可以引申爲專一、單一等意思。从物之極引申爲皆、全、同等統括之詞。

⊥【上】　　時掌切　　今讀 shàng

　　許解：高也。此古文上。指事也。凡⊥之屬皆从⊥。丄，篆文上。

　　《段注》：古文上作二，故帝下旁下示下皆云从古文上，可以證古文本作二，篆作丄。各本誤以⊥爲古文，則不得不改篆文之上爲丄，而用上爲部首，使下文从二之字皆無所統，示次於二之恉亦晦矣。今正⊥爲二，

ㄥ爲上,觀者勿疑怪可也。

桂馥《義證》:高也者,《周頌》:"無曰高高在上。"郭璞《爾雅·釋親》注:"高者,言最在上。"本書:"天,至高無上。""此古文上"者,小篆之未變古文者也。如大云古文大,介云籀文大,改古文是也。……帝、旁皆從二,故以丄爲部首,本作ㄥ。書家取勢,壹其上畫非古文本體也。篆文丄者,即小篆。

謹按:上,甲文作二、ㄥ,金文作二。古人初造上下字,以━或ㄥ爲標誌,點指其上爲上,點指其下爲下。以-或━,標識位置,故或作ㄥ、ㄥ,或作二、二,雖沒有定體,但其造字指意明顯。立一爲尚,點其上,又亦比其高,故有高意。今寧夏、四川方言說"上"爲高,陝西柞水縣謂上面爲"高頭",皆是上之本義也。立一爲尚,點其下,也表示比其低,故許君亦以"底也"訓"下","底"即今"低"字。ㄥ,秦會稽刻石有此形,段拘泥,必改上爲二,則不得不改篆文ㄥ爲丄,不悟ㄥ是李斯小篆,早見於秦刻石。又"指事也",似非許語,恐是後人旁注語,串入正文者。許氏解字,從無直言其字應歸六書某項者。即"象形"一語,亦只言某字形體像其物之形,非直言此字應歸屬爲六書中之象形也。

示【示】　神至切　　今讀 shì

許解:天垂象,見吉凶,所以示人也。从二。三垂,日月星也,觀乎天文,以察時變。示,神事也。凡示之屬皆从示。示,古文示。

王筠《句讀》:察時變以上,據字形立說。本句則所以領部中字也。惟禩字與垂象見吉凶義合,其餘則皆神事也。

謹按:示,甲文作丅、丅、示等形,以丅形爲主體。先古墳墓前的獻桌正像其形,故示當爲象形字。許氏:"天垂象,見吉凶,所以示人也",乃析小篆立說,與示字初形不合。或謂一像天,丨像神靈自天而下,古籍如

《詩經》、《楚辭》皆有天神下降的文例,故此說亦不爲無據。

三【三】　　穌甘切　　今讀 sān

許解:天地人之道也,从三數。凡三之屬皆从三。弎,古文三,从弋。

《段注》:陳煥曰:"數者,易數也。"三兼陰陽之數言。一下曰"道立於一",二下曰"地之數",王下曰"三者,天地人也"。《老子》曰:"一生二,二生三,三生萬物。"此釋三之義,下釋三之形,故以"於文"二字別言之。"於文一耦二爲三,成數也。"此依《韻會》所引。《韻會》多據鍇本,今鍇本又非舊矣。耦,各本作偶,今正。二下曰:"从一耦一"。以一儷一也。此曰"一耦二爲三",以一儷二也,今又皆脫一字。三畫而三才之道在焉,故謂之成數。"又"字下曰:"手之列多略不過三。"

王筠《句讀》:"從弋",小徐無此二字,且古文弎下亦無,在此失次。

桂馥《義證》:"天地人之道也"者,本書:"古之造文者,三畫而連其中謂之王。三者,天地人也。"又云:"天大、地大、人亦大"。《老子》:"道生一,一生二,二生三,二謂天地,三謂天地人也"。服虔《左傳》注:"三者,天地人之數"。關子明《大易衍義》:"夫數兆於一,生於二,成於三,此天地人所以立也"。

馬敍倫曰:三爲數名,象屈三指之形。當云:數名,象形。疑本作"數名,从一从二"。"天地人之道也",乃校者注於"數名"之下者也。

謹按:三,甲文作三、三、三,金文作三、三,都是積畫成數。畫一橫爲"一",添一畫爲"二",再添一畫爲"三",又添一畫爲"三",都是表示數目。許氏說解數字時多闡發其哲學思想。一下曰"惟初太始,道立於一,造分天地,化成萬物",二下曰"地之數"。在此又云"天地人之道也",離開了字之本義。

"一""二""三"與"上""下"造字之理同。"一""二""三"表示事物數量,"上""下"表示事物位置,均無形可像,故多以象徵性符號表之,須經觀察,始能見意,故二者皆屬指事。

王【王】　　雨方切　　今讀 wáng

許解:天下所歸往也。董仲舒曰:"古之造文者,三畫而連其中謂之王。三者,天、地、人也。而參通之者,王也"。孔子曰:"一貫三爲王"。凡王之屬皆从王。𠙻古文王。

桂馥《義證》:《釋詁》:"王,君也。"案:古之言君者與王同義。《荀子‧王制篇》:"君者,善羣也。"《春秋繁露‧滅國篇》:"君者,不失其羣者也。"《漢書‧刑法志》:"從之成羣,斯爲君矣。"《白虎通》:"君,羣也,羣下之所歸心也。"馥謂此即歸往爲王之說也。"天下所歸往也"者,《洪範》:"天子作民父母,以爲天下王。"王肅注云:"政教務中,民善是用。所以爲民父母,而爲天下所歸往。"莊三年《穀梁傳》:"其曰:王者,民之所歸往也。"……《大戴禮‧盛德篇》:"法政而德不衰,故曰王也。"盧辯注云:"王者,往也,民所歸也。"《御覽》引《韓詩外傳》:"王者,往也。天下往之,善養生人者也,故人尊之。"……孔子曰:"一貫三爲王者,貫當爲毌,經典用貫字。"

謹按:王,甲文作 ᚼ、ᚼ,金文作 王、王。从字形發展來看,許氏解釋字形只合小篆而不合甲文、金文、古文。甲文 ᚼ 从大从一,ᚼ 从夫从一。甲文"大"和"夫"都是卓然正立的人形,故从大或从夫表意。"一"爲所立的位置。金文改一爲 ━、▅,古文改爲 ◯,當是筆勢的變化,與造字無關。

玉【玉】　　魚欲切　　今讀 yù

許解:石之美。有五德:潤澤以溫,仁之方也;䚡理自外,可以知中,義之方也;其聲舒揚,專以遠聞,智之方也;不橈而折,勇之方也;銳廉而不技，絜之方也。象三玉之連，丨其貫也。凡玉之屬皆从玉。𤣩，古文玉。

馬敘倫說：玉从三◎而丨連之。◎即璧之初文，丨其貫也。玉有體質，本可象形。然圖畫之，天然之玉與石不殊，則疑於石也。古以玉爲貨，故算字从玉。璧，蓋石爲貨時代之錢幣，取石之美者，琢而穿之，聯之以系，以便佩攜。後世之錢有孔，而以若干錢爲一貫者，即其遺俗也。《周禮·太宰》《典瑞》並言大喪贈玉。鄭注："蓋璧也。"則如今之助喪以貨幣矣，可證也。及易玉以貝以金，乃以璧爲享聘之用，猶後世之以金獻遺也。玉字之形，初當爲𤫊，或爲𤫊。此作王，甲文則作丰。甲文於方圓之形，每變而爲一，俯視與側視之殊也。此及甲文之丰，皆側視之形。

張舜徽《約注》：馬氏推原玉字得形之由，足以發明古意。許所云"象三玉之連"，亦當循斯意以求之。古人以玉比德，恒稱玉有五德。……說解首句，當作"石之美者"。今本奪"者"字，一本"專"作"專"，"撓"作"橈"，"忮"作"技"，皆傳寫之譌。

謹按：玉，甲文作 丰、丰。金文作王、王，皆像玉璧類玉製品聯綴之形。

珏【玨】　古岳切　今讀 jué

許解：二玉相合爲一珏。凡珏之屬皆从珏。瑴，珏或从殼。

《段注》：按《淮南書》曰："玄玉百工"，注："二玉爲一工"。工與珏雙聲，百工即百珏也。不言从二玉者，義在於形，形見於義也。因有班、瑞字，故珏專列一部，不則綴於玉部末矣。凡《說文》通例如此。殼聲也。《左傳》"納玉十瑴"，《魯語》"行玉廿瑴"，字皆如此作。韋昭、杜預解同《說文》。

張舜徽《約注》：瑴乃珏之後出形聲字。經傳皆用瑴而珏廢。莊公十八年《左傳》："皆賜玉五瑴。"杜《注》："雙玉爲瑴。"《正義》云："《倉頡篇》瑴作玨,雙玉爲瑴,故字從兩玉。"《爾雅·釋器》:"玉十謂之區。"郭《注》:"雙玉曰瑴,五瑴爲區。"皆其義已。若必謂玨與瑴爲二字,則無徵不信,未可臆斷也。

謹按:玨,甲骨文作 𤤴、𤤲,金文作𣪘。古玉或貝皆以一貫五枚,二貫爲一玨,故甲文作𤤴、𤤲。金文字形從囗瑴聲,囗像玉形,而成形聲字。

【气】　　去既切　　今讀 qì

許解:雲气也。象形,凡气之屬皆從气。

《段注》:气、氣古今字。自以氣爲雲气字,乃又作餼爲廩氣字矣。气本雲气,引伸爲凡气之偁……借爲气,假於人之气,又省作乞。

張舜徽《約注》:气乞本一字。唐以前雲气字猶多作气。後因省一筆以爲求乞字,防混淆耳。求乞字後又益欠旁作欫,今所不用。

謹按:气,甲文作 三、彡,金文作 三、彡,皆像雲氣之形。氣,從米气聲,本義爲祭神之糧,作爲雲氣之氣後,加食旁成餼。

【士】　　鉏里切　　今讀 shì

許解:事也。數始於一,終於十。從一,從十。孔子曰:"推十合一爲士"。凡士之屬皆從士。

《段注》:士事疊韻,引申之凡能事其事者偁士。

王國維曰:《易》云:"老婦得其士夫,老夫將其女妻。"是士爲少年未娶之稱。龜板文牡作𤘃,從士,推十合一爲後起義。

楊樹達曰:歙縣亡友吳承仕曰:"《說文》'士,事也。'古以士稱男子,事謂耕作也。《釋名·釋言語》云:'事,偼也;偼,立也。青徐人言立曰偼。'《禮記·郊特牲》云:'信事人也。'《注》:'事猶立也'《漢書·蒯通傳》云:'不敢事刃於公之腹者。'李奇注:'東方人以物臿地中爲事。'"

……蓋耕作始於立苗,所謂插物地中也。……人生莫大於食,事莫重於耕。故雷物地中之事,引申爲一切之事也。(見楊樹達《積微居小學述林·釋士》)

謹按:甲文沒發現獨用"士"字,金文作 ⊥、±。單从獨立的字形,難以推求出字之本義。甲文中,往往於動物字形旁加⊥形或匕形,表示動物性的特徵。如"牝",甲文作 ⾣、⺧、⻄、⻁、⻀ 等形。《說文·牛部》"牝"篆下解曰:"畜母也。""牡",甲文作 ⾣、⻝、⺧、⻙ 等形。《說文·牛部》"牡"篆下曰:"畜父也。"可知"匕"爲雌性標誌,"⊥"爲雄性標誌。最有說服力的是"婿"字,或寫作"壻"。《說文·士部》:"壻,夫也。从士胥聲。《詩》曰:'女也不爽,士貳其行。'"在《詩經》中,"士""女"每每對舉。他如《野有死麕》:"有女懷春,吉士誘之。"《氓》:"女也不爽,士貳其行。"《女曰雞鳴》:"女曰雞鳴,士曰昧旦。"《溱洧》:"溱與洧,方渙渙兮,士與女,方秉蘭兮。"可知"士"之本義爲成年男子無疑。或謂甲文"⊥"像男子牡器,古人蓋不諱言之也。今陝西罵人"驢㞗的",蓋古音之遺。後世或書爲勢、爲矢。

| 【丨】　　古本切　　今讀 gǔn

許解:上下通也。引而上行,讀若囟;引而下行,讀若遐。凡丨之屬皆从丨。

《段注》:囟之言進也,可上可下,故曰下上通。竹部曰:"篆,引書也"。凡字之直,有引而上,引而下之不同。若至字當引而下,不字當引而上。又若才、中、木、生字,皆當引而上之類是也。

王筠《句讀》改爲"下上,通也"說:依《玉篇》乙轉。(引而上行讀若囟)句承下通,謂自下通于上也。(引而下行讀若退)句承上通,謂自上通于下也。《玉篇》思二切、又古本切。《廣韻》《震》《隊》二部不收,但收之《混》部。案古本切與引從丨聲合。

　　張舜徽《約注》:丨之本義爲上下通。其音爲古本切,猶今語所稱滾耳。求之本書,則同謂之昆,亦謂之捆,織成帶謂之緄,穀齊等謂之稇,皆當以丨爲語根。

　　謹按:丨,當與丶、丿、乀、亅、匚等形一樣,只作爲部首,不獨立表意。以部從"中""斾"二字求之,"丨"像棍、棒之形,當即今"棍"之本字。又在王筠《句讀》下。(引而上行讀若囟)一語,加上括號,表示是許解原語。以下皆同。

屮【屮】　　丑列切　　今讀chè

　　許解:艸木初生也。象丨出形,有枝莖也。古文或以爲艸字,讀若徹。凡屮之屬皆从屮。尹彤說。

　　《段注》:丨讀若囟,引而上行也。枝謂兩旁莖枝。柱謂丨也。過乎屮則爲出,下垂根則爲木。

　　王筠《句讀》:艸下云從二屮,木下云從屮,故云然,實則屮祇是艸。……象出形,謂丨也。有枝莖,謂乚也,許但據形係聯耳。丨下上通,乃指事字,非物也,安得有出形。

　　謹按:屮,甲文作屮、屮,金文作屮、屮,像草木初生之形。本書《攴部》"徹"篆下釋曰:"通也。""徹""通"古雙聲,皆爲舌頭音。又《丨部》"丨"下釋曰:"上下通也。""丨"有通意,"屮"據"丨"形系聯,兩字之間,顯然聲義相通。徐注丑略切,"丑"屬舌上音,故疑"屮"應讀(tíng),即今所謂"錐桯子"之桯,亦即"有枝莖"之莖。

艸【艸】　　倉老切　　今讀cǎo

　　許解:百芔也。从二屮。凡艸之屬皆从艸。

徐鍇《繫傳》:總名也。艸叢生,故從二屮。

王筠《句讀》:《釋草》疏引作"象野艸莽蒼之形"。……《論衡》:"草初生爲屮,二屮爲艸,三屮爲芔,四屮爲茻,言其生之繁蕪也"。

張舜徽《約注》:芔亦艸之通稱。古言百芔,猶今云百艸也。……艸篆古匋文作 ᙎ,或作 ᙎ,象枝葉左右參差形。篆體過求勻整,故許君從而釋爲會意。

謹按:艸,甲文、金文都沒有發現獨立形體。古匋文有獨立形,作 ᙎ、ᙎ,當如《約注》所說,像艸枝葉左右參差繁衍形。

【蓐】　而蜀切　今讀 rù

許解:陳艸復生也。从艸,辱聲。一曰:蔟也。凡蓐之屬皆从蓐。薅,籀文蓐,从茻。

《徐箋》:陳艸復生曰蓐,因之除艸曰薅。除艸之器謂之耨,義相因,聲相轉也。古衹作蓐。《周禮·囿師》:"春除蓐",謂除艸也。《爾雅·釋器》:"蓐謂之茲",謂薅器也。蓐爲陳艸復生,因之凡陳舊之物可復用者,皆謂之蓐,故隔宿之餐謂之蓐食。

《段注》:此別一義。艸部曰:"蔟,行蠶蓐也"。蓐訓陳艸復生,引伸爲薦席之蓐,故蠶蔟亦呼蓐。

王筠《句讀》:義與芿相近。芿之爲言扔也,謂其陳陳相因也。蓐蓋謂其厚也。《廣韻》芿下云:"陳根草不芟,新草又生。"所謂燒火芿者也,與許君義近。又《三蒼》、《聲類》皆曰:"蓐,薦也。"案薦與荐通。荐,席也;蓆,廣多也。即《左傳》之"左追蓐矣"。乃引申之義。

謹按:蓐,甲文作 ᙎ、ᙎ,从艸从 ᙎ(辰)从 ᙎ(又)。又,手也。"又"作爲意符,同"寸"沒有區別,故籀文从寸,小篆因之。ᙎ,有人以爲蚌制,有人以爲石制,但都認爲是農具。ᙎ、ᙎ 同像野艸漫生滋長之狀。手把農具于草中,意爲除草。《說文》籒文从舜,"艸""舜"作爲意符,表義功能相同,字義未改變。該部只有一個"薅"字相从,許解爲:"拔去田艸也。"故可知"蓐"之本義爲除草,即所謂薅草,當是"薅"的本字。

艸【舜】　　模朗切　　今讀 mǎng

　　許解:眾艸也。从四屮。凡舜之屬皆从舜。讀與冈同。

　　《段注》:經傳艸莽字當用此。

　　王筠《句讀》:元應引"眾艸曰莽也"即是此說。足徵與莽爲一字。

　　張舜徽《約注》:舜訓眾艸,引申則有廣大之義。聲轉爲蕪,爲蔓,爲茂,爲每,爲荒,爲漠,皆聲近義同。今則通用莽字,莽行而舜廢矣。

　　謹按:舜,甲文、金文沒發現獨立形體,但甲文"莫"作𦮃,从日在舜中。"舜"像眾草之繁蕪狀,表示草多,故許氏釋爲眾艸也。許氏析形爲从四屮,乃據形系聯之原則立說,草莽意的本字。本部"莽"篆下云:"莽,南昌謂犬逐兔艸中爲莽。从犬从舜,舜亦聲。"故可知"莽"之本義與犬有關,魯莽之莽當爲引申義。今借"莽"形爲"舜","舜"之本形廢,而"莽"之本義晦矣。

卷　　二

川【小】　　私兆切　　今讀 xiǎo

許解：物之微也。从八，丨見而分之。凡小之屬皆从小。

《段注》：八，別也。象分別之形，故解从八爲分之，丨才見而輒分之。會意也。凡榀物分之則小。

王筠《句讀》：丨有見義者，屮中筆與丨同，因系於其後。屮初生，有見意也。初生本小，再分之，彌小也。

馬敍倫曰：小即沙之初文。沙，从水少聲，少小固一字也。《戰國策》："謀之暉臺之下，少海之上。"吳師道謂少當作沙，其實小即沙字。沙之爲物，聚而後見，故以三點象之。

張舜徽《約注》：物之微者莫如沙，故引申爲凡小之稱。金文中小字作⺌，見小子師敦；或作ハ，見盂鼎。甲文作ⱽ或作ⱽ。自篆體過求勻整，將中畫引長，而原意漸不可見，解者遂不得不曲爲之辭，許君正坐此失。

謹按：小，甲文作ⱽⱽ，金文作ハ，都像眾沙之形。古人生活中沙爲最微之物，表示最小之體積，故將小和沙聯繫起來，以沙表示小義。小篆是以六國文字而來並求勻整美觀之字體，許氏據形系聯，故有"丨見而分

· 12 ·

之"之說,以會意析之,當爲象形。

八【八】　　博拔切　　今讀 bā

　　許解:別也。象分別相背之形。凡八之屬皆從八。

　　《段注》:此以雙聲疊韻說其義。今江浙俗語以物與人謂之八。與人則分別也。

　　張舜徽《約注》:今湖湘間稱以物與人謂之把,當即八字。又稱兩手或兩足張開曰拍開,音轉爲拍之上聲;又稱分物使之相離曰擺開;皆八字之語變也。由八孳乳爲公,爲爪,爲背,皆相分意。

　　謹按:八,甲文作)(、八,金文作 八,像人意念中分別相背之形。不是具體物之分別相背之形,故爲指事,後借作數詞。

釆【釆】　　蒲莧切　　今讀 biàn

　　許解:辨別也。象獸指爪分別也。凡釆之屬皆從釆。讀若辨。𠩻,古文釆。

　　《徐箋》:𛂞象獸指爪,中四點其體,千其分理也。直畫微屈,以別於米粟字耳。

　　王筠《句讀》:(辨)句絕,謂其通用也。収部注曰:"釆,古文辨字。"

　　謹按:釆,甲文作 釆、𠂤,金文作 釆。古人習獵,對獸之爪跡加分辨,斷定是否可去獵取。釆部所屬番等四字,有三字含辨別意。只有"番"下云:"獸足謂之番。從釆田象其掌。""釆"之本義爲獸足之跡,後引申爲分辨義。"釆"當爲"番"的本字。今人謂赤腳爲光腳片,謂婦女腳大者爲"大腳片","片"當是"釆"的借音字。

半【半】　　博幔切　　今讀 bàn

　　許解:物中分也。从八从牛。牛爲物大,可以分也。凡半之屬皆从半。

　　張舜徽《約注》：半字从牛，不止於牛而已，特舉牛以概萬物耳。本書牛部："物，萬物也。牛爲大物，故从牛。"是其義已。小徐所謂"大則分之"，此造字本意也。

　　謹按：半，甲文、金文均未發現(戰國金文有半)。古文有 ⚹、⚹ 當是半字，从八从牛。許書《八部》下云："別也。"別有分意，半就是分牛。上古，日中爲市，以物易物，牛曾作爲計件的標準，分之則爲半矣。"物中分也"是後起意。

⚹【牛】　　語求切　　今讀 niú

　　許解：大牲也。牛，件也；件，事理也。象角頭三、封、尾之形。凡牛之屬皆从牛。

　　徐鍇《繫傳》：件，若言物一件二件，大則可分也。封，高起也。

　　王筠《蒙求》：上曲者角也。丨之上爲項之高聳處，中則身，末則尾，一則後足也。牛行下首，故不作首。又無前足者，爲腹所蔽也。

　　張舜徽《約注》：本書羊部引："孔子曰：牛羊之字，以形舉也。"此固純象形字。惟許書無件篆，今本說解："牛，件也；件，事理也。"七字語意難曉。

　　謹按：牛，甲文作 ⚹、⚹，金文作 ⚹、⚹，古金文(商牛鼎)更有畫作牛頭之形者，作 ⚹，故可知甲文⚹爲牛角，⚹像牛耳，丨爲牛頭面的線條化。金文將甲文牛耳⚹形簡化成一條橫劃。因牛爲物大，且獸作爲交換計量單位和祭祀之物，故有"件也"之義。且牛在漢代時早已用於田耕，故許氏有事理之說。

⚹【犛】　　里之切　　今讀 lí

　　許解：西南夷長髦牛也。从牛，氂聲。凡犛之屬皆从犛。

《段注》:今四川雅州府清谿縣大相嶺之外。有地名旄牛,產旄牛,而清谿縣南抵寧遠府,西抵打箭鑪。古西南夷之地,皆產旄牛。……按:"氂"切里之,"犛"切莫交,徐用唐韻不誤,而俗本誤易之。

王筠《句讀》:《封禪書》狸牛,《郊祀志》作氂牛,《史記索隠》作貓牛,《莊子·逍遙遊》作氂牛,與旄牛爲二物。《漢書·司馬相如傳》:"其獸則庸旄貘犛。"張揖曰:"旄牛如牛,而四節生毛。犛牛黑色,出西南徼外。"《釋畜》:"犩牛。"郭《注》:"旄牛也。"《西南夷傳》:"旄牛重千斤。"知其大于犛牛。犛牛色黑,旄牛則雜白黑二色也。

謹按:"犛"大徐本注莫交切,我們依《段注》爲里之切。犛與《爾雅·釋畜》的犩牛當爲同物。"犛"與"犩"雙聲,"犩"之爲言鬣,即長毛鬣鬣。

告【告】　　古奧切　　今讀 gào

許解:牛觸人,角箸橫木,所以告人也。从口,从牛。《易》曰:"僮牛之告。"凡告之屬皆从告。

徐鍇《繫傳》:設木橫於牛角,以防抵觸也。

《段注》:如許說,則告即楅衡也。於牛之角寓人之口爲會意。然牛與人口非一體。牛口爲文,未見告義,且字形中無木,則告意未㬎。且如所云是未嘗用口,是告可不用口也,何以爲一切告字見義哉?愚謂此許因"童牛之告"而曲爲之說,非字意。

王筠《句讀》:《大畜·六四》:"童牛之梏。"九家作告。虞《注》:"坤爲牛,告謂以木楅其角。"《大畜》:"畜物之家,惡其觸害,艮爲手爲小木,巽爲繩。"繩縛小木,橫箸牛角,故曰童牛之告。

張舜徽《約注》:本書《角部》:"衡,牛觸,橫大木其角。"與告篆說解相發明。蓋古者本有設木於牲角端以備抵觸之制。自其器言,則謂之楅,或謂之衡,連言之曰楅衡。自其事言,則謂之告也。告乃楅之初文,所從之口,乃象角械之形,非口舌之口也。……甲文中有ㅂ字,或作ㅂ、或作ㅂ,或作ㅂ,作ㅂ,當即告之古體,或但釋爲牛字,非也。

謹按:告,甲文作ㅂ、ㅂ,金文作ㅂ、ㅂ。口爲限制牛角之具,使其不能觸人。張舜徽所舉甲骨文之形體,《甲骨文類編》牛下和告下都未收入,但其字形之分析,極合告之限制之本義。許解"角箸橫木"蓋指口形言之,後加木成"楅"以保本義,故有"童牛之告"到"童牛之楅"之變。"牛觸人,角箸橫木,所以告人也"之告,爲顯示義。顯示於人而引申爲以語告訴人,今只用告訴義,而本義以楅表示之。

ㅂ【口】　苦后切　今讀 kǒu

　　許解:人所以言食也。象形。凡口之屬皆从口。

　　《段注》:言語飲食者,口之兩大耑。舌下亦曰:"口,所以言、別味也"。《頤·象》傳曰:"君子以慎言語,節飲食"。

　　謹按:口,甲文作 ㅂ、ㅂ,金文作 ㅂ,爲人口之象形。本義爲人口之口,後引申爲一切動物之口,再引申爲所有像口形能通過之稱謂,如出口、入口、門口、閘口、窗口等等。又因口之功能爲出言,而引申爲沒有實際根據的臆說,如"口說人",即誣陷人。

∪【凵】　口犯切　今讀 kǎn

　　許解:張口也。象形。凡凵之屬皆从凵。

　　《段注》:也,《廣韻》作兒。

　　朱駿聲《定聲》:一說坎也,塹也。象地穿,凶字從此。

　　張舜徽《約注》:此篆爲坎字初文。《土部》:"坎,陷也。"乃後起字。許釋凵爲張口,口非口耳之口,乃凸谷諸字所從之口,謂地面低窪處,口而上缺,是深陷之坎也。張猶開也,謂低地開裂深廣耳。

謹按:凵,甲文,金文均未出現。甲文"丞"即"拯"之本字,从凵,作救人出陷坑。故可知"凵"爲坎,爲陷,爲丞,皆古雙聲字。陷从臼與丞从凵意同,都是取坎陷之意。

【叩】　　況袁切　　今讀 xuān

許解:驚嘑也。从二口。凡叩之屬皆从叩。讀若讙。

徐鉉注:或通用讙,今俗別作喧,非是。

《徐箋》:《集韻》叩與喧同,《誾部》嚻,讀若讙,是叩、嚻、讙、喧四字音義皆相近也。

段注:按言部讙、譁二字互訓,與驚嘑義別。

張舜徽《約注》:今則但行喧字而叩、嚻、讙皆廢。喧字不見許書,叩即喧也。

謹按:叩,甲文作 ᅄ,从二口,與小篆無異。凡小篆从二某之字,或表示大、高,或表示多等不一而足,都是在原字的基礎上表示量之增加。口部:"口,人所以言、食也。"言爲口之一大功能,按許書之通例,从二口必爲言之多,可知此爲喧譁之本字。

【哭】　　苦屋切　　今讀 kū

許解:哀聲也。从叩,獄省聲。凡哭之屬皆从哭。

徐鍇《繫傳》:哭聲繁亂,故从二口。

《段注》:竊謂从犬之字,如狡獪狂默猝猥姍狠獷狀獳狎狃犯猜猛狁狋狟戾獨狩臭獎獻類猶卅字,皆从犬,而移以言人,安見非哭本謂犬嘷而移以言人也。

謹按:哭,甲文、金文皆未發現,許定爲形聲,學者多疑之。《說文》

部首據形系聯,而《哭部》上戾"叩",下聯"走",但從二者的形體分析,無所系聯。而"走"字許云:"趨也,从夭止。夭者,屈也。""走"下聯"止"。又"走"金文作🅧或作🅧,且金文中"走"作爲偏旁,皆从夭止。故知小篆"走"不誤。而哭之爲事,哀痛至極,常伴著肢體的動作,《禮記·檀弓》:"辟踊,哀之至也。"《疏》:"撫心爲辟、跳躍爲踊。"《奔喪》:"奔母之喪,西面哭盡哀。括髮、袒、降堂東即位,西向哭成踊。"皆可證明哭時伴隨的主要肢體動作爲屈身。哭聲必大,故从叩,哭必屈身故从夭。故知"哭"从叩从夭爲其本形,小篆訛變爲从犬,不合事理,段注襲林罕之說,尤誤。

🅧【走】　　子苟切　　今讀 zǒu

　　許解:趨也。从夭、止。夭止者,屈也。凡走之屬皆从走。

　　徐鍇《繫傳》:此則趾也。趾,足也。走則足屈,故從夭。

　　《段注》:《釋名》曰:"徐行曰步,疾行曰趨,疾趨曰走。"此析言之,許渾言不別也。……夭部曰:"夭,屈也。"止部曰:"止,爲足。"从夭止者,安步則足胻較直,趨則屈多。

　　王筠《句讀》:夭當作犬。案:此者,足也……走部繼哭部,則字當從犬。犬善走也。……然則夭止者屈也,乃篆既訛之後,人加之也。

　　謹按:走,金文🅧、🅧,皆从夭从止。"夭"爲人甩開雙臂疾跑之狀,"止"爲足,表示腳的動作。金文中都从夭,故可知小篆字形不誤。今人快跑,仍作上身前屈之形,可爲物證。"走"上承"哭"。"哭"字如上所云,不从犬从夭,故可知其系聯亦不誤。金文犬作🅧《戍嗣鼎》,作🅧《員鼎》……無作夭者,王筠說不確。

🅧【止】　　諸市切　　今讀 zhǐ

　　許解:下基也。象艸木出有址,故以止爲足。凡止之屬皆从止。

王筠《句讀》：垖部："阯，基也。或作址。"是許以止为阯之古文也。言此者，止、屮形相似，屮部云："出也。"是屮取義在上，象其出形，止取義在下，象其基形。

朱駿聲《定聲》：止部文十四，無一涉艸木者，當以足止爲本義，象形也。後爲借義所專，因加足旁作趾。

張舜徽《約注》：自來說止爲趾之初文者多矣，義證確固，足成定論。其初形作 ，或作 作 ，見之金刻者，皆象足掌足趾相連之形。篆變爲止，許君據以立說，蓋以止屮相近，屮既象艸木之出，止便象艸木之址，實不免望文生訓。後世所用行止、基址之義，皆自足趾引申。戴侗謂進止由足，故不行因謂之止；止居一身之下，故引申之又爲基址。其說是也。

謹按："止"之本義爲腳趾，甲文作 、 ，金文作 ，皆像腳趾之形。許解爲下基也，乃"止"之引申之義。像艸木出有址之說與字初形不合，後世借爲行止之止，因加足旁作"趾"以顯本義。朱駿聲之說最辯，可爲定論。

癶【癶】　　北末切　　今讀 bō

許解：足剌癶也。从止、少。凡癶之屬皆从癶。讀若撥。

徐鍇《繫傳》：兩足相背不順，故剌癶也。

王筠《句讀》：相背，會意而兼指事也。

張舜徽《約注》：此字象兩足分張之形。

謹按：甲文金文無獨用的"癶"字，作爲偏旁的字有"登"，甲文作 、 。癶像兩腳並列，腳趾前向像足剌癶之形，其本義爲兩足相背不順。剌癶，蓋漢代連語，或寫作戾把，今北京口語謂隔行、業務不通爲戾把，亦相背之意也。

【步】　　薄故切　　今讀 bù

　　許解：行也。从止少相背。凡步之屬皆从步。

　　《段注》：止少相竝者，上登之象；止少相隨者，行步之象。相背猶相隨也。

　　王筠《句讀》：背當作承，兩足前後相承，是一步也。

　　謹按：步，甲文作 𣥂，或作 𣥅，前者雙足一前一後，表示步行；後者步行之義更曉暢，从彳，彳爲交通之大道。雙腳前後，行走在路上也。故行爲步之本義，其詞性屬動詞。後世以雙足一前一後之間距離作爲計量單位，乃成爲名詞。今多用其引申義。

【此】　　雌氏切　　今讀 cǐ

　　許解：止也。从止，从匕。匕，相比次也。凡此之屬皆从此。

　　《段注》：《釋詁》曰："已，此也。"正互相發明，於物爲止之処，於文爲止之詞。

　　張舜徽《約注》：止者足也。足相比則不前，故訓止。匕有近義，尸部尼下云："從後近之。从尸，匕聲。"亦聲中兼意字也。此字从止匕者，猶言止於近者爲此也。

　　謹按：此，甲文作 𣥔，金文作 𣥕，都从止从匕，許釋爲止，與字形合。後多用引申義表近指，本義晦而不用。又疑匕是聲符，本書《八上》匕篆下解"匕，亦所以用匕取飯，一名柶"。柶从四聲，與此迭韻，古音全同。"匕"今作"匙"。羹匙、湯匙，正讀如此。

【正】　　之盛切　　今讀 zhèng

　　許解：是也。从止，一以止。凡正之屬皆从正。𠙺，古文正，从二。

二,古上字。𤴓,古文正,从一、足。足者亦止也。

《段注》:江沅曰:"一所㠯止之也。如乍之止亡,毋之止姦,皆以一止之。"

王筠《句讀》:(一以止)天下之動貞夫一者也。《詩·終風》箋:"正,猶止也。"

張舜徽《約注》:金文中正字作𤴓,見盂鼎;或作𤴓,見毛公鼎。蓋象止前有物阻之,不得行進也。乃阻止之止本字。凡云停止靜止,當以正爲本字。止乃足趾初文,本無阻止意也。……正爲阻止之止本字,故定字从宀从正,謂止於室內乃安也。凡物安定則不傾邪,故引申而爲正邪之正。後世引申義行而本義廢,其本義則由足趾之止代之矣。

謹按:正,甲文作𤴓,或作𤴓,金文作𤴓,皆从止,止即趾之本字。一或囗、一意同,爲阻礙物,阻礙足之前行,故正爲阻止本字。阻止則不動,不動則定,定則不傾邪,故引申爲歪正之正。"正""定"古音相同。古籍中"正""定"二字每互代或互訓。如《尚書·堯典》"以閏月定四時",《史記》引作"正四時"。《爾雅·釋天》"營室謂之定。"孫注:"定,正也。做宮室皆以營室中为正。"

昰【是】　承旨切　今讀 shì

許解:直也。从日、正。凡是之屬皆从是。昰,籒文是,从古文正。

《段注》:直部曰:"正見也"。十目燭隱則曰直,以日爲正則曰是。从日正會意。天下之物,莫正於日也。

王筠《句讀》:揆之以日,以取中正也。

張舜徽《約注》:……是从日止,蓋所指乃一日之早晚也。大抵初民計時,以日爲候。日出爲旦,日中為午,日西爲昃,日冥爲昏,如此之類,莫不依日出入以定早晚,日在此即時在此,斯乃是之本義。因引申爲是非之是。《廣雅·釋言》："是，此也。"亦引申義。今則引申義行而本義廢矣。

謹按：是，甲文無，金文作🔲、🔲，从日、从正。日下一豎，蓋像日影之直也。石鼓文作🔲、詛楚文🔲，中山王鼎作🔲，與金文同。

徐注承旨切，《廣韻》屬禪紐，古音歸端。从是得聲之字如提、堤、題、鞮、隄、緹、醍、騠、褆、踶等，皆仍讀端、定之聲。則"是"之古音亦當歸端，與"直"古音同，義亦相通。日正則影直，人心正則行直，行不直則不是矣。

【辵】　　丑略切　　今讀 chuò

許解：乍行乍止也。从彳从止。凡辵之屬皆从辵。讀若《春秋公羊傳》曰"辵階而走"。

《段注》：《公食大夫禮》注曰："不拾級而下曰辵。"鄭意："不拾級而上曰栗階，亦曰歷階，不拾級下曰辵階也。"《廣雅》："辵，奔也。"彳者乍行，止者乍止。

王筠《句讀》：許君以字形有止，遂說以乍止。非也。部中字皆行義，辵與行同意，行不能左行而右止，辵不能前行而後止，止祇是足耳。行從彳亍，步從止少，辵各分其半而從之，所以相避。

桂馥《義證》：乍行乍止也者，猶彳亍也。讀若《春秋公羊傳》曰"辵階而走"者，《宣六年》傳文，彼作躇。《注》云："躇猶超遽不暇以次。"《釋文》躇與踱同，一本作辵。

張舜徽《約注》：辵即彳亍二字之合音也。蓋緩言之為彳亍，急言之則為辵矣。彳亍語轉為跱躇，《足部》躇下云："跱躇，不前也。"是其義已。又語轉為踵踱，"乍前乍卻也。"見《玉篇》足部。今俗稱緩步為踱，如云踱來踱去，當以辵為本字也。

· 22 ·

謹按：辵甲文作󰀀、󰀁，从止从󰀂。󰀂爲通衢大道之形。步，甲文作󰀃，从雙止从󰀂，許解爲"行也"。行必雙足前後相隨，而此"辵"字，从止，示意非一般之步行，跳躍之行也，故辵之本義爲跳躍而行也。《公羊傳》"趙盾避靈公，辵階而走"，即跳躍下階而遁，取其速也。正用本義。今北京口語謂走捷徑曰綽道，或書作抄道，亦取其速也。"綽""抄"皆借音字。

彳【彳】　丑亦切　　今讀 chì

許解：小步也。象人脛三屬相連也。凡彳之屬皆从彳。

《段注》：三屬者，上爲股，中爲脛，下爲足也。單舉脛者，舉中以該上下也。脛動而股與足隨之。

王筠《句讀》：……蓋許君列彳亍於行部之前，"行，人之步趨也"。彳得其半，故曰小步，亍反彳，故曰步止。實則行字之作當在先，本象三屬之動，彳亍即分行字爲二，故兼行止二義也。

謹按：甲文金文都沒見有獨立用例。考甲文金文其他从"彳"之字，可窺見"彳"之義。德，甲文或作󰀄、或从行作󰀅，金文或作󰀆、或作󰀇，皆从彳。又"行"字，甲文作󰀈、或作󰀉，金文作󰀈。󰀈，本爲十字大道，許解爲"步趨也"。大道本行走之所，行走之爲事，難以象形，故引申大道之行爲行步之行。德，甲文从彳从行不拘，可知"彳""行"意通。金文簡化爲彳，正合漢字發展之規律，故知"彳"爲"行"字省文。"彳""行"本一字，許氏未見甲文，僅據小篆强爲之辭斷耳。

廴【廴】　余忍切　　今讀 yǐn

許解：長行也。从彳引之。凡廴之屬皆从廴。

《段注》：《玉篇》曰："今作引"，是引弓字行而廴廢也。引長之也。

《徐箋》：長行者，連步行也。故從彳而引長之，與丗從卅而引長之同例，此皆以意爲形也。

張舜徽《約注》：……凡言引長，當以㢟爲本字。引訓開弓，乃別一義。徒以音同通假，經傳皆作引而㢟廢矣。

謹按：㢟，甲文、金文均無獨用之形。而小篆從"㢟"的字，甲文、金文都從彳，如延，甲文作 、 ，金文作 、 。六國文字仍從彳作 ，可知"㢟""彳"本一字。小篆亦無獨用例。以其有從屬之者，故列爲部首。許書慣例，部首皆作獨立字看待，其不能獨用者，亦必釋其義，ㄠ、丨、丶、乚、乀等皆是也。

【延】　　丑連切　　今讀 chān

許解：安步延延也。从㢟，从止。凡延之屬皆从延。

《段注》：引而復止，是安步也。

王筠《句讀》：《目部》遁從延，云"相顧視而行也"。

謹按：延，甲文作 、 ；金文作 ，皆从彳从止。"止"爲"趾"之本字，"彳"爲"行"之省。行乃大路之形，因大路供人行走，故引申爲行走之行，故可知延亦與行走有關。許說可從。

【行】　　戶庚切　　今讀 xíng

許解：人之步趨也。从彳，从亍。凡行之屬皆从行。

《段注》：步行也，趨走也，二者一徐一疾，皆謂之行，統言之也。《爾雅》："室中謂之時，堂上謂之行，堂下謂之步，門外謂之趨，中庭謂之走，大路謂之奔。"析言之也。引伸爲巡行、行列、行事、德行。

謹按：行，甲文作 、 ；金文作 、 ，皆像大路交叉之形，象形字也。故《爾雅·釋宮》云："行，道也。"正釋"行"之本義。因爲行作爲大路，是供人行走的,因而直接引申爲行走之行,許氏釋爲"人之步趨也",乃行之引申義,非其溯源矣。从行之字如"術""街""衢""衛""衖"等形聲字,許氏或釋爲"邑中道也";或釋爲"通道也"。是許氏亦知行之本義爲大道矣。其訓行爲"人之步趨也"者,蓋以今義釋古字也。

【齒】　　昌里切　　今讀 chǐ

許解:口齗骨也,象口齒之形,止聲。凡齒之屬皆从齒。古文齒字。

王筠《句讀》:……一者,上下齒中間之虛縫,則齒形。

謹按:齒,甲文作、,像門牙之形。金文中沒有發現,六國文字或作,或如《說文》古文,而多加"止"字作或。可知"齒"本爲象形字,春秋以後始改爲形聲字。

【牙】　　五加切　　今讀 yá

許解:牡齒也。象上下相錯之形。凡牙之屬皆从牙。,古文牙。

《段注》:壯,各本譌作牡,今本篇韻皆譌,惟石刻《九經字樣》不誤,而馬氏版本妄改之。《士部》曰:"壯,大也"。壯齒者,齒之大者也。統言之皆偁齒偁牙,析言之則前當脣者偁齒,後在輔車者偁牙。牙較大於齒,非有牝牡也。

桂馥《義證》:牡齒也者,《九經字樣》、鄭樵《通志》並作壯。

謹按:牙,甲文沒有發現,金文作、,像大牙交錯之形。"牡"字當爲"壯"字書寫之訛誤,段氏以石刻《九經字樣》證之,桂氏又引證《通志》以證矣。丁福保《說文詁林》云:"慧琳《一切經音義》卷三十五牙字下引《說文》'壯齒也'"。佐證俱在,可爲定論。

⊲▶《說文》部首集注箋證

㊊【足】　　即玉切　　今讀 zú

　　許解：人之足也。在下。从止、口。凡足之屬皆从足。

　　徐鍇《繫傳》：口象股脛也。

　　戴侗《六書故》：自股脛而下，通謂之足，上象卻髁，下象跖。

　　朱駿聲《定聲》：卻下至跖之總名也。从止，即趾字；从口，像卻形，非口齒字，舉卻與止以晐脛。

　　《段注》：口猶人也。舉口以包足已上者也。

　　謹按：足，甲文作𠯾、或作𠯽、𠯾，金文作𠯿、𠯾，皆像足形。

㊊【疋】　　所菹切　　今讀 shū

　　許解：足也。上象腓腸，下从止。《弟子職》曰：“問疋何止。”古文以爲《詩·大疋》字。亦以爲足字，或曰胥字。一曰：疋，記也。凡疋之屬皆从疋。

　　桂馥《義證》：《新序》：“今爲濡足之故，不救溺人，可乎？”《韓詩外傳》：“濡，雅。”馥案：足誤爲疋，疋變爲雅，……“古文以爲《詩·大疋》字”者，《篇海》引作古文《詩》，以爲《大雅》字。

　　謹按：甲文、金文未見，六國文字作𠯽、𠯾，下爲止，上爲腓腸之形。故可知，“疋”就是“足”。以爲《詩·大雅》字者，蓋借字也。今口語仍謂足爲腳疋（丫）子。讀如雅，平聲。

㊊【品】　　丕飲切　　今讀 pǐn

　　許解：眾庶也。从三口。凡品之屬皆从品。

　　《段注》：人三爲眾，故從三口會意。

　　謹按：品，甲文作𠱠，或作𠱢；金文作𠱢或𠱠，皆从三口。三，列多不

· 26 ·

過三,表示多數。口,許氏曰:"人所以言食也"。口的一大功能爲說話。口作爲意符,不一定只是當作五官之一講,也表示與口有關的動作。品部所從二字"喦""喿"。一爲"多言也",一爲"鳥群鳴也",可知"品"當以聲多爲本義。

龠【龠】　以灼切　　今讀 yuè

許解:樂之竹管,三孔,以和衆聲也。从品、侖。侖,理也。凡龠之屬皆从龠。

《段注》:此與竹部籥異義,今經傳多用籥字,非也。

朱駿聲《定聲》:龠字當从亼冊。亼,合也;冊象編竹形。从三口,三孔也。

張舜徽《約注》:龠字从三口以象三孔,三者喻其多也,初不限三而止。

謹按:龠,甲文作 ⿱亼卄、⿱亼卄,像龠之形。金文作 ⿱亼龠,仍像龠之形;或作 龠,从亼㗊,亼,合也。成爲會意字。小篆將甲文、金文的"吅"變爲"品",仍爲竹孔之象形,非必爲三數。列多不過三,表示孔不下於三。本當爲象形,後演變成从亼㗊會意。

冊【冊】　楚革切　　今讀 cè

許解:符命也,諸侯進受於王也。象其札一長一短,中有二編之形。凡冊之屬皆从冊。𥳑,古文冊,从竹。

王筠《句讀》:《聘禮記》疏:"簡者未編之稱,策是眾簡相連之名。"《釋名》:"札,櫛也。編之如櫛,齒相比也。"蔡邕《獨斷》曰:"策,簡也。其制長二尺,短者半之。其次一長一短,兩編下附,篆書起年月日,稱皇帝曰,以命諸侯王。"筠案:一長一短,是兩札也;有長有短,是參差也。蓋第舉漢制命諸侯者而言。古人有事，皆書于方策，不但符命也。《聘禮》記曰："百名以上書于策，不及百名書于方。"是知方大而策小，策多而方少。鄭注《尚書》三十字一簡之文，是每札所容者三十字。《周易》字少則札少，《毛詩》字多則札多，不能定其數。惟符命字有定數，故其札一長一短也。金刻冊字，約有⿻、⿻、⿻、⿻、⿻、⿻諸體。其編皆兩，其札或三或四或五，以見札之多少不等。非止兩札，其長短或齊或不齊，亦似用筆之變，非果有參差也。《刀部》刪下云："冊，書也"。所以表其通義，於本部則但舉漢制，猶璽下但舉漢制，《刀部》說則表其通義也。

張舜徽《約注》：冊乃簡編通名，而書冊為其本義。許君於刪下已云："冊，書也。"《廣雅·釋詁》亦云："笧，書也。"皆指書冊言。許君此處以符命釋冊者，《釋名·釋書契》云："漢制約敕封侯曰冊。"是其義也。古者書冊之冊，既通作策，而符命之冊，亦可作策。《漢書·武五子傳》："齊王閎與燕王旦、廣陵王胥，同日皆賜策。"是假策為冊，其來已舊。

謹按：冊，甲文作⿻或作⿻；金文作⿻或⿻，皆像書冊之形。解放後出土西周銅器銘文"冊"字亦常見如：

《師瘨簋蓋》："王乎(呼)內史吳，冊令師瘨曰……"

《此鼎》："王乎史翏冊令此曰……"

《折匜》："隹五月，王在厈。戊子，令作冊折兄(貺)望土于相疾……"

《瘨壺》："王乎作冊尹易(錫)瘨畫裹(幎)……"。

其中"作冊"似是宮廷官名，"冊令"似是後世傳旨之意。傳旨亦書之於簡策也。

卷　　三

㗊【㗊】　　阻立切　　今讀 jí

許解：眾口也。从四口。凡㗊之屬皆从㗊。讀若戢。又讀若呶。

《段注》：鍇曰："呶，謹也。"鉉本作"又讀若呶。"《集韻·五肴》不載此字。

桂馥《義證》：又讀若呶者，徐鍇作"一曰呶"。鍇《繫傳》云："呶，謹也。"馥案：呶乃字義，非字音，不當言讀若。

王筠《句讀》：徐鍇曰："呶，謹也。"案：本句說義，更不當在凡㗊句下。

謹按：㗊，甲骨文和金文現有材料沒有發現。甲骨文中有"囂"，作 ，《說文》古文作 。《㗊部》統屬之字共有五個。"囂""嚚""㗱""囂"四字都以聲音解，或聲也，或呼也，或高聲也。唯有"器"字解作："皿也。象器之口，犬所以守之。"

《段注》在"器"字之"象器之口"下曰：（㗊）"謂㗊也。與上文从㗊字不同"。王筠《句讀》："不言从㗊者，此以形附者也。器皿多有口，且種類繁多，故四之。"段、王二氏所言，皆有道理，惜欠深透。前四字所从之朏,當如許解"眾口也",有字義爲證。"器"字所從之"朏",當是眾器之形,非眾口也。甲文中有異物同形之例。如"山""火"皆作 ⛰;"臣""目"皆作 ☱ 等。眾口與眾器,亦屬此類。許慎作《說文》時,不能辨,故曲解爲"象器之口"。

舌【舌】　食列切　今讀 shé

許解:在口,所以言也,別味也。从干,从口,干亦聲。凡舌之屬皆从舌。

《段注》:干,犯也。言犯口而出之,食犯口而入之。干在十四部,與十五部合韻。

桂馥《義證》:……從干者,《六書故》引李陽冰曰:"開口則干人,故從干。"干亦聲者,後人加之。

謹按:甲文作 ẞ、ẞ。像舌出口之形,輔助象形。舌爲物,在口中。如僅作 ẞ 形,不易辨認,故畫口形以爲輔助手段。

干【干】　古寒切　今讀 gān

許解:犯也。从反入,从一。凡干之屬皆从干。

王筠《句讀》:《尚書》:"干先王之誅。"戴侗引蜀本《說文》云:"干,盾也。"案:云一曰盾也,以爲別義,乃可。若以爲正義,則從反入,從一,何以得盾義? 而羊、屰二字亦不得在此部矣。

桂馥《義證》:……馥案:《書》:"舞干羽于兩階。",《詩》:"干戈戚揚。"《方言》"盾,自關而東或謂之干",《論語》:"而謀動干戈於邦內。"孔安國曰:"干,楯也。"《易乾鑿度》:"泰表載干。"鄭注:"干,楯也。"皆與蜀本合。《文四年・左傳》:"其敢干大禮,以自取戾。"杜云:"干,犯也。"《昭元年・傳》:"國之大節有五女,皆奸之。"杜云:"奸,犯也。"《吳語》："君若無卑，天子以干其不詳。"注云："干，犯也。"《晉語》："趙孟使人以其乘車干行，獻子執而戮之。"《說苑·至公篇》："虞邱子家干法，孫叔敖執而戮之。"《晉書·衛玠傳》："非意相干，可以理遣。"皆與本書合。從反入從一者，《一切經音義·十三》："干，犯也，觸也，從一止也，倒入爲干字意也。"

謹按：干，甲文作丫，金文作♀、丫。是後人所說的"盾"的象形字，非从一，从反入。許慎未見甲文，僅據小篆字體，強爲之解耳。又引申爲犯意。

【㕮】　其虐切　　今讀 jué

許解：口上阿也。从口，上象其理，凡㕮之屬皆从㕮。𦝢，㕮或如此。臄，或从肉，从豦。

《段注》：《大雅》："有卷者阿。"《箋》云："有大陵卷然而曲。""口上阿"，謂口吻已上之肉，隨口卷曲，《毛傳》："臄，函也。"《马部》："函，㕮也。"與毛合……。

王筠《句讀》：口內之上下，皆有阿曲，其上阿則名㕮也。

謹按：㕮，爲輔助象形字。夂爲口內上顎之象，爲了不至於同他物相混，故以口爲襯托以明之。

【只】　諸氏切　　今讀 zhǐ

許解：語已詞也。从口，象气下引之形。凡只之屬皆从只。

《段注》：已、止、也、矣、只皆語止之詞。《鄘風》"母也天只，不諒人只"是也。亦借爲是字。《小雅》："樂只君子。"《箋》云："只，之言是也。"《王風》："其樂只且。"《箋》云："其且樂此而已。"按：以此釋只，與《小雅》箋同。宋人詩用只爲祇字，但也，今人仍之，讀如隻，語止則气下引也。

　　謹按:許解"象氣下引之形",謂口下的"八"像人說完話後,氣息內收入腹。"只"部所屬一字"䛏",解爲"聲也",也可以證"只"爲語氣詞。後來由於語言之發展,假借爲副詞,而本義遂消失。

㕯【㕯】　女滑切　今讀 nè

　　許解:言之訥也。从口,从內。凡㕯之屬皆从㕯。

　　《段注》:《檀弓》作呐,同。"其言呐呐然,如不出諸其口。"注:"呐呐,舒小皃"。此與言部訥音義皆同,故以訥釋㕯。內,入也。會意。

　　王筠《句讀》:內包乎口,以字形見意之法,《檀弓》作呐,便不明了。

　　謹按:㕯,甲文作㕯、或作㕯,許氏據小篆分析爲"从口从內",解爲會意字。段氏从之,王氏引作"从口从內,內(亦)聲",也从許說,似以作形聲分析爲長。

句【句】　古侯切　今讀 gōu　又讀 jù

　　許解:曲也。从口,丩聲。凡句之屬皆从句。

　　《段注》:凡曲折之物侈爲倨,斂爲句,《考工記》多言倨句;《樂記》言"倨中矩,句中鉤";《淮南子》說"獸言句爪倨牙"。凡地名有句字者,皆謂山川紆曲,如句容,句章,句餘,高句驪皆是也。凡章句之句,亦取稽留可鉤乙之意。古音總如鉤,後人句曲音鉤,章句音屨,又改句曲字爲勾。此淺俗分別,不可與道古也。

　　王筠《句讀》:古無章句,亦有語句,故從口也。語必委折,故得曲義。丩繚亦曲,聲亦兼意。因之凡曲皆曰句,蓋上古無拘、笱、鉤三字,但用句。

　　謹按:句,甲文作句、句,金文作句,像曲繞之形。這裏的口並不能理解爲五官之一的口,而是表示一物的符號。

丩【丩】　　居虯切　　今讀 jiū

　　許解:相糾繚也。一曰:瓜瓠結丩起。象形。凡丩之屬皆从丩。

　　《段注》:丩糾疊韻,糾繚亦疊韻字也。《毛傳》曰:"糾糾,猶繚繚也,繚纏也。"謂瓜瓠之縢緣物纏結而上,……象交結之形。

　　王筠《句讀》:以糾說丩。以見糾爲丩之分別文也。

　　謹按:丩,甲文作𠃌、𠃌,金文作𠃌,像糾纏之形。

古【古】　　公戶切　　今讀 gǔ

　　許解:故也。从十、口,識前言者也。凡古之屬皆从古。𠖠,古文古。

　　《段注》:按:故者,凡事之所以然,而所以然皆備於古,故曰"古,故也"。……識前言者,口也。至於十,則展轉因襲,是爲自古在昔矣。

　　王筠《句讀》:十在口上,遞相傳也,叶則平列,詢謀僉同也。識當作職,《書》以"曰若稽古"發端,《史通》以《尚書》爲記言家。

　　謹按:古,金文作古,即从十口。十口猶十代也,以示時間久遠。《玉篇》"古,久也",《廣雅》"古,始也",《詩·綿》"古公亶父",傳云"古,言久也",都爲久遠意。《詩·烝民》"古訓是式",《傳》云"古,故",《箋》云"故,訓先王之遺典也"。所以"故"字的本義,亦當解爲久遠。故久居之地曰故里,久識之友曰故友,本字皆當作"古"。

十【十】　　是執切　　今讀 shí

　　許解:數之具也。一爲東西,丨爲南北,則四方中央備矣。凡十之屬皆从十。

　　王筠《句讀》:天數五,地數五,十總其數,故曰具也。

桂馥《義證》:數之具也者,本書"算,數也,從具",章下云:"十,數之終也",士下云"數始於一終於十",《春秋繁露·數天地陰陽篇》"數者,至十而止";書者,以十爲終。……"一爲東西,丨爲南北"者,所謂縱横十萬里也。

謹按:甲文十作丨、丨,金文作丨、丨、丨,表示一個整體,本無東西南北之說。由於字形的發展、延引,•譌爲一。許氏據小篆字形強作分析,解作南北、東西,不免望形生意之嫌。而對字義的解釋則是正確的,"數之具也",即數之終也。

卅【卅】　　蘇沓切　　今讀 sà

許解:三十並也。古文省。凡卅之屬皆从卅。

王筠《句讀》:漢石經《論語》:"卅而立",又云"年卌而見惡焉",又"凡廿六章",元申屠駉家藏秦會稽碑"卅有七年",字作丗,與二十作廿相近。

謹按:卅,甲文作山、山,金文作山、山等形,小篆承之,表示三十並合,即三個丨、丨字合寫。

言【言】　　語軒切　　今讀 yán

許解:直言曰言,論難曰語。从口,辛聲。凡言之屬皆从言。

《段注》:《大雅》毛傳曰:"直言曰言,論難曰語"。論,《正義》作答。鄭注《大司樂》曰:"發端曰言,答難曰語"。注《襍記》曰:"言,言己事,爲人說爲語。"按:三注大略相同。下文,"語,論也","論,議也","議,語也",則《詩》傳當從定本集注矣。

謹按:言,甲文作𠱻、𠱻,金文作𠱻,像舌前伸有所言之形。許氏于言、語之分信實。

䇔【誩】　　渠慶切　　今讀 jìng

許解:競言也。从二言。凡誩之屬皆从誩。讀若競。

王筠《句讀》:《字林》同,下又云讀若競,則誩直是競之古文。

謹按:誩,甲文、金文無獨用例。金文善作 䯄。善,《說文》曰:"吉也,从誩从羊,此與義美同意。""與義美同意",是說"善"也从羊,有舒娛之意、吉意,並沒有競言意。甲文"善"作 、,沒發現从誩之字,可見金文中的"誩"是爲了表音後加的,小篆也應該作爲聲符分析始合理。因此,這個字雖从誩,卻無競言本義,不能證明"誩"字意。許解"競言也",同部"競"篆下曰"彊語也",王筠以爲"誩直是競之古文"。競,甲文作 ,金文作 ,都已獨立出現。

音【音】　　於今切　　今讀 yīn

許解:聲也。生於心,有節於外,謂之音。宫、商、角、徵、羽,聲;絲、竹、金、石、匏、土、革、木,音也。从言含一。凡音之屬皆从音。

《段注》:十一字一句,各本聲下衍也字。《樂記》曰:"聲成文謂之音。"

桂馥《義證》:聲也者,本書"聲,音也"。《詩·日月》:"德音無良。"《傳》云:"音,聲。"《國語》:"樂之所集曰聲"。《白虎通》:"聲者,鳴也。音者,飲也,剛柔清濁和而相飲。"《鶡冠子》:"音者,所以調聲也,未聞音出而響過其聲者也。"《樂記》疏云:"初發口,單出者謂之聲;衆和合成章謂之音。""生於心有節於外謂之音"者,《樂記》:"凡音者,生於人心者也。情動於中,故形於聲,聲成文謂之音。"又云:"凡音之起,由人心生也;人心之動,物使之然;感於物而動,故形於聲;聲相應故生變,變成方謂之音。"

謹按:音,金文作 ▇、▇。許慎釋義信實,但對字形的分析似不够允當,當同言結合起來析形。"言"是語軒切,"音"於今切,古音相近,字形同部,雖沒有互相訓釋,但意義相同,符合轉注字與原字之間音通、義同、形近的條件,故爲"言"的轉注字。當以轉注造字法析形。

辛【辛】　　去虔切　　今讀 qiān

許解:辠也。从干、二。二,古文上字。凡辛之屬皆从辛。讀若愆,張林說。

《段注》:辠,犯法也。干上是犯法也。

桂馥《義證》:本書辠下云:"辠,辛也"。

謹按:辛,甲文作 ▇、▇,像刻刀之形。古人在罪犯頭上刻記號,以資識別。因而以有形的刻劃之物表示抽象的無形的辠。

丵【丵】　　士角切　　今讀 zhuó

許解:叢生艸也。象丵嶽相竝出也。凡丵之屬皆从丵。讀若浞。

《段注》:謂此象形字也。丵嶽疊韻字。或作嶊嶽。吳語不經見者謂丵嶽。

王筠《句讀》:丵嶽疊韻,蓋爭高競長之狀。《漢書·朱雲傳》"五鹿嶽嶽",亦近此意。

謹按:甲文、金文均無例字。以聲、義求之,當是"叢"的本字。"叢""丵"雙聲。

業【業】　　蒲沃切　　今讀 pú

許解:瀆業也。从丵,从廾,廾亦聲。凡業之屬皆从業。

《段注》:瀆,煩瀆也。業如《孟子》書之僕僕,趙(岐)云:"煩猥皃。"

· 36 ·

王筠《句讀》：徐鉉曰："一本注云：菐，眾多也，兩手奉之，是煩瀆也。"筠案：瀆、菐疊韻，蓋謂煩辱也，故僕字不隸人部。菐字雖無煩辱意，亦以其事猥多，故分之。重菐意，故不隸八部。

桂馥《義證》：瀆菐也者，瀆當爲黷。《集韻》："菐，煩也。"鄭注《曲禮》云："卜不吉又筮，筮不吉又卜，是謂瀆龜，或借僕字。"

謹按：甲文、金文無"菐"，但有"僕"字。僕，甲文作🖾，金文作🖾、🖾。許氏僕篆下云："給事者也"。菐篆下曰"賦事也"。僕，按鄭注《周官》"大僕，戎僕"說："僕，侍御於尊者之名"，與許同。"瀆"篆下釋"溝也"，難明菐意。"菐"當爲"僕"之省形。

【収】　　居竦切　　今讀 gǒng

許解：竦手也。从屮，从又。凡廾之屬皆从廾。𠬞，楊雄說廾从兩手。

《段注》：竦，敬也。按：此字謂竦其兩手，以有所奉也，故下云"奉，承也"。手部曰："承，奉也，受也"。

王筠《句讀》：収，蓋拱之古文，會意兼指事字也。當作從屮又相對。

桂馥《義證》：竦手也者，廾竦聲相近，本書竦自申束也，經典用拱字。《書·武成》："垂拱而天下治。"《傳》云："垂衣拱手也。"《禮·玉藻》："凡侍於君，垂拱。"《注》云："沓手也，身俯則宜手沓而下垂也。"《論語》："子路拱而立。"

謹按：廾，甲文作🖾，像雙手相對拱竦之形。

【𠬞】　　普班切　　今讀 pān

許解：引也。从反廾。凡𠬞之屬皆从𠬞。攀，𠬞或从手，从樊。

《段注》：《上林賦》："仰𠬞橑而捫天。"晉灼曰："𠬞，古攀字。"按：今字皆用攀,則𦥑爲古字,𦥑亦小篆也。象引物於外,樊聲也。今作攀,《公羊傳》作扳。

王筠《句讀》:當作從𠃑又相背,本字之𠃑是左手,又是右手,普班切,隸變作大。

謹按:像人之雙手左右有所扳扣向上引之狀,爲"攀"字古文。由於語音的變化,因增加聲符"棥"作"樊"。後來"樊"字被假借爲樊籬(本字是棥)。𦥑的意義反被淹沒,故又加形符"手"作"攀",專表本義。

𦫵【共】　　渠用切　　今讀 gòng

許解:同也。从廿、廾。凡共之屬皆从共。𢍱,古文共。

《段注》:廿,二十並也。二十人皆竦手,是爲同也。《周禮》、《尚書》供給供奉字,皆借共字爲之。衛包盡改《尚書》之共爲恭,非也。《釋詁》"供、峙、共,具也。"郭云:"皆謂備具",此古以共爲供之理也。《尚書》《毛詩》、《史記》恭敬字皆作恭,不作共。漢石經之存者,《無逸》一篇中"徽柔懿共","惟正之共"皆作共,"嚴恭寅畏作恭",此可以知古之字例矣,《毛詩》"溫溫恭人","敬恭明祀","溫恭朝夕",皆不作共。……"虔共爾位",《箋》云:"共,具也",則非恭字也。"虔共爾位",《箋》云:"古之恭字或作共",云或,則僅見之事也。《史記》恭敬字,亦無作共者。按:𢍱有順從之象,𢍱有睽異之象。

桂馥《義證》:同當爲詞,言部詞,共也。《祭統》"鋪筵設同几",注:"同之言詞也",疏:"若單作同字,是齊同之同,非詞共之詞。若詞共之詞,則言旁作同"。漢魏之時,字義如此,今則總爲一字。

王筠《句讀》:當云從古文之象,小篆變錯,不可隨文解之。廿爲二十並,又同疾,据此解之,皆不可通。

謹按:金文𢍁、𢍱,像雙手相向,有所共舉之狀。前者左右手中指延長了，以見共舉之意，後者更明瞭，總之，都表現了捧物奉獻。小篆從廾從収。廾，不宜理解爲二十並，而是表示物。"供"爲"共"的加形保義字，因爲"共"字引申爲同、具之義，本義湮沒，故加形符"人"作"供"，以保持本義。

【異】　羊吏切　今讀 yì

許解：分也。从廾，从畀。畀，予也。凡異之屬皆從異。

《段注》：分之則有彼此之異。竦手而予人則離異矣。

桂馥《義證》：分也者，《廣雅》同。本書序"知分理之可相別異也"。《曲禮》"羣居五人，則長者必異席"，《史記·商君傳》"民有二男以上，不分異者，倍其賦"。"畀，予也"者，本書"畀，相付與之也"，徐鍇本作畁，云"囟，魝之左字音信"。

謹按：異，甲文作 ⿱田廾、⿱田廾，金文作 ⿱田廾、⿱田廾。都特寫人之頭，上舉雙手，並且人頭部書成田之狀，像人頂物在頭的形狀。人頭頂物，必小心謹慎，故有"翼"字，頂物必高，引申爲冀。本書《異部》只有一"戴"字，許曰：分物得增益曰戴，从異𢦔聲。桂氏說：《廣雅》戴予也，載與戴通。《春秋》戴國，《釋文》作載，石經作戴。可見"戴"之意與"載"相同。載，有放物於車上之義；戴，亦當有此義。今人們還說戴帽子，而金文⿱田廾正像戴頂之狀。故可推知，"異"即爲"戴"之本字，由於語言演變，又加聲符作"戴"。

【舁】　以諸切　今讀 yú

許解：共舉也。从𦥑，从廾。凡舁之屬皆從舁，讀若余。

《段注》：謂有叉手者，有竦手者，皆共舉之人也。共舉，則或休息更番，故有叉手者。

王筠《句讀》：舁則兩人共舉一物也，四手相向而不交，著紙平看，即

◁▶《說文》部首集注箋證

得其意。

謹按:《舁部》所從的三字,"舁""與""興",或爲升高,或爲升起,或爲黨與,都含有共舉之義。《晉書·桓玄傳》:"更造大輦,容三千人坐,以二百人舁之。"《陶潛傳》:"答云:'素有腳疾,向乘籃輿,亦足自反。'乃令一門生二兒共舁之至州。"《魏書·列女傳》:"遣人強舁於車上。"都是共舉之意。今口語謂二人或多人共舉一物曰抬,"抬""舁"古雙聲,疑本同詞。

𦥑【臼】　　居玉切　　今讀 jū

許解:叉手也。從𠂇、彐。凡臼之屬皆从臼。

《段注》:又部曰:"叉,手指相錯也"。此云叉手者,謂手指正相向也。

王筠《句讀》:當云從到収。嚴氏謂"當作從爪,卂",亦通。拱揖者,手平心,故𠬞手高于肘;臼則垂拱之象,故肘高于手。

謹按:臼爲叉手掬物之狀。今陝西方言稱雙手內向,攬捧液體和微粒之物爲掬,並作單位詞,也稱掬,如一掬米。古書極少用"臼","臼"當爲"掬"之本字。

𥃽【晨】　　食鄰切　　今讀 chén

許解:早、昧爽也。從臼,從辰。辰,時也。辰亦聲。虱夕爲夙,臼辰爲晨,皆同意。凡晨之屬皆从晨。

《段注》:日部曰:"早,晨也","昧爽,旦明也"。《文王世子》注曰:"早,昧爽,擊鼓以召眾",亦三字絫言之。《左傳·僖五年》正義解說文謂"夜將旦,雞鳴時也"。……聖人以文字教天下之勤。

桂馥《義證》:《漢書·律歷志》"壬辰晨星始見",顏注:"晨,古晨字

· 40 ·

也,其字從曰。"馥案:此晨謂水星,與從晶之房星不同。……從曰者,《九經字樣》:"曰象叉手,晨省之義。"馥案:本書"丑,象手之形",時加、丑亦舉手時也。馥謂曰亦手也,早昧爽即丑也。"辰時也"者,本書"辰,民農時也"。又云辰"房星天時也",又辱下云,"辰者,農之時也"。《天官》:"星占辰星,一名伺晨。"《詩》:"東方未明,不能辰夜。"傳云:"辰,時也。"石經、監本同,今作晨。……"夙夕爲夙,曰辰爲晨,皆同意"者,楊慎曰:"夙夕爲夙,其夕惕乎;曰辰爲晨,其朝乾乎,造書者深於《易》矣!"

謹按:晨,甲文作 ![]、![],會意。其部件雖不同,但都有![],勞動的工具,前者从![]从雙手,雙手持農具,勞作之義明瞭。後者从![]从![],![]表示田野之物,放![]在野草之中,其義不待言。金文作![]、![],甲文的勞作工具演化成![],前者把雙手之一指連起,象貝形(當是誤刻)。後者仍分開,其雙手持農具勞作之義仍明瞭。而前一個金文還加了一個止字,這雖不是主要的,但對分析字形得出字義卻大有幫助。以止表示人在行進,雙手持農具,前往勞作于田之意甚爲明顯。古人日出而作,去田勞作,當作昧爽,故引申爲早晨之意。

![]【爨】　　七亂切　　今讀 cuàn

許解:齊謂之炊爨。𦥑象持甑,冂爲竈口,廾推林內火。凡爨之屬皆从爨。![],籀文爨省。

《段注》:各本謂下衍之字。今正。火部曰"炊,爨也",然則二字互相訓。

王筠《句讀》:《廣雅》"爨,炊也",《孟子》"以釜甑爨"是也。《士昏禮》"大羹湆在爨",則直以爲竈之別名。

謹按:爨,古籍多用爲炊意。《左傳·宣十五年》"析骸以爨",杜云"爨,炊也"。《楚辭·九歎》"爨土鬻於中宇",注云"爨,灶炊也"。許氏以會意法分析之,釋義爲炊也,確實。

革【革】　　古覈切　　今讀 gé

許解:獸皮治去其毛,革更之。象古文革之形。凡革之屬皆从革。𠦶,古文革。从三十。三十年爲一世,而道更也。臼聲。

《段注》:各本"獸皮治去其毛革更之。象古文革之形",文義句讀,皆不可通,今依《召南》《齊風》《大雅》《周禮·掌皮》四疏訂正。革與鞹二字轉注。皮與革二字,對文則分別,如"秋斂皮、冬斂革"是也。散文則通用,如《司裘》之"皮車"即革路。《詩·羔羊》傳"革猶皮也"是也。(革,更也)二字雙聲,治去其毛是更改之義,故引伸爲凡更新之用。

桂馥《義證》:"獸皮,治去其毛,革更之"者,《一切經音義·十四》引云:"獸去毛曰革。革,更也"。……《月令》章句"去毛曰革"。本書剝去獸革者謂之皮,《書·禹貢》:"齒革羽毛。"傳云:"革,犀皮。"《正義》"《說文》云:獸皮治去其毛爲革,革與皮去毛爲異耳。"《周禮·冥氏》"若得其獸,則獻其皮革齒須備",疏云"革謂無文章者,去毛而獻之"。本書"諽,更也",《堯典》"鳥獸希革",傳云"革,改也"。"象古文革之形"者,徐鉉寫,徐鍇《韻譜》革字作𩎃,今從𠙴,非鉉原本,徐鍇本從口。《一切經音義·二十二》"革,更也",字從三十從口,口爲國邑,國三十年而法更別,取別異之意也。口音韋。馥謂寫者不解字意,誤爲𠙴,俗遂以爲從口舌字矣。

謹按:革,金文作 𩊄,像剝下的獸皮張挂之狀。上爲頭,━ 爲前肢,⊌ 爲獸身皮張挂之形象,✘ 爲足尾,非从卅。剝下的獸皮並去其毛爲革,由有毛到無毛,有了變化,故這個剝去獸皮的過程叫變革。革,因而又有了變更之意,這個意義是从本義剝皮引申來的。今仍用本義如皮革,人造革等,也用引申義如革命、革新、改革。

· 42 ·

【鬲】　郎激切　今讀lì

許解：鼎屬。實五觳。斗二升曰觳。象腹交文，三足。凡鬲之屬皆從鬲。䰜，鬲或從瓦。甗，漢令鬲，從瓦，厤聲。

《段注》：上象其口，X象腹交文，下象三足也。《考工記》"圜曰款足"，按：款足，郭云"曲腳"，漢《郊祀志》則云："鼎空足曰鬲"，釋款為空。

王筠《句讀》：《釋器》："鼎，款足者謂之鬲。"《封禪書》："其空足曰鬲。"《索隱》云："款者，空也，言其足中空也。"案：此器上半是器，上闊而下狹，下半是足，足出於器，亦上大而下小。……《郊祀志》蘇林注曰："中空不實者，指其中而言也。"字之上象脣，銘往往在脣，故金刻有鬲、鬲、鬲諸體，皆外象其形，内象其文，下象其足，小篆斷為三截，不甚象也。

謹按：鬲，甲文作鬲、鬲，金文作鬲、鬲、鬲，都像鬲之形。《商周彝器通考》列入食器，解釋說："如鼎而款足，或有耳，或無耳。"鼎也列在食器類中，解釋云："圓腹、兩耳、三足，用烹食物。其方者兩耳四足。"

【弼】　郎激切　今讀lì

許解：厤也。古文，亦鬲字。象孰飪五味气上出也。凡弼之屬皆從弼。

《段注》："厤也"二字淺人妄增。此云古文亦鬲字，即介籀文大改古文之例。何取以漢令鬲為訓釋乎(气上出也)謂弜也。鬲弼本一字，鬲專象器形，故其屬多謂器，弼兼象孰飪之气，故其屬皆謂孰飪。

王筠《句讀》：《說文》同字而分兩部者，此及自臼、林麻、人几、大介是也。分三部者，頁、首、百是也。半有說解，古人之不苟也，几下云仁人也，與此厤也，皆直以本字異文為說解。

謹按：鬵爲食器，其炊煮食物，必有氣上出，故"鬵"字從弜，當爲煮粥之器。"鬻"字從鬵，即其一證。

爪【爪】　　側狡切　　今讀 zhǎo

許解：丮也。覆手曰爪。象形。凡爪之屬皆从爪。

《段注》：丮，持也。仰手曰掌，覆于曰爪，今人以此爲叉甲字，非是。叉甲字見又部，蚰部蟊字下云："叉，古爪字"，非許語也。

王筠《句讀》：……字俗作抓。《莊子》："豫樟初生，可抓而絕。" 屮等字，指皆在上，爪則臂上而指下，故曰覆。實指事字。

謹按：爪，甲文作 ，金文作 。金文特寫手指，甲文向下之形，表示覆手抓取之形。

丮【丮】　　几劇切　　今讀 jí

許解：持也。象手有所丮據也。凡丮之屬皆从丮。讀若戟。

王筠《句讀》：據當作据，手部"据，戟挶也"，何劭公注《公羊》多用据字，義與此同。

桂馥《義證》：持也者，本書虡"鬪相丮不解也"，《詩》"執競"，箋云"能持強道"，《釋文》"執，持也"。"象手有所丮據也"者，據當爲据。

謹按：丮，甲文作 、 ，金文作 ，像有所持之形。

鬥【鬥】　　都豆切　　今讀 dòu

許解：兩士相對，兵杖在後，象鬥之形。凡鬥之屬皆从鬥。

《段注》：按：此非許語也。許之分部次弟，自云"據形系聯"，丮屈在前部，故受之以鬥。然則當云爭也，兩丮相對。象形，謂兩人手持相對也，乃云："兩士相對，兵杖在後"，與前部說自相戾，且文從兩手，非兩士也。此必他家異說，淺人取而竄改許書，雖《孝經音義》引之，未可信也。

王筠《句讀》：……案：云兩丮，則是會意，不得以爲象形，且似丮部無厒字矣。

桂馥《義證》：……鍇《繫傳》云："鬥爲兵也。"《孟子》"秦楚構兵"，經典借鬭字。僖九年《左傳》"能鬭不過"。

謹按：鬥，甲文作 ⿱、⿱，金文未見。甲文兩形都是兩人相對，手擊對方之狀，是徒手相搏的意思。許書大徐本"兵杖在後"沒有著落，或如段氏云，爲"淺人竄改"。

ㄋ【又】　　于救切　　今讀 yòu

許解：手也。象形。三指者。手之列多略不過三也。凡又之屬皆从又。

《段注》：此即今之右字。不言又手者，本兼ナ又而言，以屮別之，而ㄋ專謂右，猶有古文《尚書》而後有今文《尚書》之名，有《後漢書》而後有《前漢書》之名，有《下曲禮》而後有《上曲禮》之名也。又作右，而又爲更然之詞也。

王筠《句讀》：又之爲手，不見于經。《詩·賓之初筵》"室人入又"，"矧敢多又"，箋竝云"又，復也"。竊謂似可云"又，取也"。"室人入又"者，入而取酒益之也。"矧敢多又"者，況敢多取而飲之也，猶《檀弓》"子手弓而可"，以執弓爲手弓，用靜字爲動字，以此推之，又字可得手義。……手亦名又，名異而形不能異，故略舉其中之三指，聊與手字別。且手字正面形，故五指全見。又與屮對，側面形也，指相掩映，故第見其長者。

謹按：又，甲文作 ⺄、⺄，金文作 ㄋ，像手指左向的形狀，這正是右手的特徵，爲右手的象形字。同"口"結合，成"右"字，許慎說"手口相助也"。又，借爲重復的意思以後，就以"右"表示它的本義，而"右"的原義,只好加人形以表之,作"佑"。

ᄃ【ナ】　　臧可切　　今讀 zuǒ

　　許解:ナ手也。象形。凡ナ之屬皆从ナ。

　　《段注》:鉉本作"ナ手也",非。左,今之佐字。左部曰:"左,ナ手相左也"是也。又手得ナ手則不孤,故曰"左助之手"。反ᄏ爲ᄃ,故相戾曰ナ,……俗以左右爲ナ又字,乃以佐佑爲左右字。

　　王筠《句讀》:以左說ナ,此以隸照篆之法,大徐作ナ,非。

　　桂馥《義證》:……人手不便於左,故以爲僻左。凡左計、左道、左官皆因ナ手爲義。

　　謹按:ナ,甲文作ᄃ,金文作ᄃ、ᄃ,都像左手右向之形,其發展演變同又。由於左手不便於動作,故稱行動生疏、困難爲左,此爲引申義。甲文有反正不拘之例,而ᄃ、ᄏ二字卻不亂。

ᄇ【史】　　疏士切　　今讀 shǐ

　　許解:記事者也。从又持中。中,正也。凡史之屬皆从史。

　　戴侗《六書故》:史,掌書之官也。秉筆以俟,史之義也。

　　吳大澂《說文古籀補》:史,記事者也,象手持簡形。許氏說:"从又持中,中,正也",按:古文中作ᄇ,無作中者。

　　《段注》:《玉藻》"動則左史書之,言則右史書之"。不云記言者,以記事包之也。君舉必書,良史書法不隱。

　　桂馥《義證》:……"從又持中,中,正也"者,文元年《左傳》"舉正於中",《春秋元命苞》:"屈中挾一而起者爲史。史之爲言紀也,天度文法以此起也"。

　　謹按:史,甲文作ᄇ、ᄇ,金文作ᄇ。關於史,《周禮》記載最爲詳細,分大史、小史、内史、外史、女史等。《冢宰》:"史,十有二人",《注》"史,掌書者",《疏》"史,主造文書也"。《女史》"女史……書内令",《注》"后之令",《疏》"書而宣佈於六宫之中也"。《宰夫》"六曰史,掌官書以贊治",《注》"贊治,若今起文書草也"。《大史》:"祭之日,執書以次位常",《疏》言執書者,謂執行祭禮之書。《小史》:"小史掌邦國之志。"《疏》:"志者,記也,諸侯國内所有記録之事皆掌之"。《内史》:"内史掌書王命。"《疏》:"謂王有詔、勑、頒之事,則當副寫一通,藏之,以待勘校也。"《外史》:"外史掌書外令。"《疏》"王下畿外之命也"。總之,史官的職務就是掌書、記事。既然爲掌書記事的職責,那麽所持之物除筆以外,還有書簡,而《曲禮注》正作了説明。"史載筆"一語,下注云:"謂從事於會同,各持其職,以待事也。筆是書具之屬。"筆既爲"之屬",那就是説此屬必有他具。甲文、金文的 ϕ,正是像簡和筆的合成形狀。

【支】　章移切　今讀 zhī

許解:去竹之枝也。从手持半竹。凡支之屬皆从支。𢽾,古文支。

王筠《句讀》:去者離也,既手持之,是離於竹之枝也。……《左·莊六年傳》引《詩》"本枝百世",又"芄蘭之支",則支即古枝字。枝本通偁,而專屬於竹者,以字從半竹也。手當作又。

桂馥《義證》:"去竹之枝也"者,疑作去枝之竹也。

謹按:"从手持半竹",本是説字形,云手,則無著落,當爲又。"半竹",不合《説文》對竹字的分析。竹篆,許云"象形",不可分別,分別不得成竹。且《説文》古文亦不作半竹之形,"支"之形當爲手持枝條,表示一枝之意,即"枝"的本字。

【丯】　尼輒切　今讀 niè

許解:手之丯巧也。从又持巾。凡丯之屬皆从丯。

謹按：學者多以"聿""聿"爲一字，戴侗《六書故》發其端，謂"書傳未嘗有聿字，聿又作筆，實一字耳"。徐灝、張舜徽等从之。以所屬"肅""肅"二篆考之，戴說蓋是。"肅、蓋習也"，"肅"張舜徽以金文中有作🖋考推之上字从聿，仍是執筆之形。

肅【聿】　　余律切　　今讀 yù

許解：所以書也。楚謂之聿，吳謂之不律，燕謂之弗。从聿，一聲。凡聿之屬皆从聿。

《段注》：以，用也。聿者所用書之物也，……各本作一聲，今正。此從聿而象所書之牘也。

王筠《句讀》：《太元·飾次三》"吐黃舌，拈黃聿"，注："聿，筆也"。

謹按：聿，甲文作🖋、🖋，金文作🖋，像手持筆之形。許書據小篆分析謂爲"一聲"，不確。"筆"下云"秦謂之筆"，可以推知"筆"之篆形乃承"聿"之篆形而來，解說也可同歸"聿"下。如"楚謂之聿，吳謂之不律，燕謂之弗，秦謂之筆"。由於下有"筆"篆，許氏因將"聿"下"秦謂之筆"一語放在"筆"下，並承上省略了主語。由此可知，"聿"就是"筆"。

畫【畫】　　胡麥切　　今讀 huà

許解：界也。象田四界。聿，所以畫之。凡畫之屬皆从畫。畫，古文畫省。畫，亦古文畫。

《段注》：介，各本作畛，此不識字義者所改，今正。《八部》曰："介，畫也。從八從人，人各有介"。……田之外橫者二，直者二，今篆體省一橫，非也。

王筠《句讀》："八部介，畫也"。畕部"畺，界也"，"三其界畫也"。《古今注》"封疆畫界者，封土爲臺，以表識疆境也。畫界者於二封之間，又爲堰埒,以畫分界域也"。《左傳》引《虞箴》"畫爲九州"。

桂馥《義證》:……《左傳》引《虞箴》"畫爲九州",注云"畫,分也"。……《左傳》正義曰:"茫茫禹跡,畫爲九州。九州尚畫其界,是田之經界,須畫之也。"《書·畢命》:"申畫郊圻。"《傳》云:"郊圻雖舊所規畫,當重分明之。"《漢書·地理志》:"昔在黄帝,方制萬里,畫埜分州。"顔注:"畫,謂爲之界也。"

謹按:畫,甲文作 ✿、✿,金文作 ✿、✿、✿,都是手執畫具,下有刻畫之跡。甲文、金文,亦難看出有"田四界"之意。《說文》所列古文亦無"象田四界"之意。且古文都增"刀"符,說明"畫"當爲動詞。桂馥《說文義證》所列《尚書》《左傳正義》《古今注》《漢書》之文,都表示動作,故知"畫"當爲動詞,即分畫之意。後來詞義縮小,專指由筆描勒之圖爲畫。

隶【隶】　　徒耐切　　今讀 dài

許解:及也。从又,从尾省。又持尾者,从後及之也。凡隶之屬皆从隶。

《段注》:此與辵部逮音義皆同,逮專行而隶廢矣。

桂馥《義證》:及也者。本書"及,逮也",《釋言》"逮,及也"。

謹按:隶字,甲文未見著。《邲鐘》作 ✿,與小篆無異。當如許氏所釋。

臤【臤】　　苦閑切　　今讀 qiān

許解:堅也。从又,臣聲。凡臤之屬皆从臤。讀若鏗鏘之鏗。古文以爲賢字。

王筠《句讀》:《物理論》:"在金石曰堅,在草木曰緊,在人曰賢。"案:此說最允,許君以堅說臤,又曰"古文以爲賢字",又收緊、堅於本部,皆以臤爲主,惟賢以貝爲主,似偶誤。金部無鏗,疑作鋻。

桂馥《義證》:堅也者。本書:"能獸堅中,故賢能而彊壯稱能傑也"。《考工記》:"五分其轂之長,去一以爲賢"。馥謂,賢當作臤。……臣聲者。《詩·卷阿》正義、《說文》"賢,堅也"。以其人能堅正,然後可爲人臣,故字從臣。《廣雅》:"臣,鋻也。"《白虎通》:"臣者,繵堅也,屬志自堅固"。《孝經》說:"臣者,堅也,守節明度修義奉職也。"

謹按:臤,甲文作 𦣻,金文作 𦣻、𦣻,指尖或刺入眼,或否。如依許說"从又臣聲",則餘一个"又"字,難表堅意,故当為会意字,"从又从臣"。"臣"爲睜大眼睛之狀,"又"表示辛苦勞作,二者結合爲認真操作之意。對於統治者來說,能拼命勞作爲其服務者,便是賢者。故臤字本義爲勞累,勞累之人多數臤強,故引申爲堅強之臤。古籍多假"賢"爲"臤",如《詩經·小雅·北山》:"溥天之下,莫非王土,率土之濱,莫非王臣。大夫不均,我從事獨賢。"《毛傳》:"賢,勞也。"王念孫《廣雅疏證》卷一下:"賢亦勞也,賢勞猶言臤勞。"《孟子·萬章上》:"此莫非王事,我獨賢勞也。""賢"本義爲多財,故从貝,臤系聲符。《說文·貝部》賢,許解:"賢,多才也,从貝臤聲。"

臣【臣】　　植鄰切　　今讀 chén

許解:牽也,事君也。象屈服之形。凡臣之屬皆从臣。

王筠《句讀》:也似衍文,凡《說文》兩義乃兩也字。校者不知,概合兩句爲一。此文"牽,事君也",以爲不通,故增之耳。《廣雅》:"臣,堅也。"《白虎通》:"臣,繵也。"韋昭辨《釋名》:"臣,慎也。"皆以聲近字爲訓。

桂馥《義證》:"牽也"者,臣、牽聲相近。牛之從牽者,皆柔謹也。"事君也"者,本書官下云:"吏,事君也"。……"象屈服之形"者,本書臥:"從人臣,取其伏也。"《莊子》:"擎跽曲拳,人臣之事也,稽顙服之甚也,肉袒服之盡也。"《漢書·王陵傳》文帝問陳平決獄,錢穀平謝曰:"主臣。"晉灼曰:"臣,服也"。《宣二年·左傳》:"晉士季諫靈公三進。"注云:"三進,三伏。"

謹按:臣,甲文作 ᒼ、ᒽ,金文作 ᒾ、ᒿ,都是眼睛。或點睛,或不點睛,說明點睛與不點睛與取象無關。《說文》中从臣的字,和甲文、金文中从臣之字比較觀之,可得"臣"之本義。

監,甲文作 ᖍ,目豎立,像人在盛水之器上照面之形。金文作 ᖎ,和甲文相似,豎目變成 ᒿ。小篆作 ᖏ,許解爲"臨下也,从臥𥃲省聲"。許將會意字識解爲形聲字,並誤 𥁕(器中盛水)爲血。

臨,金文作 ᗊ,像人正眼看物之形。小篆作 ᗋ,《說文·臥部》臨篆下解:"監臨也。从臥,品聲",誤成形聲字。

望,甲文作 ᗌ 或作 ᗍ,臣或目不拘。金文多了月字,作 ᗎ,小篆作 ᗏ。《說文·壬部》望下解:"月滿與日相望以朝君也。从月,从臣、从壬。壬,朝廷也。"許把一個會意字說得太費解了。

上述三字都是表示睜大眼睛注意觀看之意,ᒽ、ᒿ 可以通用。而"睜"字,甲文、金文中皆無,《說文》也沒有。睜,《廣韻》解爲"不悅視也",同睜之本義不合。睜眼的"睜",本字就是"臣"。因爲"臣"引申爲奴僕的代稱,本義湮沒,就加了聲符真,作"瞋"。許解:"張目也,从目,真聲。"張目,就是睜大眼睛;从目,即从臣。《廣韻》臣屬禪紐真韻,古韻相同,聲紐同類,意義一致,二字當是古今字。

ᘍ【殳】　　市朱切　　今讀 shū

許解:以杸殊人也。《禮》:"殳以積竹,八觚,長丈二尺,建於兵車,旅賁以先驅。"从又,几聲。凡殳之屬皆从殳。

◁▶《說文》部首集注箋證

《段注》:杖,各本作殳,依《太平御覽》正。云杖者,殳用積竹而無刃,毛傳"殳長丈二而無刃"是也。殊,斷也。以杖殊人者,謂以杖隔遠之。《釋名》:"殳,殊也。有所撞挃於車上使殊離也"。殳、殊同音,故謂之殳。……以積竹者,用積竹爲之。

謹按:殳,甲文作 ⚋,金文作 ⚋ 等形。甲文最能表現"殳"之本義,⚋ 爲杖之形,⚋ 高舉之,兩形結合,表現以杖殊人之意。當爲會意字,許以形聲字分析,不確。

【殺】　所八切　今讀 shā

許解:戮也。从殳,杀聲。凡殺之屬皆从殺。⚋,古文殺。⚋,古文殺。⚋,古文殺。

徐鍇按:《說文》無杀字,相傳云音察。未知所出。

《段注》:按:張參曰:"杀,古殺字。"張說似近是。此如本作朮,或加禾爲秫。……(⚋,古文殺)按此蓋即杀字轉寫譌變耳,加殳爲小篆之殺。此類甚多。《古文四聲韻》"⚋ 爲崔希裕纂古,⚋ 爲《說文》",則夏氏所據《說文》爲善本,正與張參說合。首字下當從殳從杀。或譌爲杀聲也。

桂馥《義證》:……杀,聲者。本書我下云:"乎,一曰古殺字。"馥謂乎即杀,皆從古文⚋而變。《五經文字》:"杀,古殺字。"

王筠《句讀》:……桂氏、嚴氏皆曰杀即古文⚋。然則是麗從丽聲,裘從求聲一類,當云從古文杀。

謹按:殺,甲文作 ⚋、⚋,金文未見著錄。《說文》古文或從 ⚋ 從 ⚋ 從 ⚋,或從 ⚋ 從 ⚋,或從又。從甲文和《說文》三個古文,都可以知"殺"爲會意字。小篆"殺"當从甲文 ⚋,許慎以爲從殳杀聲,不確。

【乁】　市朱切　今讀 shū

許解:鳥之短羽,飛乁乁也。象形。凡乁之屬皆从乁。讀若殊。

· 52 ·

王筠《句讀》:也,《集韻》作然,兩通。凡重言連語,即是形容之詞。

謹按:乁,許解爲"鳥之短羽,飛乁乁也。象形"。對字義的解釋允當,但造字法說法不確。鳥之短羽,飛動時最明顯的是聲響大。《集韻》以"然"代"也",王韻說"重言連語",即是形容之詞。古人所謂形容之詞,包括象聲詞在内。而且乁不像鳥羽,本部從屬兩字。参,許解爲"新生羽而飛也";巂,許解爲"舒巂,鷺也"。都能從聲響上得到解釋。故乁當爲象聲詞,屬於指事。徐鉉注:市朱切,市在禪紐,古音歸端,當讀(tū)。鳥飛兩翼扇動發聲,其音正如(tū)。

【寸】　　倉困切　　今讀 cùn

許解:十分也。人手卻一寸,動脈,謂之寸口。从又,从一。凡寸之屬皆从寸。

桂馥《義證》:十分也者,本書尋字云:"寸度之,亦手也。"尃字云"寸,人手也",叔從又,或從寸;妾從又,籀文從寸。尺下云:"周制寸、尺、咫、尋、常、仞諸度量,皆以人之體爲法。"馥謂:論寸者,當以手爲準。《大戴禮·主言篇》"布指知寸"。僖三十一年《公羊傳》"膚寸而合",注"側手爲膚"。案:指爲寸投壺室中。"五扶"注云:"鋪四指曰扶,一指按寸"。馥謂:此皆以手知寸者也。……"人手卻一寸動脈謂之寸口"者,本書肘下云:"寸,手寸口也",尺下云:"人手卻十分動脈爲寸口"。……"有法度者也"者,本書等下云:寺官曹之等平也。守下云:"寺府之事者。从寸。寸,法度也"。耐下云"諸法度字从寸"。《一切經音義》引《風俗通》:"寺,司也,廷之有法度者也"。

謹按:"寸"在已發現甲文和金文中都沒獨立出現,但金文中有"寺"字,作𡭕,从又。甲文中有"專"字,作𢆶,从又;有"尃"字,作𤰔,从又。以上三字,在小篆都从寸,可知"寸"由"又"而來,其義相同。但"寸"獨立用時,其義當如許說。但許在分析字形時,以爲會意字,不確。"寸"之點當和"刃""亦"的點一樣,表示部位,爲指事字。

宮【皮】　符羈切　　今讀 pí

許解:剝取獸革者謂之皮。从又,爲省聲。凡皮之屬皆从皮。𤸰,古文皮,𩰬,籀文皮。

《段注》:剝,裂也,謂使革與肉分裂也。云革者,析言則去毛曰革,統言則不別也。云"者"者,謂其人也,取獸革者謂之皮。皮,披。披,析也。見木部。因之所取謂之皮矣。引伸凡物之表皆曰皮,凡去物之表亦皆曰皮。

王筠《句讀》:言剝取者,以字從又也。言獸革者,人謂之膚,獸謂之皮,通之則亦曰革也。云"者"者,蓋當時俗語,呼皮匠曰皮也,以字從又,故云然。若《天官·掌皮》,非此語意。

桂馥《義證》:"剝取獸革者謂之皮"者,剝皮將以爲革也。《廣雅》:"皮,剝也。"《詩·鴟鴞》"徹彼桑土",《傳》云:"徹,剝也";土,《字林》作𣐽,"桑皮也",是木皮亦言剝也。本書:"革,獸皮治去其毛革更之。"《周禮·掌皮》"掌秋斂皮,冬斂革,春獻之。"注云:"有毛爲皮,去毛爲革。"

謹按:皮,金文作𤰕。从𠂇从又,像剝取獸皮之狀。許慎分析成"从又爲省聲",將指事字當成形聲字。

𩱠【𩱠】　而兗切　　今讀 ruǎn

許解:柔韋也。从北,从皮省,从夐省。凡𩱠之屬皆从𩱠。讀若耎。一曰:若儁。𩱟,古文𩱠,𩱡,籀文𩱠从夐省。

《段注》:柔者,治之使鞣也。韋,可用之皮也。《考工記》注曰:"《蒼頡篇》有鞄鼜。"鉉曰:"從北者,反覆柔治之也。"謂𦐇也,非耳非瓦,今隸下皆作瓦矣。……儁同俊,人部有俊無儁。

謹按:《說文》古文从皮省从人,爲會意字,表示人治革使柔軟也。籀文从人在穴上,𦐇像治皮使之柔軟之狀。小篆从二人相背,與古文和籀文从人指意相同,且將籀文的𦐇譌變爲"瓦"。又疑㞋是聲符,即本書《冃部》"冃"篆之初文。原作冃或㞋。許解:"冃,小兒蠻夷頭衣也。"徐注"莫報切",古或讀若冕。"冕""鼜"迭韻,鼻音通轉。"鼜"或讀如(nǎn)。如陝南、渭北謂治柿使軟曰"(nǎn)柿子"。因知治皮使軟亦可曰"(nǎn)皮子"。

攴【攴】　普木切　　今讀 pū

許解:小擊也。从又,卜聲。凡攴之屬皆从攴。

《段注》:手部曰:"擊,攴也"。此云"小擊也",同義而微有別。按:此字"從又卜聲",又者,手也。經典隸變作扑。凡《尚書》《三體》鞭扑字皆作扑,又變爲手,卜聲不改,蓋漢石經之體,此手部無撲之原也。唐石經初刻作朴,從木者,唐元度覆挍正之,從手,是也。《豳風》"八月剝棗",假剝爲攴,毛曰"擊也"。

王筠《句讀》:攴經典作扑。《虞書》"扑作教刑",傳:"扑,榎楚也"。

謹按:攴,甲文作𠬝,金文未見。小篆訛作从又卜聲。甲文"卜",或作卜、或作丫,與甲文"攴"上邊形體有別。卜蓋像鞭杖形,即所謂"榎楚也"。从手執榎楚,以示撲擊之意,會意也。許認爲形聲,誤。

教【教】　古孝切　　今讀 jiào

許解:上所施,下所効也。从攴,从孝。凡教之屬皆从教。𤕝,古文教,𤕝,亦古文教。

《段注》：孝見子部，"效也"。上施故從攴，下效故從孝。

桂馥《義證》：……《釋名》："教，傚也，下所法傚也。"《廣雅》："教，效也。"《一切經音義》二三："蒼教，誨也，效也。"《詩·鹿鳴》："是則是傚。"《傳》云："言可法傚也。"又《角弓》："爾之教矣，民胥傚矣。"《中庸》："修道之謂教。"《注》云："治而廣之，人放傚之，是曰教。"

謹按：甲文作 𤕝、𤕚，金文作 𤕝、𤕚。甲文所錄皆从攴从子，爻聲。金文或省子从攴爻聲，或依甲文从攴从子，爻聲。从攴从子，即上所施，下所效也。攴，本義爲"小擊"。引申之，凡以威力脅人使其從指撝者皆可以"攴"表之，如"政""故""更""改""收""牧""敗"等等。故"教"之本字，亦有以威力脅子使之接受教誨之意。

卜【卜】　博木切　　今讀 bǔ

許解：灼剝龜也，象灸龜之形。一曰：象龜兆之從橫也。凡卜之屬皆从卜。𠁡，古文卜。

《段注》：火部"灼，灸也"。刀部"剝，裂也"。灼剝者謂灸而裂之。

桂馥《義證》：《急就篇》"卜問譴祟，父母恐"，顏注："以龜曰卜。"莊四年《公羊解詁》："龜曰卜，蓍曰筮。"《詩》："定之方中，卜云其吉。"傳云："龜曰卜。"《周禮》"叙官大卜"，注云："問龜曰卜。"《曲禮》："龜爲卜，筴爲筮。"

謹按：卜，甲文作 卜、丨，金文作 卜、卜，都像龜兆裂灼紋。古人占卜，必先在修治過的甲骨片背面用鋒刃器刻出圓形的孔和梭形深粗紋路。刻上署辭以後，卜者就開始占卜，即用火灼烤已制好鑽孔的甲骨片，使甲骨裂出一定裂紋。因其裂紋多像"卜"，所以就以"卜"字像之。因爲灼裂開甲骨時，必有爆開聲，就取灼裂之聲響，讀博木切。

卷三

𤰃【用】　　余訟切　　今讀 yòng

許解：可施行也。从卜，从中，衛宏說。凡用之屬皆从用。𤰃，古文用。

徐鉉曰：卜中乃可用也。

謹按：《說文》引衛宏說，表示許氏也對衛氏析形存疑。衛說最難站住腳的地方在中字上。中字，《甲骨文編》收近三十形，十九作𠁩形，余多作中形，絕無作𠁧形者。金文亦未見有作𠁧形者。《說文》所載古文也非从中。而"用"字，《甲骨文編》作𤰃、𤰃諸形，但無作𠁧者，故从卜从中之說，後人多疑之。戴侗《六書故》以爲像鐘形，並試圖加以解說。謝彥華曰：愚謂用即墉之古文，像城垣之形。鼎彝文𤰃數形，與《說文》同。上下缺畫者，像城闕形；縱橫界畫者，像層壘形；此象形最初文。後因用爲借義所專，復出从土庸之墉。馬敍倫曰："以所屬甫、葡、庸、甯四字證之，確爲墉之初文。"楊樹達又以爲"用"像桶之初文。

以上諸說，考之于甲文，皆難信從。且從經典看，難以找出"用"之施行義是借義之痕跡。《尚書》"五刑五用哉""帝用不臧""自用則小""用牲于郊""予一人惟聽用德"諸說中，共出現用字近一百五十次，皆含有"施行"義。《論語》"用"字出現十八次，或當使用講。《里仁篇第四》："有能一日用其力於仁矣乎？"或當需要講。《陽貨篇第十七》："割雞焉用牛刀。"或當用度講。《顏淵篇第十二》："用不足。"或爲效用義。《學而篇第一》："禮之用，和爲貴。"以上幾例，或動詞，或名詞，與許氏"可施行"相去不遠。《雍也篇第六》"雖欲勿用"，當殺牲祭祀講，也含有施行義。

從甲文中"用"字出現之多，似可從占卜上理解造字之旨。出土發現的甲骨的質料，主要爲龜腹甲、龜背甲、牛胛骨以及極少量的羊胛骨和豬胛骨。這基本上決定了兆版的形狀，或爲亞字形，或爲中字形，不會出於兩形之外。占卜之前，又要對甲骨進行修治，先刻出對稱線，再刻梭形槽，鑽圓形孔兒。經過以上的整治，甲骨就成爲中字形或亞字形，用文字像之，就是用諸形。中間豎爲所刻對稱線，兩邊線爲外沿，橫畫爲梭形槽之像。整治甲骨橫畫不定，故可以只作一條，也可以作數條，但皆表示有橫槽。甲骨經過整治呈用形即可用以占卜，即"可施行"之意，因稱其事爲"用"，其物是動能亦稱爲"用"。

【爻】　　胡茅切　　今讀 yáo

許解：交也。象《易》六爻頭交也。凡爻之屬皆从爻。

王筠《句讀》：爻以變而占，變則交，×以象之。兩×象貞悔。

朱駿聲《定聲》：×，古文五，二五天地之數。會意。

張舜徽《約注》：……唐寫本《玉篇》爻字下引《說文》："爻，交也。象易六爻文頭也。"文當爲交之形譌。今本作頭交者，二字誤倒矣。

謹按：爻，甲文作✕、✕，金文作✕、✕。二×三×沒有定式，說明其本義就是交錯。《爻部》屬一字"棥"，从爻从林（即藩籬之初文）。"爻"亦表示交錯，蓋謂棥籬乃由木、枝交錯而成者。

【㸚】　　力几切　　今讀 lí

許解：二爻也。凡㸚之屬皆从㸚。

《段注》：二爻者，交之廣也，以形爲義，故下不云從二爻。

張舜徽《約注》：……《易·說卦》云："離者明也。"離即㸚之借字。

謹按：㸚，甲文，金文皆未見著錄。《㸚部》屬二字"爾""爽"，皆有明意，故知㸚亦必有明意。又《易·說卦》云："離者，明也。""離"即"籬"，"籬"爲竹木交錯義。"離""㸚"聲同，義同。《說文》沒有"籬"字，故"㸚"當爲"籬"之本字，張說蓋是。

卷　　四

𥅽【𥅽】　　火劣切　　今讀 xuè

　　許解：舉目使人也。从攴,从目。凡𥅽之屬皆从𥅽。讀若颭。

　　《段注》：此與言部䛐音同,義亦相似。《項羽本紀》："梁眴籍曰:可行矣。籍遂拔劍斬首頭。"然則眴同𥅽也,(从攴目)動其目也。會意。

　　謹按：𥅽,甲文作 𓂀 、𓁺 ,金文作 𓁼 ,皆从攴从目。"攴"作爲意符,與"又"作爲意符義同,皆表示指使。𥅽从攴从目,乃以目指使,即"舉目使人也",今口語謂"使眼神"。

目【目】　　莫六切　　今讀 mù

　　許解：人眼。象形。重,童子也。凡目之屬皆从目。◉,古文目。

　　《段注》：象形,總言之。嫌人不解二,故釋之曰重其童子也。《釋名》曰:"瞳,重也。膚幕相裹重也。子,小稱也。主謂其精明者也。或曰眸子。眸,冒也,相裹冒也。"按:人目由白而盧、童而子,層層包裹,故重畫以象之,非如《項羽本紀》所云重瞳子也。

　　王筠《句讀》:特區別之曰人眼,即當作◉矣。人眼橫,獸眼縱,魚鳥眼圓,形不一也。篆特象人眼之形,而庶物沿襲用之。

謹按:目,甲文作▱、▱,金文作▱、▱,皆橫寫,像人眼之形。

朋【䀠】　　九遇切　　今讀 jù

許解:左右視也。从二目。凡䀠之屬皆从䀠。讀若拘。又若良士瞿瞿。

《段注》:ナ又,各本作左右,非也,今正。凡《詩·齊風》《唐風》《禮記·檀弓》《曾子問》《雜記》《玉藻》或言瞿或言瞿瞿。蓋皆䀠之假借。瞿行而䀠廢矣。

王筠《釋例》:䀠當作▱,依思字而略變之。蓋目字象形,不必兩也。▱則會意,不如是,不足見左右視之意。《博古圖》有▱、▱兩體,並釋爲瞿。

謹按:䀠,金文作▱、▱等形,點睛或不點睛,皆像兩眼之形。《瞿部》云:"鷹隼之視也,从隹从䀠,䀠亦聲。"而鷹隼之視,左右急轉,其義爲䀠。金文或左右而橫之,或上下而縱之,亦表左右視之義。左右視則狀驚遽之貌。《毛傳》"瞿瞿無守之貌","瞿瞿然顧禮義也",皆用其驚遽之義。今陝西關中謂人驚慌而跑損曰"䀠䀠",正用驚遽之義。"䀠"當爲"瞿"之本字,後世用"瞿"而"䀠"廢。

眉【眉】　　武悲切　　今讀 méi

許解:目上毛也。从目,象眉之形。上象頟理也。凡眉之屬皆从眉。

《段注》:"从目象眉之形",謂丿。"上象頟理也",謂▱在兩眉上也。並二眉,則頟理在眉間之上。

謹按:眉,甲文作▱、▱、▱,金文作▱、▱,皆像眼眉之形。甲、金文的▱,都是爲了把眉同其他形狀區別開的輔助標誌。小篆以丿像眉之形,而以△和目作爲輔助標誌。不如此,則亻之形不易辨也。

盾【盾】　　食問切　　今讀 dùn

　　許解:瞂也。所以扞身蔽目。象形。凡盾之屬皆從盾。

　　徐鍇《繫傳》:ᄂ象盾形。

　　《段注》:經典謂之干,《戈部》作戦,用扞身故謂之干。《毛傳》曰:"干,扞也。"用蔽目故字从目。

　　王筠《句讀》:《方言》"盾,自關而東或謂之瞂,或謂之干,關西謂之盾"。

　　謹按:盾,金文作 ᚻ、ᚰ、ᑎ 像握盾之形。下从目,表示盾的用途,即所謂"捍身蔽目也"。當作从ᄂ从目。會意。

自【自】　　疾二切　　今讀 zì

　　許解:鼻也。象鼻形。凡自之屬皆從自。𦣹,古文自。

　　《段注》:此以鼻訓自,而又曰象鼻形。《王部》曰:"自讀若鼻。今俗以作始生子爲鼻子。"是然則許謂自與鼻義同音同,而用自爲鼻者絕少也。凡从自之字,如《尸部》"屓,臥息也";《言部》"詯,膽气滿聲在人上也",亦皆於鼻息會意。今義從也,己也,自然也,皆引伸之義。

　　王筠《蒙求》:"今人言我,自指其鼻,蓋古意也。"

　　謹按:自,甲骨文作 ᚼ、ᚽ,金文作 ᚾ、ᚿ,皆像鼻之形。"眉""皋""皇"等字,許解皆以"自"爲"鼻",用其本義也。後引申爲从、爲己、爲自然。

白【白】　　疾二切　　今讀 zì

　　許解:此亦自字也。省自者,詞言之气,從鼻出,與口相助也。凡白之屬皆从白。

《段注》:詞者,意内而言外也。言從口出,而气從鼻出,與口相助,故其字上從自省,下從口,而讀同自。

王筠《句讀》:積古齊東眲尊自字如此作。言此者,所以領部中字也。所屬六字,其五皆訓曰詞。嫌鼻不司詞,故委曲通之。若以字形言之,謂其下半從口,則許君豈謬至此乎?

張舜徽《約注》:白即自之或體,下文百,古文作百,可證也。段氏謂白字從自省從口,而以會意解之,非是。許必別爲立部者,所以統皆、魯、者、䁊、䕃、百諸文耳。

謹按:甲文中"自"字中,畫不定,或二或一,可證自、白本一字。金文中"自"字也有作白等形者,與甲文同。又"百"字,甲文或作百等形,金文或作百,六國文字或作百等形。從自從白,皆無定式,故知"白"乃"自"字之或體。《說文》之所以別立部者,如張舜徽所說,統"皆"等諸文耳。

鼻【鼻】　　父二切　　今讀 bí

許解:引气自畀也。从自、畀。凡鼻之屬皆从鼻。

王筠《句讀》:自畀皆聲而不言聲者,自乃鼻之古文,世變音轉,遂增畀字,不可云聲也,較此與之不言聲者,又進一義。

俞樾:引气自畀,義甚迂曲。其實則从自畀聲,形聲字也。姚氏文田《說文聲系》隸鼻字于畀聲下,得之矣。口、耳、目,皆象形字,何以鼻獨爲形聲字?蓋古文止作自,或作白,皆象形,與口、耳、目字一例。小篆從畀聲作鼻,猶齒字古文作齒,亦象形字;而小篆作齒,又從止聲也。其下之齒,乃古文齒之變體。亦猶自之爲白也。

齒字載籍罕見,未為它義所敓,故至今聲義未變,猶共知爲齒之古文。若自字,則別義行而本義廢矣。許君以有从自之字,有从白之字,有从鼻之字,故分爲三部。猶有人部,又有儿部;有大部,又有介部;實非二字也。乃因經傳自字,或訓由也,或訓始也,而無作鼻字者,遂不敢質言爲鼻之古文。於是相沿至今,聲義俱別,不可復合矣。(轉引自《約注》)

謹按:鼻,當爲从自畀聲,"自"乃其本字,"畀"爲後加聲符。俞氏說最詳。

皕【皕】　　彼力切　　今读 bì

許解:二百也。凡皕之屬皆从皕。讀若祕。

《段注》:即形爲義,不言从二百。

張舜徽《約注》:皕與百古讀音同,實即一字。此與棥下云"二余也",鱻下云"二魚也",而棥與余同字,鱻與魚同字,乃一例耳。

謹按:此字金文作皕,从二百並,即形見義。與艸爲二屮、卅爲三十例同。

習【習】　　似入切　　今讀 xí

許解:數飛也。从羽,从白。凡習之屬皆从習。

《段注》:數,所角切。《月令》鷹乃學習,引伸之義爲習孰。

張舜徽《約注》:大徐本作从羽从白,小徐本作从羽,白聲。考从白之字,多與詞气有關,習字不當从之。古讀白爲鼻,習从其得聲,小徐本是也。大徐以會意解之,誤矣。

謹按:習,甲文作 等形,六國文字作 等形,皆無白形。不當以从羽从白解,亦不當从羽白聲解之。習固从羽無疑,羽爲鳥長毛之形, 或 等形當爲鳥飛之起點,从羽从 或从 會意。有人認爲小鳥習飛,每在日下,故从日。姑錄之以備一說。

羽【羽】　　王矩切　　今讀 yǔ

　　許解：鳥長毛也。象形。凡羽之屬皆从羽。

　　《段注》：長毛別於毛之細縟者，引伸爲五音之羽。……長毛必有耦，故竝彐。《飞部》曰：飞，新生羽而飛也。羽，竝飞也。

　　王筠《句讀》：謂異於背上之毛，腹下之毳也。《廣韻》："羽，鳥翅也。"

　　謹按：羽，甲文作羽、仆等形，皆像鳥翅長毛之形。二者表其多，如"林""焱""多"，非實數也。段氏謂"長毛必有耦"未知何據？

隹【隹】　　職追切　　今讀 zhuī

　　許解：鳥之短尾總名也。象形。凡隹之屬皆从隹。

　　《段注》：短尾名隹，別於長尾名鳥。云總名者，取數多也。亦鳥名。"翩翩者鵻"，夫不也。本又作隹。

　　王筠《句讀》：謂凡短尾者，通名爲隹，非從隹之字皆短尾鳥也，故雉字從隹。

　　張舜徽《約注》：隹鳥二部之字，本可互通。《隹部》如雞、雛、雕、雁、雎、翟、雇、離，其籀文或體皆从鳥；《鳥部》如雛、鴗、鷽、鶪、鴿、鴇，其古文或體皆从隹；曷嘗有短尾、長尾之異乎。許君以短尾長尾區分隹鳥，亦取其多者論之耳。

　　謹按：隹，甲文或作、等，金文作、等。鳥，甲文作或作，二者明顯有區別。許氏以鳥之短尾總名釋"隹"，不誤。"隹""鳥"以形求之，二者顯有區別，但作爲形符，可以互代，其意爲鳥屬。

奞【奞】　　息遺切　　今讀 suī 或 xùn

　　許解：鳥張毛羽自奮也。从大，从隹。凡奞之屬皆从奞。讀若睢。

· 64 ·

戴侗《六書故》:象鳥將飛,頸項毛羽先奮張之形。

王筠《句讀》:大者,張大也。

《徐箋》:壺蓋从大,象器之蓋。奞从大,象毛羽奮張之形,皆似大而非大字,亦猶鳥足似匕而非匕字也。

謹按:奞从大从隹會意,許氏說解正本義,而後引申爲凡奮張之稱。

萑【萑】　　胡官切　　　今讀 huán

許解:鴟屬。从隹,从丫。有毛角。所鳴,其民有旤。凡萑之屬皆从萑。讀若和。

《段注》:雅,雖也。《釋鳥》:"萑,老兔。"郭云:"木兔也。似鴟鵂而小,兔頭。""毛角者,首有蕤,毛如角也。"

王筠《句讀》:(讀若和)猶桓表轉爲和表。

張舜徽《約注》:許云鴟屬,明其似鴟而實非鴟也;謂與之同類耳。湖湘間稱貓頭鳥,人皆惡忌之。

謹按:萑,甲文作 等形,像萑之形。小篆以像其毛角。"讀若和",王注是也。"和""桓"雙聲,陰陽轉對,古音相通。

丫【丫】　　工瓦切　　　今讀 guǎi

許解:羊角也。象形。凡丫之屬皆从丫。讀若乖。

戴侗《六書故》:丫,反戾也。羊角相反,故取義焉。

《徐箋》:丫、丫蓋本一字。工瓦、古懷二切,亦一聲之轉也。

謹按:丫,甲文中沒有獨立字形,但"萑""萑""羊"皆有丫形,或以像鳥角,或以像羊角。而羊最爲人所熟悉,亦最爲形象,故以獨立成字時像羊角之形。許釋爲羊角,正合原旨。

首【苜】　　模結切　　今讀 mò

許解:目不正也。从丫,从目。凡苜之屬皆从苜。莧从此。讀若末。

徐鍇《繫傳》:丫,角戾也。此會意。

《段注》:丫者,外向之象,故爲不正。

張舜徽《約注》:凡視物必正其目,而後得明晰,故目不正與目不明義實相因,非有二也。許君必以不正說之者,以其字从丫耳。

謹按:丫本爲羊角之像。因羊角長而後繞,故丫有反戾之義。作爲意符,則取其反戾之義。从丫从目,不同于常目,故許氏以目不正說之。

羊【羊】　　與章切　　今讀 yáng

許解:祥也。从丫,象頭、角、足、尾之形。孔子曰:"牛羊之字以形舉也。"凡羊之屬皆从羊。

徐鍇《繫傳》:說禮者云:羊,吉祥也。

王筠《句讀》:據先有羊而後有丫,羊字不可從丫也。

王筠《蒙求》:上象角,下象四足及尾。

張舜徽《約注》:羊性馴善,故許君以祥釋之,與馬字訓武例同。此篆上象角,下象四足及尾从後視之之形。

謹按:羊,甲文作 ⚹、⚹ 等形,金文作 ⚹、⚹、或作 ⚹。由字形可以看出,字必有丫,而一橫兩橫沒有定式,如謂下像四足及尾之形,則與甲文不合。甲文 ⚹ 只像羊頭之形,而小篆羊字亦以解爲羊頭之形爲長。羊角與牛角的區別只在於羊角向後下繞,牛角向前而上,故"牛"字 ⌣ 表示其角,"羊"字以丫顯其角。

羴【羴】　　式連切　　今讀 shān

許解:羊臭也。从三羊。凡羴之屬皆从羴。羶,羴或从亶。

· 66 ·

《段注》：臭者，气之通於鼻者也。羊多則气羴，故從三羊。

張舜徽《約注》：……羊魚皆有气臭外達，羣聚則其臭益甚。三羊為羴，猶三魚爲鱻耳。

謹按：羴，甲文或從四羊作 ㄨ，或從三羊作 ㄨ，或從二羊作 ㄨ，皆表示羊臭之義。小篆固定，從三羊會意。羶，從羊亶聲，改會意爲形聲。今"羶"通行，而"羴"廢。

瞿【瞿】　　九遇切　　今讀 jù

許解：鷹隼之視也。從隹，從䀠，䀠亦聲，凡瞿之屬皆從瞿。讀若章句之句。

《段注》：隼亦鷻字也。知爲鷹隼之視者，以從隹䀠知之也。《吳都賦》曰："鷹瞵鶚視。"經傳多假瞿爲䀠。

王筠《句讀》：《禽經》："雀以猜瞿，燕以狂眲。"《吳都賦》："鷹瞵鶚視。"

張舜徽《約注》：瞿即䀠之後增體。凡人驚懼，則目左右視。鷹隼高翔天空，俯視地上亦如之。故後人䀠下加隹，以會其意也。引申爲凡驚視之稱。

謹按："瞿"與"䀠"義同、音同、形通，本爲一字。"䀠"以言人，對隹則用"瞿"，以隹䀠會鷹急視之意。

雔【雔】　　市流切　　今讀 chóu

許解：雙鳥也。從二隹。凡雔之屬皆從雔。讀若醻。

《段注》：《釋詁》："仇、讎、敵、妃、知、儀，匹也。"此讎字作雔，則義尤切近，若應也，當也。醻，物價也，怨也，寇也，此等義則當作讎，度古書必有用雔者，今則讎行而雔廢矣。

王筠《句讀》：《禽經》："一鳥曰隹，二鳥曰雔。"

謹按：雔，从二隹會意，本義爲雙鳥，後引申爲成雙成對之義。今假借爲"儔"字，經傳假"讎"爲"雔"。

【雥】　　徂合切　　今讀 zá

許解：羣鳥也。从三隹。凡雥之屬皆从雥。

《段注》：許善心《神雀頌》："嘉貺雥集。"

張舜徽《約注》："羣鳥聚則鳴聲喧擾不已，驗之燕雀尤然。今語稱人聲噪亂爲嘈雜，亦當以雥爲本字。

謹按：甲文"雥"與小篆同，皆从三隹會意。又本部所从二字，皆以與群鳥有關之義釋之，則"雥"爲群鳥之義明矣。群鳥聚則其聲噪，又引申爲群鳥聲，今字作"雜"而"雥"廢。

【鳥】　　都了切　　今讀 niǎo

許解：長尾禽總名也。象形。鳥之足似匕，从匕。凡鳥之屬皆从鳥。

《段注》：《厹部》云："禽，走獸總名。"此不同者，此依《釋鳥》"二足而羽謂之禽"也。短尾名隹，長尾名鳥，析言則然，渾言則不別也。

王筠《句讀》：……云象形，則全體象形矣。安得又兼會意？然此固許君原文也。漢碑之存于今者，凡鳥字皆四足，間有三足者，故許君辨正之。

《徐箋》：象形絕肖，鳥二足，側視，故見其一也。鳥足似匕，魚尾似火，皆似其字之形。《繫傳》云："足曲似匕"，是以爲象匕柶之器，誤矣。

謹按：鳥，甲文作 等形，皆像鳥之形。小篆鳥足似匕，已明其形象，又"从匕"則兼會意矣，誤。王說是矣。當云："長尾禽總名也。象形。鳥之足似匕。凡鳥之屬皆从鳥。"參看《隹部》。

【烏】　　哀都切　　今讀 wū

許解：孝鳥也。象形。孔子曰："烏，盱呼也。"取其助气，故以爲烏呼。凡烏之屬皆从烏。古文烏，象形。象古文烏省。

《段注》：謂其反哺也。《小爾雅》云："純黑而反哺者謂之烏。"鳥字點睛，烏則不。以純黑故，不見其睛也。

謹按：烏，金文作　、　等形，突現其長喙，或作　，像其烏黑之狀，或像其後顧之動作形，皆爲烏之象形，小篆固定而不見睛之象形。此鳥喪失覓食能力之後，則有成年之幼鳥餵養之，故許氏以"孝鳥"釋之。因其渾身純黑，引申爲烏黑之稱，又借爲嘆詞作烏呼。

【箪】　　北潘切　　今讀 bān

許解：箕屬。所以推棄之器也。象形。凡箪之屬皆从箪。官溥說。

《段注》：糞，各本作弃，今依《篇》《韻》正。推糞者，推而除之也。此物有柄，中直象柄，上象其有所盛，持柄迫地推而前，可去穢，納於其中，箕則無柄，而受穢一也，故曰箕屬。

《徐箋》：箪、畢一聲之轉，故《篇》《韻》箪又音畢，疑箪、畢本一字。又《由部》有畚，布忖切，亦與箪爲雙聲。箪有柄，畚無柄，唯此爲異耳。此器今尚有之，象編竹連柄之形。

謹按：箪，音北潘切，今音讀作（bàn），許解爲："箕屬。所以推棄也。"今關中夏收時有推集麥粒之具，讀曰推（pá），或讀爲（pán），與（bàn）有送氣之別，古爲同聲，韻母陰陽對轉，亦爲迭韻，古音當同，其物之形作ㄐ，□爲木板，丨爲推柄，正作箪形。其器之用，正爲推堆穀顆粒，屬箕類，與許氏所說無異。

◁▶《說文》部首集注箋證

冓【冓】　　古候切　　今讀 gòu

　　許解：交積材也。象對交之形。凡冓之屬皆从冓。

　　《段注》：高注《淮南》曰："構，架也，材木相乘架也。"按結冓當作此。今字構行而冓廢矣。《木部》曰："構，蓋也。"義別。冓造必鉤心鬬角也。

　　王筠《句讀》：交者，屋材結構，必相交也；積者，架屋必積衆材而成也。此字乃五架之形，但未作棟耳。四橫，屋之前後四檁也；四直，椽也；中｜，以見屋之前後相牽連，非其數止於一也。《漢書·梁孝王傳》："聽聞中冓之言。"應劭曰："中冓，材構在堂之中也。"案：構者，冓之累增字。《木部》："構，蓋也。"《大誥》之"肯構"，鄭君以構立屋說之。

　　謹按：冓，甲文作 ✕ 形，金文作 ✕，皆似同物兩方對等相遇之形。以後引申爲交木、積木。學者多謂 ✕ 像兩魚相遇之形，以甲文衡之蓋是。許書慣例在釋一字時，並列的釋語往往中間省一字，此字應理解爲交木、積木。王氏立言，特據小篆形體，甲文、金文並非四橫四直。

幺【幺】　　於堯切　　今讀 yāo

　　許解：小也。象子初生之形。凡幺之屬皆从幺。

　　《段注》：子初生，甚小也。俗謂一爲幺，亦謂晚生子爲幺，皆謂其小也。

　　《徐箋》：許云幺象子初生，於字形實不相類，此緣幼从幺而爲是說耳。灝謂絲从絲省，而幺从絲省。絲訓微，析之則形愈微，故凡物之小者，皆謂之幺，因之子初生亦曰幺也。絲，於虯切。幺，於堯切，亦一聲之轉也。

　　謹按：幺，金文作 ✕、✕。許解爲小義，並以爲像子初生之形。小義不誤，像子初生之形難从，當爲絲之省形。絲，甲文作 ✕，金文作 ✕，金文的"幺"正像"絲"之省形字。絲,爲線中之最細小者,省其形則更示其小,故"幺"當爲从"絲"省的指事字。

【⿱幺幺】 於虯切　　今讀 yōu

許解:微也。从二幺。凡⿱幺幺之屬皆从⿱幺幺。

《段注》:微,當作🈳。《人部》曰:"🈳,眇也。"小之又小則曰🈳。二幺者,幺之甚也。

王筠《句讀》:借微爲🈳。🈳,眇也。蜀本曰:"⿱幺幺,隱微意也。從重幺,微之至也。"案:⿱幺幺、微皆小也,隱則蔽也,不可合隱微爲一義。字形竝而不重,不可云從重幺。凡《說文》二木爲林,謂其多也;二山爲屾,則仍是山。未有如此二幺反爲微之至者。不可從也。

《徐箋》:⿱幺幺,疑从絲省,故𦃃、䗊皆从之,即其明證。⿱幺幺訓微義,由絲起,引申爲凡物之微細也。

謹按:⿱幺幺,甲文作𢆶,金文作𢆶,皆从二幺。"幺"爲"糸"省,其小已甚,而"⿱幺幺"又取"幺"分之爲二,則小而又小也,故許氏釋爲微也。漢字構形有一分爲二之例,如班,解爲"分瑞玉",即分一玉爲二。辨,解爲"判也",當是同義詞,即對辛加以剖析也,因作一分爲二之形。

【叀】 職緣切　　今讀 zhuān

許解:專小謹也。从幺省。屮,財見也,屮亦聲。凡叀之屬皆从叀。𠧪,古文叀。㞷,亦古文叀。

《段注》:各本小上有專字。此複舉字未刪,又誤加寸也。"从屮"二字今補。

王筠《句讀》:句謂專壹之專可用叀也。乃專而可以小謹釋之者,《豳風》:"有敦瓜苦",《傳》:"敦猶專專也",《箋》:"專專如瓜之繫綴焉"。案:人之小謹,其狀似之。

　　王筠《釋例》:叀有古文玄皂。壴下云:"與牽同意。"則知牽從玄也。壴下云:"叀者,如叀馬之鼻",乃叀之正義。今之牽牛及橐佗鼻者,穿鼻爲孔,以大頭木貫之,而繫之以繩。ㄙ以象木之大頭也。曰乃牛鼻,丩則繩也。其曲而上者,猶牽壴之冂,曲而下也。第橫叀字而觀之,得其狀矣。夫叀之者,恐其風逸也。故小謹之義因之,專壹之義亦因之。

　　謹按:叀,甲文作 ❦、❦,金文作 ❦、❦等形。甲文本像紡錘紡線之形。紡線時,紡錘垂必旋轉,故其正義發展爲旋轉之轉,而加寸以示其與手之動作有關。紡線必須專心致志,小心謹慎,故又引申爲專心、謹慎、小心之義。由於本義爲引申之義所奪,故加"車"成"轉",以保其旋轉之本義。考從專之字,多有旋轉義,如"縛""傅""嚩"等,"叀"乃爲"專"的本字。則"叀"有旋轉之義明矣。而❦像紡專之形亦無疑矣。段注謂專是複舉字未刪,非。許蓋以今字釋古字也,與卷二"釆、辨",例同。

❦【玄】　　胡涓切　　今讀 xuán

　　許解:幽遠也。黑而有赤色者爲玄。象幽而入覆之也。凡玄之屬皆從玄。❦,古文玄。

　　《段注》:《老子》曰:"玄之又玄,眾妙之門。"高注《淮南子》曰:"天也,聖經不言玄妙。"至僞《尚書》乃有"玄德升聞"之語。

　　謹按:玄,金文作 ❦,六國文字作 ❦、❦,像物懸掛之形。《釋名》:"天又謂之玄,玄,懸也。如懸物在上也。"可證"玄"有懸掛義。

❦【予】　　余呂切　　今讀 yǔ

　　許解:推予也。象相予之形。凡予之屬皆從予。

　　《段注》:予、與古今字。《釋詁》曰:"台、朕、賚、畀、卜、陽,予也。"

· 72 ·

按：推予之予，假借爲予我之予，其爲予字一也。予我之予，《儀禮》古文、《左氏傳》皆作余。鄭云："余、予古今字。"

王筠《句讀》：依《韻會》引補，《釋詁》疏引作"推予前人也。"《玉篇》引同。

張舜徽《約注》：魏《三體石經》予字，古文作余，其字從余，此亦余予同字之證。予字所從得義之故，不甚可曉。解者多謂象以手推物付之。而字體中實未見有付物之形。竊謂此字當以古文爲正體，從余從口。其本義自爲許與，而予物爲其引申義也。許云推予，猶言推許耳。

謹按：予，甲文、金文均無用例。字形分析，張說近是，然亦若無確證，暫從闕。

放【放】　　甫妄切　　今讀 fàng

許解：逐也。从攴，方聲。凡放之屬皆从放。

徐鍇《繫傳》：古者臣有罪，宥之於遠也。當言方亦聲。

張舜徽《約注》：《辵部》："逐，追也。从辵，從豚省。"放字訓逐而从攴，亦指驅禽獸言。上古之世，禽獸多爲人害，必時時持杖以追逐之，此放字本義也。因之牧養牛羊亦謂之放。《攴部》："牧，養牛人也。从攴從牛。"蓋自其人言謂之牧，自其事言，則謂之放。今俗猶稱牧牛爲放牛，牧羊爲放羊，古之遺語然矣。放逐禽獸，牧養牛羊，皆必常遊在外，故引申之，放字有縱散義，因之古者有罪而被屏諸遠方，亦謂之放也。

謹按：放，甲文、金文皆無用例。古籍用作放逐義者有《尚書·舜典》"放驩兜於崇山"，疏："放逐。"《左傳·宣元年》"晉放其大夫胥甲父于衛"，注："放者，受罪黜免，宥之予以遠。"又《尚書·武成》"放牛于桃林之野"，疏："據我釋之，則云放。"考此諸放，皆略當今之驅逐。後世用"發"，俗稱"發配"。"發"即"放"也，二字雙聲、陰陽對轉，古今字也。

張舜徽謂放牛放羊乃古之遺語,可商。放牛、放羊與"放牛于桃林之野"義殊。放牛、放羊之放,當是"飯"之借音字。甯戚《飯牛歌》"清朝飯牛至夜半"可資參證。

𠬪【爰】　平小切　　今讀 biào

許解:物落;上下相付也。从爪,从又。凡𠬪之屬皆从𠬪。讀若《詩》"摽有梅"。

《段注》:以覆手与之,以手受之,象上下相付。凡物隊落,皆如是觀。

王筠《句讀》:上有爪以采之,下有又以承之。

王筠《釋例》:又以"摽有梅"證之,然則梅者物也。上爪是樹上摘梅人之手,下又是樹下拾梅人之手。故部中字多以他字間𠬪之中,以見其爲兩人。

張舜徽《約注》:人之自高處取物者,左右兩手,一與一承,傳遞而下,即所謂上下相付也。不必摘果始然,亦不必兩人之手然後謂之相付也。𠬪之本義,爲自上付下,引申爲物落之稱。

謹按:𠬪,甲文、金文皆沒發現獨用之例,作爲字中的一部分,則多見之。爰,甲文作🖻、金文作🖻。受,甲文作🖻、金文作🖻。皆从𠬪,表示一授物一接物。而授物與接物爲兩方面之事,爲兩人之行動。"爪"以與之,而"又"以承之,故許解物落,上下相付也。

𣦻【叡】　昨干切　　今讀 cán

許解:殘穿也。从又,从歺。凡叡之屬皆从叡。讀若殘。

《段注》:殘穿者,殘賊而穿之也。睿字下曰:"𣦻,殘也,亦謂殘穿。"又所以殘穿也,殘穿之去其穢襍,故從又𣦻會意。

王筠《句讀》:句。謂兩字可通借也。《六書故》引作"穿,殘也",謬。

張舜徽《約注》:今青海食羊肉,猶以手持之,蓋古之遺法。其肉連骨而方大,必以手決裂之而後可入口,此殆即殘穿之義。殘穿猶言碎裂,謂析之使小耳,似不得傳會爲殘餘義。叔與戔聲義同原。

謹按:叔,甲骨文作🜛,从又从歺。歺像肉連骨之形。以聲義求之,當爲"餐"之本字,以手持骨而食之。殘也、穿也,當是引申之義。

【歺】　　五割切　　今讀 è

許解:𠛰骨之殘也。从半冎。凡歺之屬皆从歺。讀若櫱岸之櫱。𠩺,古文歺。

《段注》:《刀部》曰:"𠛰,分解也。"殘當作䏞。許殘訓賊,䏞訓餘。後人輒同之也。冎,剔人肉置其骨也。半冎則骨殘矣。鉉曰:"不當有中一。"秦刻石文有"之"。

王筠《句讀》:𠛰,分解也。分解其骨,則無肉而作冎,又省之而作歺,故曰殘之。字蓋承叔部,叔從歺聲,聲義竝近,故區別曰。叔之訓殘,乃穿地之殘,歺則𠛰骨之殘也。

謹按:歺,甲文作🜛、🜛等,像殘骨之形。🜛,當作"歺""死""殪""殂""殤"从之,而訛作"歹",讀如逮。

【死】　　息姊切　　今讀 sǐ

許解:澌也,人所離也。从歺,从人。凡死之屬皆从死。𠨖,古文死如此。

《段注》:《水部》曰:"澌,水索也。"《方言》:"澌,索也,盡也。"是澌爲凡盡之稱,人盡曰死。死澌異部疊韻。

張舜徽《約注》:死字金文作🜛,見使夷敦;或作🜛,見盂鼎,皆从人。

而甲文作🦴,或作🦴,羅振玉謂象生人拜于朽骨之旁,死之誼昭然。其說是也。

謹按:據"歺"字爲殘骨,從甲文🦴之形,可知"死"乃"生人拜於朽骨之旁",張說蓋是。本當爲𣦹,隸變爲死。

【冎】　　古瓦切　　今讀 guǎ

許解:剔人肉置其骨也。象形。頭隆骨也。凡冎之屬皆从冎。

《段注》:說此字爲象形者,謂上大下小象骨之隆起也。

王筠《句讀》:《說文》無剮,當作鬎。《士喪禮》曰:"鬎,去蹄。"注:"鬎,解也。"今文鬎爲剮,王氏煦曰:《列子·湯問篇》:"楚之南有啖人之國,其親戚𣦼(死),歾其肉而棄之,然後埋其骨。"殷敬順《釋文》云:"歾,本作冎,剮肉也。"

《徐箋》:血肉字,皆取義於牲血薉肉,則骨亦當然。即以爲象人骨,亦不必剔肉置骨,始見其形,許說稍甚。戴侗謂:"冎,從骨省",是也。骨冎一聲之轉。冎象殘骨,因之剔肉置骨謂之冎,而磔人亦謂之冎耳。

張舜徽《約注》:冎當即骨之初文,許君以象形說之。宋育仁謂:"上冂即象頭骨隆之形;下冂象肩髆。人之骨多,不能徧象,頭爲人身骨多處,故畫其形。"其說是也。竊以不徒人骨乃爾,牲畜皆然。戴氏《六書故》但云:"剔肉存骨。从骨去肉。"義較顯豁。今俗有剮字,已見《玉篇》。

謹按:冎,甲文作🦴、🦴,像人骨之形,小篆改爲冎,亦像人骨之形。"冎""骨"形體相近,字音相同,固知"冎"當爲"骨"之初文,"骨"爲"冎"的加形保義字。許分出《冎部》,立爲部首。是因有"剮""𩨗"二字从冎故也。

【骨】　　古忽切　　今讀 gǔ

許解:肉之覈也。从冎有肉。凡骨之屬皆从骨。

《段注》:《襾部》曰:"覈,實也。"肉中骨曰覈。蔡邕注《典引》曰:"肴覈,食也。肉曰肴,骨曰覈。"《周禮》:"丘陵,其植物宜覈物。"《注》云:"核物,梅李之屬。"《小雅》:"殽核維旅。"《箋》云:"豆實菹醢也,籩實有桃梅之屬。"按:覈、核古今字,故《周禮》經文作覈,注文作核。

王筠《句讀》:……覈,《御覽》引作核,謂在肉中而堅實也。

謹按:"骨"實像人之骨,與"冎"爲古今字。肉乃後加形符。"冎""骨"皆後出字。《江陵楚簡》骨作 ⿱⿻,仍从甲文。許解:"頭隆骨也",頭隆即頭顱也,意謂骨乃頭顱之骨,非他骨也。古籍或作髑髏,同音異形耳。

◉【肉】　　如六切　今讀 ròu

許解:胾肉。象形。凡肉之屬皆从肉。

徐鍇《繫傳》:肉無可取象,故象其爲胾。

《段注》:下文曰:"胾,大臠也。"謂鳥獸之肉。《說文》之例,先人後物,何以先言肉也?曰:以爲部首,不得不首言之也。生民之初,食鳥獸之肉,故肉字冣古。而製人體之字,用肉爲偏旁,是亦假借也。人曰肌,鳥獸曰肉。此其分別也。

王筠《句讀》:《曲禮》"左殽右胾",《注》:"胾,切肉也。"案:"鳥獸之肉而後有形可象,故象其爲胾,而人身體之字亦從之。"

張舜徽《約注》:下文"胾,大臠也",即今語所稱大方塊肉也。屠者割肉,◉實象之。肉之言柔也,物之柔者,無過於肉,肉實柔之語根也。骨與肉,猶云剛與柔耳。語稱有骨有肉,即謂有剛有柔也。

謹按:肉,甲文作 ⿴、⿻,像割肉之剖面形,小篆仍未失形,隸書楷書肉旁變作"月"或"⺼",與日月之"月"混。

· 77 ·

筋【筋】　　居銀切　　今讀 jīn

　　許解：肉之力也。从力，从肉，从竹。竹物之多筋者。凡筋之屬皆从筋。

　　《段注》：力下曰："筋也。"筋力同物，今人殊之耳。

　　丁福保《詁林》：慧琳《音義》二卷二頁、五卷二頁、三十卷八頁、四十三卷十八頁、七十八卷八頁。希麟《續音義》二卷二十二頁筋注引《說文》："肉之力也。从肉，从竹。竹者，物之多筋也；从力，力者，象筋也。"與小徐本大同小異。大徐本奪"从力，力者，象筋也"句。攷《九經字樣》亦同，可證慧琳、希麟及小徐所引之《說文》，尚屬古本，故詞義亦完，大徐已從誤本矣。

　　張舜徽《約注》：本書力下云："筋也。象人筋之形。"可與筋下說解互證。知小徐與《音義》所據，皆許書原本。今大徐本奪去數字，而辭義未盡，宜據補正。人身有骨，有肉，有筋。筋者，所以繫骨，而隱在肉中，故其字从肉。筋在肉中而从竹者，蓋取形似之物爲譬況，以明其用耳。筋力二者同物，故二字多連言。本謂人之筋力，因引申以稱物之筋力。今語謂物之質脆易破斷者為無筋力。

　　謹按：甲文、金文均未見"筋"字。字形从肉从力以及古今用法，可證許說"肉之力也"，乃其本義。字从竹者，張說近理，惟未盡耳。"竹"像筋絡之形，非从竹也。甲文有異物同形之例，如"臣""目"同形，"山""火"同形，"子""巳"同形等，"筋"字之竹，亦當作如是觀。

刀【刀】　　都牢切　　今讀 dāo

　　許解：兵也。象形。凡刀之屬皆从刀。

　　《段注》：刀者，兵之一也。《衛風》假借爲魛字。

《徐箋》：ㄅ象形，因合於偏旁，易橫爲縱耳。

張舜徽《約注》：刀之爲器，用以切物，亦用以殺牲，亦用以禦敵。遠古兵器之始，必以刀爲最朔。自干戈矛戟之屬競起，刀始專爲切物之用，故《周禮》五兵不言刀。許君以兵訓刀者，蓋推本言之。

謹按：刀，甲文作ㄅ、ㄅ，像刀之形。甲文從刀之字多爲工具，如"初""剝""㓞""劓"等字，皆以刀爲工具或裁衣，或擊，或割鼻子，或刻信物，尚無明顯作爲兵器之形，故《周禮》五兵沒有刀。《考工記》刀、斤、削、劍並列。許氏《斤部》下云："斤，斫木斧也，象形。"可知《考工記》所列，並非全指兵器。因而刀也不可能肯定即是兵器。又王筠引《公羊傳》"孟勞，魯之寶刀，可以殺敵"。這裏著重指出"可以殺敵"，說明刀爲兵器並不普遍。兵器是戰爭之產物，戰爭乃是人類社會高度發達時候之現象。戰爭出現以前，人類已存在了若干年，很難想像，原始人圍獵物時沒有刀作爲工具。而況，甲文本身就用刀刻，故又稱契文。誰能謂之兵器？故刀本爲工具，用作兵器非其源也。許以"兵也"解之，乃以漢俗釋古字耳。

【刃】　　而振切　　今讀 rèn

許解：刀堅也。象刀有刃之形。凡刃之屬皆从刃。

《段注》：鑒，各本作堅。今正。《刀部》曰："劍，刀劍刃也。"《金部》曰："鑒，劍也。"郭璞《三倉解詁》曰："焠作刀鑒也。"

王筠《句讀》：焠下云："堅刀刃也。"然則刀堅者，謂刀堅利之處也。

張舜徽《約注》：刃字从丶，與本末諸字所从之一同意，乃記識其處也。許云象形而實指事，今俗稱刀口。

謹按：刃，甲文作ㄅ，與小篆無異。許解"刀堅"，謂刀之堅利之處。而謂像刀有刃之形，乃指丶而言，非指刀而言。許氏於此類指事字之標識,皆以"象某之形"解之,但在說解文字中並不出現。如《大部》"夰"篆下云:"人之臂膀亦也,从大,象兩亦之形。"像兩亦之形,指八而言。在說解文字中亦不出現,此類皆不能理解爲象形字。凡許氏在說解中所謂象形,皆指某字之形體特徵而言,非直言此字爲六書之象形字。

韧【韧】　　恪八切　　今讀 qià

許解:巧韧也。从刀丯聲。凡韧之屬皆从韧。

《段注》:巧韧蓋漢人語。

張舜徽《約注》:本書《工部》:"巧,技也。"此云"巧韧",當與工篆下說解"巧飾也";㺵篆下說解"極巧視之也";三巧字意同。韧篆从刀从丯,當以絕斷爲本義。《爾雅·釋詁》:"契,絕也。"郭《注》云:"今江東呼刻斷物爲契斷。"《爾雅》之契,即韧之假借,今人通用契而韧廢矣。

謹按:韧,甲文作 ,與小篆形同。許慎以爲形聲,段玉裁、王筠從之。以形義求之,似當作从刀、从丯,丯亦聲。所契之物,其質或骨、或木、或金,故後出加形字有作"栔",有作"鍥"者。如:《左傳·定九年》"陽虎……盡借邑人之車,栔其軸";《荀子·勸學篇》"鍥而不舍,金石可鏤"。

丯【丯】　　古拜切　　今讀 jiè

許解:艸蔡也。象艸生之散亂也。凡丯之屬皆从丯。讀若介。

《段注》:《艸部》曰:"蔡,艸丯也。"疊韵互訓。《孟子》曰:"君之視臣如土芥。"趙云:"芥,草芥也。"《左傳》:"以民爲土芥。"杜《注》同。《方言》:"蘇,芥草也。江淮南楚之間曰蘇,自關而西或曰草,或曰芥。南楚江淮之間謂之芥。"按:凡言艸芥皆丯之假借也,芥行而丯廢矣。

王筠《句讀》:"生"當作丯。"散"當作㪔。經典凡言草芥,皆謂乾草之在地者。豈有生艸而作丰形者乎？緣艸蔡也句字義已明，故此云艸丰，即是艸芥也。古者芥亦作介，《孟子》："一介不以與人，一介不以取諸人。"《廣韻》："丰，介也。"《玉篇》："蔡，艸芥也。"

張舜徽《約注》：丰即割之初文，蔡即古殺字。蔡篆說解當作"丰艸也"；丰篆說解當作"蔡艸也"；義可互明。今本說解文字誤倒而義晦矣。說詳艸部蔡篆下。凡艸之散亂者必芟除之，故許云象艸生之散亂也。

謹按：丰，甲文、金文無獨用例。許書部首，據形繫聯，"丰"即《㓞部》"㓞"字之形旁，亦即所契之物形。古人以爲信物，其物蓋中分爲二，施受兩方，各執其一，如"班"篆所云"分瑞玉也"。後世仍名此類事物爲契，如房契、地契等。

【耒】　盧對切　　今讀 lěi

許解：手耕曲木也。从木推丰。古者垂作耒耜以振民也。凡耒之屬皆从耒。

《段注》：各本耕上有手，今依《廣韻·隊韻》《周易音義》正。下文云："耕，犁也"，謂犁之曲木也。《禮記音義》引《字林》亦云：耕，曲木。

張舜徽《約注》：《廣韻》引作"耕曲木"，蓋誤奪手字；《易·繫辭》《釋文》引作"粗曲木"，則又誤耕爲粗，皆不足據也。

謹按：耒，甲文作 等形，皆像耒之形。後者輔助一手形，更足表明其爲手持之工具。《甲骨文編》从耒之字有"耤"，作 等，人手持耒，以示耕作之形，亦可證許氏"手耕曲木"不誤。

【角】　古岳切　　今讀 jiǎo

許解：獸角也。象形。角與刀、魚相似。凡角之屬皆从角。

《段注》：其字形與刀、魚相似也。此龜頭似蛇頭，虎足似人足之例。

王筠《句讀》：……鹿下云"鳥鹿足相似"。謂篆文下半相似。

謹按：角，甲文作 ▲、▲，金文作 ▲、▲ 等，皆像獸角之形。字形變化，戰國文字或作 ▲，小篆作 ▲，上半似刀形魚頭形。許氏以小篆爲據，故有"角與刀魚相似"之說。

卷　　五

ᐧ【竹】　陟玉切　　今讀 zhú

　　許解:冬生艸也。象形。下垂者,箁箬也。凡竹之屬皆从竹。

　　徐鍇《繫傳》:冬生者,冬不死。箁箬,竹皮籜之屬也。

　　《段注》:云冬生者,謂竹胎生於冬,且枝葉不凋也。云艸者,《爾雅》"竹"在《釋艸》;《山海經》有云"其艸多竹",故謂之冬生艸。……(象形)。象兩兩竝生。

　　《徐箋》:許云:"下垂者箁箬",似未安。若然,則是筍而非竹矣。疑象竹竿有葉之形。

　　王筠《句讀》:……冬生者,猶曰經冬猶綠林耳。若夫冬筍,終不出地而成竹也。《爾雅》竹在《釋艸》,《山海經》云:"其艸多竹";且竹、艸二篆顛倒即是,故謂之艸。下文仍云"象形",不云從到艸者,微見其意,不可用爲正訓也。

　　王筠《釋例》:艸竹皆叢生,故兩之以象其形。

　　張舜徽《約注》:艸葉上揚,故其文作艸;竹葉下垂,故其文作ᐧ。古初蓋直作ᐧ,象竹葉之形。小篆兩豎上聳,而意漸晦。

謹按：" 竹"字甲文多作△。誠如葉玉森《前釋》所說："象二小枝相聯，上有个葉形。"金文已形變作⼍（下邊兩短橫或表地面）。作部首又有作⼍者，裂△為二个；且以像竹叢生之形，本形與義漸晦。篆文則本金文而作。

箕【箕】　　居之切　　今讀 jī

許解：簸也。从竹；丌，象形；下其丌也。凡箕之屬皆从箕。𠀠，古文箕省。𠀠，亦古文箕。𠀠，亦古文箕。𠀠，籀文箕。𠀠，籀文箕。

《段注》：（箕，所以簸者也。）"所㠯"、"者"三字今補，全書中"所㠯"字爲淺人刪者多矣。《小雅》曰："維南有箕，不可以簸揚。"《廣韵》引《世本》曰："箕帚，少康作。"按：簸揚與受棄皆用箕。（从竹；丌，象形；丌，其下也）。四字依《韵會》本，今各本"丌"，"下"互譌。

王筠《句讀》：（箕，簸箕也。）依《玉篇》補箕字，今語猶然。（從竹丌，象形），當云從古文丌。（下其丌也。）猶云下其薦也。……（丌，古文箕省）當云古文箕，象形。

饒炯《部首訂》：當以古文箕為正篆，如甘穆鼎作丌，象侈口圓後，中有編紋；籀文作其，則从丌加丌聲；篆文作箕，又从其加竹形。

張舜徽《約注》：古金文中作丌、作丌；甲骨文中作丌、作丌；皆具體象形，為最初古文，其、箕皆後增體。許君錄箕字為正文者以小篆為主耳。

謹按：箕甲文作丌、作丌等，與《說文》之古文同。當是象形字。金文則有作丌或箕。箕者，所从丌，當是後加的聲符。由於丌、丌假借為虛詞，遂使本義漸晦。於是又加形符"竹"而製"箕"字以表本義，而以"其"字來表示借義和其他義。

丌【丌】　　居之切　　今讀 jī

許解：下基也，薦物之丌。象形。凡丌之屬皆从丌。讀若箕同。

《段注》：字亦作亓。古多用爲今渠之切之其。《墨子》書其字多作亓，亓與丌同也。平而有足，可以薦物。

桂馥《義證》：下基也者，丌、基聲相近。《釋名》："基，據也，在下物所依據也。"

王筠《句讀》：《墨子》"其"皆作亓，其，古文箕；是以謂之同也。

朱駿聲《定聲》：按：丌者，上平而有足。

張舜徽《約注》：宋育仁曰："止下云：'下基也。'此亦釋爲下基，薦物之具，下有脚。象如人脚所立止。基止即是基址，基，古文正作丌，象上平下有足之形。"舜徽按：魏三體石經《尚書·君奭篇》即以丌爲基字古文。凡平而有足，可以薦物之具，即爲所薦物之基矣。徐灝謂丌與𠔼疑本爲一字，非也。

謹按："丌"字不見甲文，金文已有專字，作亓、亓等。正像平而下有足之形，可爲置物之基也。"丌"上所從之"一"，疑即是表示所置之物。三體石經《君奭》以爲"基"字古文，可證。又許解"讀若箕同"一語，疑有誤。似應作"讀與箕同"，或"讀若箕"。

𠂇【左】　　則箇切　　今讀 zuǒ

許解：手相左助也。从𠂇、工。凡左之屬皆从左。

徐鉉注：今俗別作佐。

《段注》：(左，𠂇手相左也)各本俱誤，今正。左者，今之佐字，《說文》無佐也。𠂇者，今之左字。《𠂇部》曰："左手也"，謂左助之手也。以手助手是曰左，以口助手是曰右。

桂馥《義證》:"手相左助"也者,本書"助,左也"。《釋詁》:"左,勴也。"本書"勴,助也",《釋名》:"佐,左也。"……從ナ工者,左、右皆訓助,左從工,右從口。本書尋、襃,竝從工、口,工、口恩勴意也。

王筠《句讀》:……《詩·長發》:"寔左右商王。"又"兩驂如手。"《箋》:"如人左右手之相佐助也。"與許語正同。知其不誤,不可改。

朱駿聲《定聲》:ナ亦聲。ナ手所以助又手者也。……俗字作佐。

張舜徽《約注》:工乃治絲之器。治絲錯雜之時,必賴以工與口交相爲理。

謹按:"左"字甲文尚無專字,金文作 ⺁、⺁、⺁、⺁等,或从工(工),或从ᘰ(言),或从ᗐ(口)。从ナ者,以左手之相佐之職能表輔佐意也;从工、言、口者,表輔佐之具體事也。是後加的有具體化字義作用的類符,"左"字今作"佐"。

工【工】　　古紅切　　今讀 gōng

許解:巧飾也。象人有規榘也。與巫同意。凡工之屬皆从工。ⴺ,古文工,从彡。

徐鍇曰(見本篆下):爲巧必遵規矩法度,然後爲工;否則,目巧也。巫事無形,失在於詭,亦當遵規榘,故曰與巫同意。

《段注》:飾、拭古今字。《又部》曰:"敊,飾也。"《巾部》曰:"飾,敊也。"《聿部》曰:"䢖,聿飾也。"《彡部》曰:"彡,毛飾畫文也。"皆今之拭字也。此云巧飾也者,依古文作ⴺ爲訓。彡者,飾畫文。巧飾者,謂如幨人施廣領大袖以仰塗而領袖不污是也。惟孰於規榘乃能如是。引伸之,凡善其事曰工。……ⴺ有規榘,而彡象其善飾;巫事無形,亦有規榘,而⺃象其兩褎,故曰同意。凡言某與某同意者,皆謂字形之意有相似者。

王筠《句讀》:巧于文飾,故曰工也。(象人有規榘也)許君之意,第謂是象形耳。但以字不似人形而似矩形，故其詞如此。規生于矩，故連言規也。（與巫同意）此亦字不似人形者，故舉以況之。

朱駿聲《定聲》：按此字于六書爲指事，橫即句，豎即股。凡工之事一規矩盡之；圓出于方，方出于榘，榘之法一句股盡之，巨字從此。古文從彡，叔文也。

張舜徽《約注》：……竊疑工字本義乃涂飾之器，象形，以木爲之，所以平堊泥也。今江南幔人皆用之。金文工字有作工者，見司工丁爵；有作工者，見木工鼎；皆具體象其器之形。

謹按：工，甲骨文作工、吕或吕等，金文形變作工、工等。歷來學者各持一端，見仁見智，釋義紛然。竊疑"工"即"巨"（矩）之初文，象形，乃畫方之器。許解"象人有規榘也"，疑當作"象人之規榘也"。證據如次：(1)從甲文"工"字之諸形體來看，其基本形當是工或吕，前者是以線條化之像形狀所爲，後者是以立體化的象形法所爲，均像矩之形。由於工、吕的同時存在及互相影響，便產生了變體吕、工等。金文則據此進一步形變作工等。(2)本部"巨"篆之下，許解："巨，規巨也。從工象手持之。"手者，即指コ也，所持者即工也，可證"工"即"巨"也。又"巨"字甲文無專字，可能後出。金文方有，作丑等，一邊從工，一邊或從大，或從夫，皆像人持巨之形，亦可證所持之"工"即"巨"也。後出之"巨"，不過是"工"上訛加了持工的手；至於"矩"，則又可能是將所從之大或夫訛成了"矢"。(3)工，古紅切，《廣韻》屬見紐東韻；巨，其呂切，《廣韻》屬群紐語韻。見、群二紐同組，可旁轉；語韻上古歸魚韻，魚、東二韻可旁對轉，則"巨"古讀若"工"。

工，本義爲巨（矩），引申則用巨之人亦稱工（工匠），合規矩亦曰工（即巧）。"式""巧"二字從工，即用其本義或引申義也。於是又在"工"字上加"人"（大、夫）輔助其表"巨"之本義，以示其爲人所持之工，則其

"巨"之本義明矣。

㠭【㠭】　知衍切　今讀 zhǎn

　　許解:極巧視之也。从四工。凡㠭之屬皆从㠭。

　　《段注》:工爲巧,故四工爲極巧。極巧視之,謂如離婁之明,公輸子之巧,既竭目力也。凡展布字當用此,展行而㠭廢矣。《玉篇》曰:"㠭,今作展。"

　　王筠《句讀》:《繫傳》曰:"《周禮·考工》云:'展角之道。'展,察視也。四工同視也。"案:小徐以經典中展視義屬之㠭,是也。

　　朱駿聲《定聲》:極巧視之也,从四工,會意,字亦作搌。《廣雅·釋訓》:"搌,搓,展極也。"按:展視、展布字經傳皆以展爲之。

　　饒炯《部首訂》:說解"視"當作"飾"。工下說:"巧飾也。"篆从四工,正會其極巧飾之意。

　　張舜徽《約注》:饒說是也。極巧飾之,謂極叔拭涂飾之巧也。从四工,謂反覆爲之耳。下文奲字从此,足以見意。

　　謹按:甲文、金文均無"㠭"之專字,但有从㠭之字"奲"。金文作 ⬚,本部"奲"篆之下。許解:"奲,室也。从㠭,从廾,室宀中。㠭猶齊也。"㠭,猶齊也。齊者,言室的結果,正合適、剛巧。所從之㠭字,甲文从四工,工者用其引申義工巧也。故从二工或四工會意,有極巧之義。今關中方言正合適,剛巧曰㠭,可證。另許解:"極巧視之也",當斷爲"極巧,視之也",即"視之極巧也"。

巫【巫】　武扶切　今讀 wū

　　許解:祝也。女能事無形,以舞降神者也。象人兩褎舞形。與工同意。古者巫咸初作巫。凡巫之屬皆从巫。覡,古文巫。

《段注》:(巫,巫祝也)。依《韵會》本,三字一句。按:祝乃覡之誤。巫、覡皆巫也,故覡篆下總言其義。《示部》曰:"祝,祭主贊辭者。"《周禮》祝與巫分職,二者雖相須爲用,不得以祝釋巫也。(女能事無形,吕舞降神者也)。無、舞皆與巫疊韵。《周禮》:"女巫無數,旱暵則舞雩。"許云:"能以舞降神,故其字像舞褎。"(象人兩褎舞形),謂 ᓚ 也。太史公曰:"韓子稱'長袖善舞'。不言从工者,工,小篆也;巫,小篆之仍古文者也。古文不从小篆也。不言工象人有規榘者,已見上文工下矣……(與工同意)此當云與 工 同意。

王筠《句讀》:《春官》:"祝之長爲下大夫,巫之長爲下士。"二職相連,蓋巫爲祝之屬,故以爲說。《示部》:"祝,祭主贊詞者。"所事固不同也。(能事無形,吕舞降神者也)元應引無"女"字,是也。《春官》有男巫、女巫,且巫咸始作巫,尤不當言女。巫之職有歌,哭而請,不但"旱暵則舞雩"也。言舞者,爲下文象舞形張本(象人兩褎舞形)。象形之變體,故變例說之,人謂工也,褎謂 ᓚ 也。

張舜徽《約注》:羅振玉曰:"巫字甲文作 ⊞,或作 ⊞。从 ⊓,象巫在神幄中而兩手奉玉以事神。許君謂从 ᓚ 象兩褎舞形。ᓚ 與舞形,初不類矣。"陳邦懷曰:"羅說是也。按《說文》:'靈,巫也。以玉事神。'可證卜辭第一字从玉者,墹爲巫之古文;其第二字从玉省作工者,是《說文》古文巫字及小篆巫字从工之所由出也。"舜徽按:古人亦稱玉爲工,《淮南子·原道篇》:"玄玉百工。"高注云:"三玉爲一工也。"是已。於文,王象三玉之連,然則工即玉之異名矣。驗之金文、甲文,玉字每作工,蓋一字也。故甲文巫字或从玉,或从工,本無不可耳。惟自小篆作 巫,誤 ᓚᓚ 爲 ᓚ,原意漸晦。

謹按:"巫"字甲文作 ⊞、⊞ 等,金文作 ⊞,誠如唐蘭先生所言,"巫"字當是由甲文、金文之 ⊞ 字之形訛,則許、王二氏對"巫"字字形的分析似不妥。至於羅、陳二氏以爲"巫"字甲文或作♦、♦，並進而說解字義，或亦不誤。

甘【甘】　古三切　今讀 gān

許解：美也。从口含一。一，道也。凡甘之屬皆从甘。

徐鍇《繫傳》：班固曰："味道之腴"，物之甘美也。

《段注》：《羊部》："美，甘也。"甘爲五味之一，而五味之可口皆曰甘。(从口含一。一，道也)食物不一，而道則一。所謂"味道之腴"也。

桂馥《義證》：美也者，本書"美，甘也"。《書·洪範》："稼穡作甘。"《傳》云："甘味生於百穀。"《詩·伯兮》："甘心首疾。"《傳》云："甘，厭也。"《箋》云："如人心嗜欲所貪口味不能絕也。"

張舜徽《約注》：許君以道釋一，義甚迂曲，非造字之本意，不必爲之引申證發也。《釋名·釋言語》云："甘，含也，人所含也。"大氐物之含在人口，不吞不吐者，即爲有味之物。甘字所從之一，即所含之物也。魏三體石經甘字，古文作ᗨ，即从口含●，不作一，是已。

謹按："甘"字甲文作ᗨ、ᗩ等，像口中含物之形，以示所含之物味甘美，泛指美味。張舜徽所說可從。

曰【曰】　王代切　今讀 yuē

許解：詞也。从口，乙聲。亦象口气出也。凡曰之屬皆从曰。

徐鍇《繫傳》：今試言曰，則口開而气出也。凡稱詞者，虛也，語气之助也。

《段注》：詞者，意內而言外也。有是意而有是言，亦謂之曰，亦謂之云。云、曰雙聲也。《釋詁》："粵、于、爰，曰也。"此謂《詩》《書》古文多有以曰爲爰者，故粵、于、爰、曰四字可互相訓。以雙聲、疊韵相假借也。

（從口乚，象口气出也）。各本作从口乙聲，亦象口气出也。非是。《孝經音義》曰："从乙在口上，乙象氣，人將發語，口上有氣。"今據正。

王筠《句讀》：不釋以言而釋以詞者，吐詞爲曰，發語之詞亦爲曰。《孟子》"王曰"，趙注："曰，辭也。"此吐詞之詞。《釋詁》："粵、于、爰，曰也。"《詩》每用曰爲爰，《東京賦》"曰止曰時"，薛綜《注》："曰，詞也。"此發語之詞。經典借辭爲詞。（從口，乙聲。亦象口气出也。）謂此字屬形聲，亦兼指事也。乙在口上，與牟、芈同法。皇侃引《說文》："開口吐舌，謂之爲曰。"此乃邪說，大徐校定有功也。

王筠《釋例》：鐘鼎文曰字作凵，嶧山碑猶然，是小篆未改古文。蓋曰乃指事字，非乙聲也。

謹按："曰"字甲文作 凵、凵 等，金文作 曰、凵 等。則知"曰"字本從口，加"一"爲標誌也，屬標誌指事。表示用"口"也，故有說、謂之義。小篆從乙，是由甲文、金文之指事符號"一"形變之結果。本非乙聲，亦不像口氣上出之形。王氏《釋例》說可從。

【乃】　奴亥切　　今讀 nǎi

許解：曳詞之難也。象气之出難。凡乃之屬皆从乃。弓，古文乃。尒，籀文乃。

《段注》：《玉篇》"詞"作"離"，非也。上當有"者"字。曳有矯拂之意，曳其言而轉之，若而、若乃，皆是也，乃則其曳之難者也。《春秋·宣八年》："日中而克葬。"《定十五年》："日下昃乃克葬。"《公羊傳》曰："'而'者何？難也。'乃'者何？難也。曷爲或言'而'，或言'乃'？'乃'難乎'而'也。"何《注》："言乃者，內而深；言而者，外而淺。"按：乃、然、而、汝，若一語之轉，故乃又訓汝也。

王筠《句讀》："詞"，《玉篇》《篇海》引皆作"離"，似非。《八部》：

"曾，詞之舒也。"以其例推之，但當云詞之難也。何以加曳字？竊考厂、曳、抴三字蓋同。厂，抴也，明也。經典用乃字者，《堯典》"乃命羲和"，上無所承，是抴義；《周禮·大宰》："乃施典于邦國。"《注》："乃者，更申敕之，上有所承，是明義。然究是更端之詞，故專謂之曳詞也。"……(象氣之出難)《埤雅》："气自下而上，至上而不得達，所以爲气出之難也。"

張舜徽《約注》：唐寫本《玉篇》引《說文》作"申辭之難也"，辭與詞通。今本說解作曳詞，曳當爲申字形譌。申者出也，於義爲長。

謹按："乃"字甲文寫作 ろ、つ等，金文作 ？、ろ等，其初義已難確知，以許解此類虛字用語例觀之，"曳詞之難也"一語似有誤。張舜徽據唐寫本《玉篇》所引訂正爲："申辭之難也"亦可商。許書解釋表示聲氣之字，多名之爲語或詞，皆無實意。如："兮，語所稽也""乎，語之餘也""哉，言語之間也""只，語已詞也""矣，語已詞也""爾，詞之必然也""曾，詞之舒也"等。"乃"字表示聲氣，當無疑義，以例推之，亦應當作"乃，詞之難也"。言聲氣之難出也，上加動字，顯然違例。疑亦當如本書二卷《釆部》"釆"篆下解"釆辨"之類，以古今字爲訓也。即言："乃，曳，詞之難也。"蓋"曳"古讀哈韻，以"拽""跩"二字皆从曳得聲，今口語讀(zhuai)知之。"乃""曳"古疊韻，聲亦輾轉可通。曳，《廣韻》余制切，喻四歸定；乃，奴亥切，定泥同屬舌頭，旁紐雙聲，古音可通。

丂【丂】　　苦浩切　　今讀 kǎo

許解：气欲舒出，勹上礙於一也。丂，古文以爲亏字，又以爲巧字。凡丂之屬皆从丂。

《段注》：勹者，气欲舒出之象，一其上不能徑達。此釋字義而字形已見，故不別言形也。……亏與丂音不同而字形相似，字義相近，故古文或以丂爲亏。(又目爲巧字)此則同音假借。

桂馥《義證》：气欲舒出，丂上礙於一也者，本書兮從口在丂上。馥謂口在丂上則气舒矣。

王筠《句讀》：丂當作乃。卥、卤所從之乚，即此形也。乃本難，而又礙于一，尤難矣。故兮、丂、号皆于丂之上加"一"字，所以見其爲發聲也。……蓋古無巧字，但作丂，或籀文，或小篆，始加"工"也。

張舜徽《約注》：唐寫本《玉篇》丂字下引《說文》："氣欲舒出也。"據此，推知許書說解原文，本作："气欲舒出也。从丂，上礙於一也。"顧野王但節引其首句耳。今二徐本說解誤奪"也从"二字，而語意欠圓洽矣。小徐《繫傳》云："丂猶稽丂之意。"今語所稱稽考，當以禾丂爲本字。……自經傳多借考，攷爲丂。而丂之本義久廢。

謹按："丂"字甲文作イ、丆等，金文作丁、丁等，初義已難明。以小篆而論，王筠說似不誤，由據形繫聯之原則可證。張舜徽又據唐寫本《玉篇》加以訂正，則語意更顯圓洽矣。所從之"一"，非數目字之一也，而是阻礙發聲之部位也。丂者，發生困難，難以成語。古謂"禾丂"，今曰"結巴"。陝北一帶仍謂"禾丂"，可證。

可【可】　　肯我切　　今讀 kě

許解：肎也。从口、丂，丂亦聲。凡可之屬皆从可。

徐鍇《繫傳》：丂，气躓閡，可則不復疑閡，故反丂。反丂，不閡也。會意。

《段注》：肎者，骨間肉肎肎箸也。凡中其肎綮曰肎。可、肎雙聲。(从口丂)，口气舒。

王筠《句讀》：《釋言》："肎，可也。"二字雙聲。《孟子》："陳代章，良不可。"趙注："王良不肎。"

朱駿聲《定聲》：按：許詞也。《禮記·玉藻》："士竹本，象可也。"

《疏》言："可者，通許之辭。"《曾子問》："不可。"《疏》："不可，不許之辭。"

謹按："可"字甲文作丂、可等，金文作可、叵等，是"可"之初文，像斧柯之形。後借用爲可否之可，繼加意符口爲標誌而有叧(可)字，以專表可否義。許解："冐也。""冐"字隸變作"肯"，借爲許可之可。肯、可雙聲，《爾雅·釋言》："肯，可也。"本亦明瞭，無需曲說。惟許曰從乁，恐有誤。依其據形繫聯之原則求之，則上承《丂部》，下接《兮部》《号部》《亏部》，則當從丂；依甲、金文來看，亦從丂而非乁。

兮【兮】　　胡雞切　　今讀 xī

許解：語所稽也。從丂、八，象气越亏也。凡兮之屬皆從兮。

《段注》：兮、稽疊韻。"稽，畱止也。"語於此少駐也。此與"哉，言之閒也"相似。有假猗爲兮者，如《詩》："河水清且漣猗。"是也。越、亏皆揚也，八象气分而揚也。

桂馥《義證》：語所稽也者，徐鍇曰："爲有所稽考。"馥謂：稽者，稽畱，非稽考。《後漢書·馬援傳》："何足久稽天下士。"《漢書·食貨志》："蓋積餘贏以稽市物。"注云："稽，貯滯也。"言兮則語小滯，滯卽稽也。從丂。八象气越亏也者，本書亏，"象气之舒亏"。越者，疏越。

王筠《句讀》：(兮，語有所稽也。)依《韻會》引補。稽、留止也，謂語之韻絕。越，越揚也。亏，舒亏也。

謹按："兮"字甲骨文作丫、丫、丫等，金文作兮、兮等，造字之本義已難確知。小篆形變爲"兮"，許曰從丂或不誤。以其上爲"八"並像氣越亏也，則可疑。至若釋其義爲"語所稽也"，當是假借義，不誤。王筠據《韻會》訂正爲"語有所稽也"，於義似更圓洽。

号【号】　　胡到切　　今讀 háo

許解：痛聲也。从口，在丂上。凡号之屬皆从号。

徐鍇《繫傳》：丂者，痛聲不舒揚也。

《段注》：号，嗁也。凡嗁號字古作号。《口部》曰："嗁，号也。"今字則號行而号廢矣。丂者，气舒而礙，雖礙而必張口出其聲，故口在丂上，号咷之象也。

王筠《句讀》：《玉篇》："号，号令也，召也。大祝掌辨六号。""號，哭痛聲也，亦同上。"案：其說正與《說文》互換。《天問》"伯昌号衰"，亦借号爲號。

朱駿聲《定聲》：号痛聲也，从口在丂上。會意。經傳皆以號爲之。

張舜徽《約注》：号从口在丂上而訓痛聲，其本義自謂人之痛哭。凡言號泣、號咷，皆當以号爲本字。號从号从虎，則謂獸之叫聲。

謹按：甲、金文未見"号"字，以小篆之結構、音讀及文獻用例而論，許解"痛聲也"似不誤。痛聲者，痛哭之聲也。《詩·魏風·碩鼠》："誰之永号。"馬注："猶永歎也。"是也。引申而有号咷、号叫、啼号之義，後加虎聲而爲"號"字，則專用以表示號咷、啼號之意，非專用於表示獸之叫聲也。

丂【亏】　　羽俱切　　今讀 yú

許解：於也。象气之舒亏。从丂，从一。一者，其气平之也。凡亏之屬皆从亏。

徐鍇《繫傳》：試言于，則口气直平出也。

《段注》：於者，古文烏也。烏下云：孔子曰："烏，亏呼也。"取其助气，故以爲烏呼。然則以於釋亏，亦取其助气。《釋詁》《毛傳》皆曰：

◁▶《說文》部首集注箋證

"丂,於也。"凡《詩》《書》用亏字,凡《論語》用於字,蓋于、於二字在周時爲古今字。故《釋詁》《毛傳》以今字釋古字也。凡言於皆自此之彼之詞,其气舒亏。《檀弓》:"易則易,于則于。"《論語》:"有是哉?子之于也。"于皆廣大之義。《左傳》:"于民生之不易。"杜《注》:"于,曰也。"此謂假于爲曰,與《釋詁》"于,曰也"合。……按:今音于,羽俱切;於,央居切;烏,哀都切,古無是分別也。自周時已分別"於"爲屬辭之用,見于羣經、《爾雅》,故許仍之。

王筠《句讀》:吁下注:于乃古字,吁則絫增字也。《詩》:"于嗟麟兮"之類是本文,非借字。《呂刑》:"王曰:'吁'。"馬本作于,許君說于曰"於也",即是吁義,故吁不得在口部。

胡光煒《文例》:凡言于皆示所在。《爾雅》曰:"于,於也。"於爲于之假借字,秦以後始用之,是以段借字釋本字也。卜辭用于有三例:一以示地,二以示時,三以示人。

謹按:亏,甲文作ᛋ、ᛒ、ᛕ等,金文作ᛋ、ᛒ、ᛕ等。諸家之說,王說似更爲可取。"于"即"吁"之古字,許君以借字釋"于"曰:"於也",即是"吁"義。音轉即是"烏呼",段說是也;古音讀若哈,與許意正合。

【旨】　　職雉切　　今讀 zhǐ

許解:美也。从甘,匕聲。凡旨之屬皆从旨。ᛯ,古文旨。

《段注》:今字以爲意恉字。从千甘者,謂甘多也。

王筠《句讀》:與甘同謂者,《論語》:"食旨不甘。"《禮記》:"慈以旨甘。"(ᛯ,古文旨。)此非從于甘也……是從人甘,謂人所甘也。

朱駿聲《定聲》:古文从舌含一,指事,與甘同意。

張舜徽《約注》:旨與甘異者,甘之所包滋廣,凡味美者皆稱之,旨則多用以稱飲食,《詩·邶風·谷風》篇:"我有旨蓄。"《小雅·頍弁》篇:

"爾酒既旨。"《孟子·離婁篇》:"禹惡旨酒。"《禮記·樂記篇》:"雖有嘉肴,弗食不知其旨也。"皆其例證。疑此篆上從匕,乃取食之具。當云:從甘從匕,匕亦聲。

謹按:旨,甲文作 ᛋ、ᛌ 等,金文作 ᛋ、ᛌ 等,多從口。又許書"皀"下云:"從匕所以扱之",則知"匕"是用以扱物之食具,故知字當爲會意。許書甘下云:"甘,美也"。"甘""旨"同訓,皆以味言,疑"旨"即滋味之"滋"本字。《禮記·學記》:"雖有嘉餚,弗食不知其旨也"。可證。

【喜】　虛里切　今讀 xǐ

許解:樂也。從壴,從口。凡喜之屬皆從喜。ᛌ,古文喜,從欠,與歡同。

《段注》:樂者,五聲八音總名。《樂記》云:"樂者,樂也。"古音樂與喜樂無二字,亦無二音。壴,象陳樂立而上見。從口者,笑下曰:"喜也。"聞樂則笑。故從壴從口,會意。

朱駿聲《定聲》:聞樂則樂,故從壴。樂形于謦笑,故從口。

林義光《文源》:壴,象豆豐滿上出形,與豈同意。從口,喜兼有酒食義。《說文》:"饎,酒食也。"饎,當以喜爲古文。

謹按:"喜"甲文作 ᛌ、ᛌ 等,金文作 ᛌ、ᛌ 等,據以推審,釋義以段說爲近。字上之 ᛌ 像崇牙,蓋用以上懸(甲文ᛌ字並從此形),◯ 像鼓形,下 ᛌ 當是置鼓之承盤或基座,非口。古人造字總是選用有代表性的事物來表義,鐘鼓之聲,多表示有喜慶之事,故字從壴,壴爲鼓之初文。《詩·關雎》曰:"鐘鼓樂之。"可證。

【壴】　中句切　今讀 zhù

許解:陳樂,立而上見也。從屮,從豆。凡壴之屬皆從壴。

◁▶《說文》部首集注箋證

徐鍇《繫傳》：豆，樹鼓之象；屮，其上羽葆也。象形。

戴侗《六書故》：荳，樂器類。艸木籩豆，非所取象。其中蓋象鼓，上象設業崇牙之形，下象建鼓之虡。

王筠《句讀》：……豈字既於經典無徵，而許君說以陳樂者，喜、鼓皆從壴，豈從豆，本部之鼖、彭又皆樂事，故推知爲陳列樂器之象也。云立者，豎、侸皆從豆，說皆曰立也，是立之義由從豆生也。且本部之尌曰："立也"，亦可徵也。云見者，《屮部》說云："屮，財見也，是見之義由從屮生也。云上見者，主筍虡而言。屮在豆上，如崇牙樹羽也。知許君之說字義，純由字形得之。

《徐箋》：楚金仲達說是也。鼓、鼖、彭皆从壴，是其明證。壴上从屮，與声同意，中口象鼓，下象虡，與樂同意。至戴伯以爲壴即鼓字，雖無明據，然其說自通。蓋樂器之興，必先有鼓，然後建之虡而設崇牙焉。若先有壴立字，乃加攴以爲鼓，非其序矣。

謹按："壴"字甲文作 ， 等，金文作 。因知"壴"字實即"喜"字之上部，惟"壴"像豎鼓之形，爲"鼓"之初文，"喜"則像置鼓於基座上，即奏樂之形。

鼓【鼓】　　工戶切　　今讀 gǔ

許解：郭也。春分之音，萬物郭皮甲而出，故謂之鼓。从壴，攴象其手擊之也。《周禮》六鼓：靁鼓八面，靈鼓六面，路鼓四面，鼖鼓、皋鼓、晉鼓皆兩面。凡鼓之屬皆从鼓。鼖，籒文鼓，从古聲。

《段注》：凡外障内曰郭，自内盛滿出外亦曰郭。郭、廓正俗字。鼓、郭疊韵……（从中、又，中象巫飾，又象其手擊之也）。各本篆文作鼓。此十四字作"从支"（箋證按：大徐本無"从支"二字），支象其手擊之也，今正。《弓部》彀下云："从弓，从中，又，中垂飾。"與鼓同意（箋證按：大徐

· 98 ·

本作,"从弓从弢,弢,垂飾,與鼓同意")。則鼓之从中憭然矣。弢、鼓皆从中以象飾。一象弓衣之飾,一象鼓虡之飾也。皆从又,一象手執之,一象手擊之也。夢英所書郭氏《佩觿》皆作鼓,是也。凡作鼓、作皷、作鼓者,皆誤也。从中从又,非从弢滑之弢。後人譌刪。弓衣之飾如紛綏是也。鼓、虡之飾如崇牙樹羽,是也。

王筠《句讀》:許不云革樂也,似疏。

謹按:許曰"郭也",是言"鼓"字命名之由來,與《釋名‧釋樂器》:"鼓,廓也。張皮以冒之,其中空也。"同意。鼓,甲文作 𪔐、𪔑 等,金文作 𪔒、𪔓 等。唐蘭《殷墟文字記》曰:"金文鼓字或从攴,或从𢽳,殊無別。卜辭則有从攴从殳二體,又彀字偏旁从攴,蓋古文字凡像以手執物擊之者,从攴、殳或支,固可任意也。壴為鼓之正字,為名詞;皷、鼓、鼕為擊鼓之正字,為動詞。《說文》既以鼓為名詞之鼓,遂以皷專動詞。"唐說是也。今則"鼓"多作名詞。

壴【豈】　墟喜切　今讀 qǐ

許解:還師振旅樂也。一曰:欲也,登也。从豆,微省聲。凡豈之屬皆从豈。

《段注》:《公羊傳》曰:"出曰祠兵,入曰振旅。"《周禮‧大司樂》曰:"王師大獻,則令奏愷樂。"《注》曰:"大獻,獻捷於祖。愷樂,獻功之樂。"鄭司農說以《春秋》"晉文公敗楚於城濮"。《傳》曰:"振旅愷以入於晉。"按:經傳豈皆作愷。(一曰欲登也)。各本作"欲也,登也",多"也"字。今刪正。欲登者,欲引而上也。……(散省聲)。散,各本作微,誤。今依鉉本散下注語正。

林義光《文源》:豈為振旅樂,則从豆非義。豈,即愷之古文,樂也。象豆豐滿上出形,豆豐滿,見之者樂。

張舜徽《約注》:"豈之得義,蓋與喜字同意。見豆豐盛而手取之,則悅樂義出矣。豆者,食肉器。古食肉用手,今青海邊陲猶然,蓋遠古遺俗耳。食肉用手,或左或右,故豈字上从彐,亦可从ヨ也。見肉豐盛則欲義生,此與羨字同意。孳乳爲覬,欤幸也。以手取食,手必加於器之上,故又有登義。孳乳爲隥。見《方言》。段氏注本合欲登爲一義,非是。

謹按:甲文金文有"壴"而無"豈"。就小篆言,與上文"喜""壴""鼓"等字繫聯,豈,仍當是"壴"字之別寫。所从之豆,即是鼓形,其上之彐,蓋中之譌變,後孳乳"愷"。故釋義仍以許段說爲長,蓋師歸乃喜慶之事,故鳴鼓類而歡迎之也。王筠《句讀》言其音當爲"苦亥切",是也。由从豈得聲之"愷""剴""塏""凱""鎧""暟""嵦"等可證。

豆【豆】　　徒候切　　今讀 dòu

許解:古食肉器也。从口,象形。凡豆之屬皆从豆。𣅦,古文豆。

王筠《句讀》:從口,舌字及音圍之口皆不合,且下云象形,是通體象形也。

《徐箋》:此字全體象形,小篆從古文變耳。云从口者,就小篆之體析言之。

張舜徽《約注》:小徐《繫傳》,古文作𣅦,則其初形爲𣅦,尤肖其器,上象蓋也。後世稱朩爲豆,朩又疊增作菽。菽之轉爲豆,猶首之轉爲頭耳。《禮記·投壺篇》云:"壺中實小豆焉,爲其矢之躍而出也。"稱菽爲豆,在經傳中祇此一見,餘皆稱菽用本字。

謹按:豆,盛食物之器皿也,許說是也。甲文作豆、豆等,金文作豆、豆等,是整體象形字。王、徐、张舜徽說皆是。許書次《豆部》於《豈部》之後,蓋因小篆已將"豈"字下部之"豆"與豆皿之"豆"混而爲一矣。

豊【豊】　　盧啓切　　今讀 lǐ

　　許解：行禮之器也。从豆，象形。凡豊之屬皆从豊。讀與禮同。

　　《段注》：上象其形也，林罕《字源》云："上从曲。"郭氏忠恕非之。按《說文》之例，成字者則曰从某，假令上作曲，則不曰象形。

　　《徐箋》：俎豆之屬，通謂之禮器。曲象器中有物也。周伯琦曰豊卽古禮字，後人以其疑於豐，故加示別之。

　　饒炯《部首訂》：以器貯物，奚明其爲禮器，故下加豆注之。後乃以器名爲事名，凡升降、拜跪、酧酢、周旋諸儀，亦謂之豊，又旁加示別之。

　　王國維《觀堂集林》：此諸字（曲、吕、吕——箋證加注）皆象二玉在器之形。古者行禮以玉，故《說文》曰"豊，行禮之器"，其說古矣。惟許君不知玨即玨字，故但以"从豆，象形"解之。實則豊从玨在凵中，从豆，乃會意字，而非象形字也。

　　謹按：四家所言，均有可取。"豊"字甲文作 、 等，金文作 、 等。其下之豆爲盛物之禮器，當名豊也，非豆也；其上所盛爲玉或其他祭品，當爲"禮"之初文。其本義的豊器之名，引申爲所盛之禮品，所爲之事亦曰豊。後因其事多與神鬼事有關，故又加"示"以明之。

豐【豐】　　敷戎切　　今讀 fēng

　　許解：豆之豐滿者也。从豆，象形。一曰：《鄉飲酒》有豐侯者。凡豐之屬皆从豐。 ，古文豐。

　　徐鍇《繫傳》：丰象豆中所盛也。

　　《段注》：謂豆之大者也，引伸之凡大皆曰豐。……象豆大也……（一曰鄉飲酒有豐侯者。）此別一義，"鄉"當作"禮"。與觚下、觶下之誤同。

王筠《句讀》：既云象形，不應從山。案：癸亥殳巳鬲作豐，豐兮卩敦作豐……皆不從山，知小篆係傳寫之譌，不然者，丰之作丰，見《韻會》引《說文》，小篆之丰，殳巳鬲之丰，皆與相似，何不言丰聲？則以兩敦之丛，丗，其形大遠，知豐但象豐滿之形也。但是指事而非象形耳。……（一曰鄉飲酒有豐侯者）鄉當作饗。……"者"者。起下之詞，蓋有詳說，今佚之。

李孝定《甲骨文集釋》：《徐箋》"豐"下云："豐象器中有物也。"王筠《說文句讀》"豐"下云："豐，但象豐滿之形也。但是指事而非象形耳。"二說實得之。豊、豐古蓋一字，豆實豐美，所以事神。以言事神之事則爲禮，以言事神之器則爲豊，以言犧牲玉帛之腆美則爲豐。其始實爲一字也。

謹按："豊"字甲文作豊等，金文作豐、豐等，與甲文、金文之"豐"近似，其器皆作豆，所不同者器中所盛之物也。"豊"從玨，而"豐"從艸等。蓋"豊"之旨在強調其爲盛禮品之器也；而"豐"之旨在強調豐器中所盛之物之豐厚也。古讀若胖、龐、蓬。

【盧】　　許羈切　　今讀 xī

許解：古陶器也。从豆，虍聲。凡盧之屬皆从盧。

《徐箋》：盧，蓋陶器之似豆者，故从豆虍聲。其音當讀若呼，故於戲字从之。今音許羈切者，聲轉也。

張舜徽《約注》：盧之爲言壺也，古之陶器多圜形，與壺相似耳。

謹按：从篆文字形結構和切音求之，徐說甚是。

【虍】　　荒烏切　　今讀 hū

許解：虎文也，象形。凡虍之屬皆从虍。

徐鍇《繫傳》：象其文章屈曲也。

饒炯《部首訂》：虍當云从虎省，指事。與丫从羊省爲羊角，凵从㔾省爲㔾頭，意同。蓋虎象蹲踞形，但畫毛紋及二足，从遠視之，而全虎已見其略。虍又从虎省足而但存皮，則知其義爲虎文矣。

張舜徽《約注》：孫詒讓據金文偏旁从虍之字，或作🝑，作🝒，乃謂虍爲虎頭而非虎文，猶𠙻爲豕首，別爲一字，蓋象其侈口形。舜徽以爲虎文以存於頭者爲最著，二義亦實相因也。

謹按："虍"甲文作🝐，金文偏旁作🝑等，與"虎"字及从虎之偏旁多作🝒、🝓者有別。兩相比較，以孫說爲長，許解象形，可以爲證。所謂虎文，亦非謂"虍"爲虎文，蓋謂畫之紋似虎頭（虍）也。今匠人畫棟，仍有作虍者，稱爲虎頭萬字。

🝔【虎】　　呼古切　　今讀 hǔ

許解：山獸之君。从虍，虎足象人足。象形。凡虎之屬皆从虎。🝕，古文虎。🝖，亦古文虎。

王筠《句讀》：《韻會》引云："從虍從人，虎足象人足也。"無"象形"句。案：此當出兩本，但有"象形"二字者，古本也；《韻會》所引，乃望文爲義者改之也。大徐不知，合而爲一，文義遂不貫。先有虎而後有虎文之虍，豈可謂虎從虍？且虎足豈象人足哉？乃虍下不云從虎省者，此與門戶、木林一單一雙，皆云象形同例。

孫詒讓《名原》：以金文甲文證之，此字實全爲象形。後人省其足而存其尾，與人字略相近。金文從虎字多作🝑，即與今本《說文》同，後定遂以爲從虍從人，會意，而有虎足象人足之說。不知虎足不得似人，此後定字之失其本形本義也。至《說文》兩古文皆從鹿，乃因古文從🝑，與🝗相近而誤。虎鹿種類迥別，義尤不可通，必非古文正字也。

謹按："虎"字甲文作🐅、🐅等,本爲整體象形,不從虍。金文形變作🐅、🐅等。小篆據🐅譌作🐅,孫說是也。

【虤】　　五閑切　　今讀 yán

許解:虎怒也。从二虎。凡虤之屬皆从虤。

《段注》:此與狀,兩犬相齧也,同意。

《徐箋》:虎之自怒爲㱿,相怒爲虤。

朱駿聲《定聲》:會意,兩虎鬥也。

李孝定《集釋》:契文作🐅,正象兩虎相鬥之形,與許訓虎怒(相怒)之義正合。當即虤之本字,其字當作🐅。象隸作虤者,取便書寫耳。

謹按:虤,甲文作🐅、🐅,金文作🐅,像兩虎相遇形。相遇則相怒而虤虤作聲,今鄉間兩犬、兩牛相怒亦然,則知虤爲𧭢之初文,𧭢爲後起加形字。

【皿】　　武永切　　今讀 mǐn

許解:飯食之用器也。象形。與豆同意。凡皿之屬皆从皿。讀若猛。

羅玉振《增考》:卜辭中皿字或作🐅,若豆之有骹,故許云:"與豆同意。"

張舜徽《約注》:金文中從皿之字,其形爲🐅,爲🐅,左右象有耳提奉之形。小篆變爲不相連屬之兩筆,而意晦矣。皿之爲器,本不限於盛飯之盌,故許以"飲食之用器"爲解。飲、飯二字形近易譌,傳寫者遂誤飲爲飯耳。皿,今音武永切,而許云讀若猛者,古無輕脣音也。

謹按:皿,甲文作🐅、🐅等,金文作🐅、🐅等,像皿器之形,羅、張說是也。

凵【凵】　　去魚切　　今讀 qū

許解：凵盧,飯器。以柳爲之。象形。凡凵之屬皆从凵。笶,凵或从竹,去聲。

《段注》：凵盧,詳《皿部》盧下。按：《皿部》不言凵者,單評曰盧,絫評曰凵盧也。

《徐箋》：凵即去字,與匚作方同例。北人讀曲如去,與凵音去魚切,秖輕重之殊。凡器曲而受物謂之曲,故蠶薄名曲,而飯器名凵也。此與二篇凵字異,篆體上斂下侈者,以別於口犯切之凵耳,非字義所存也。

張舜徽《約注》：許云以柳爲之,則今俗所用木盌,其遺制也。乃盛飯之器,故云飯器。……許君說凵篆,既明云象形,則自以就此單文解之爲得。古人又名凵爲凵盧者,乃由語有疾徐,音有發收。疾讀則爲一,徐讀則爲二；重發則前引,重收則後申。故一名可衍成二字,單辭可變為連語。

謹按："凵"疑即第二部之"凵"字,因異用而重出者。其證如此：(1)下文"去"字從此可證。"去"甲文作🔆等,从大从凵,大者人也；凵者,坎也,穴也,各字亦从此,可證"凵"非爲飯器也。(2)凵,去魚切,《廣韻》屬溪紐魚韻；凵(坎),口犯切,《廣韻》屬溪紐感韻,二字本同聲。魚韻古讀如麻,與感(咸)韻可對轉。許云"凵盧"者,猶云"像凵之盧也"。

去【去】　　丘據切　　今讀 qù

許解：人相違也。从大,凵聲。凡去之屬皆从去。

《段注》：違,離也。人離,故从大。大者,人也。

商承祚《契考》：🔆即《說文》訓凵盧飯器之凵之本字。其或體作𥬔,尚存古義。飯器宜溫,故凵以象器,大其蓋也。後借用爲人相違之去,遂奪本義，而別構凵字代之，非其朔也。

張舜徽《約注》：謝彥華曰："去即凵之重文。本訓飯器，象形。从大，象其蓋，與壺同意。人相違爲借義，因爲借義所專，从竹作筶。……吳楚曰："……凵以盛飯而大覆之，必去其覆而後可以得食，此之謂去，引申之又爲來去之去耳。"舜徽按：杏象飯器有蓋之形，有蓋所以備留藏也。故引申之，去字又有藏義，俗作弆。

謹按：許解、段注釋義不誤，唯不當云"凵聲"。"去"字甲文作态、㐬等，金文作杏、态等。上从大，下从𠙴（凵），不从凵。大者，人也；𠙴、凵同坎，像窖穴。甲文金文"去"像人離窖穴而去，與"各"之从夂入𠙴意同。謝氏以爲凵盧上加蓋之說，似有可商。

【血】　　呼決切　　今讀 xuè

許解：祭所薦牲血也。从皿，一象血形。凡血之屬皆从血。

《段注》：按不言人血者，爲其字从皿。人血不可入於皿，故言祭所薦牲血。然則人何以亦名血也？以物之名加之人。古者茹毛飲血，用血報神，因製血字而用加之人。

張舜徽《約注》：血亦水之通稱。……揆諸古初造字之時，血上有一，象盛水之形。凡液體古皆稱血，故牲血人血，皆可統之也。

謹按：血，甲骨文作𧗸、𧗳等，像滴血於皿中之形。何以知爲血而非水也？因皿中之血則少也。不似水之多也，甲文表水之形，用一點者甚寡，因知"血"之本義爲血，由从血之字多與血有關亦可證。至若其爲人血還是牲血，可勿論矣。

【丶】　　知庚切　　今讀 zhǔ

許解：有所絕止，丶而識之也。凡丶之屬皆从丶。

· 106 ·

徐鍇《繫傳》：⚫猶點柱之柱,若漢武讀書,止,輒乙其處也。

《段注》：此於六書爲指事。凡物有分別,事有可不,意所存主,心識其處者皆是,非專謂讀書止,輒乙其處也。

謹按：⚫,战国文字作⚫,當是象形,指具有⚫形之物。徐鍇所說,當屬後起之義。就字形觀測,像簷流下滴之形。徐注知庾切,《廣韻》屬知紐虞韻,則古音當讀如逗。今關中渭北一帶謂點一個點兒或用手指點人額,曰"逗(陽平)個點兒",或曰"逗一下"；京郊謂物件小而類⚫者曰"一小丟丟",字或作"乱"。本字皆當爲⚫。音轉爲"滴",爲"點",亦名亦動。

月【丹】　　都寒切　　今讀 dān

許解：巴越之赤石也。象采丹井,－象丹形。凡丹之屬皆从丹。日,古文丹。彤,亦古文丹。

徐鍇《繫傳》：《史記》曰："寡婦清,其先得丹穴而富也。"穴即井也。……《山海經》有白丹、黑丹,丹以赤爲主。黑白皆丹之類,非正丹也。

《段注》：丹者,石之精,故凡藥物之精者曰丹。（彤,亦古文丹）。按：此似是古文彤。

《徐箋》：丹有五色,赤者爲貴,遂獨擅其名。

張舜徽《約注》：蓋丹之言旦也,謂其色如日初出時之赤也。丹、旦雙聲,直一語耳。

謹按：丹字甲文作日、月,金文作日,與小篆同。許解象丹井,蓋指日而言,以不成字,故解說中未出現。－像丹形,意謂即上部之⚫(zhǔ)字,由據形系聯之原則知之也。可知丹之作⚫,取其形圓小如彈也,不關顏色。从丹之字"䑏",許解"善丹也,从丹蒦聲"。段注與上引徐鍇注意同,蓋丹爲總名,不必視爲赤色也。則以"旦"釋"丹"之說,似有可商。

青【青】　　倉經切　　今讀 qīng

許解：東方色也。木生火，从生、丹。丹青之信，言必然。凡青之屬皆从青。𤯞，古文青。

戴侗《六書故》：石之蒼綠者。

《段注》：(丹青之信,言必然。)俗言信若丹青，謂其相生之理有必然也。援此以說从生、丹之意。

《徐箋》：丹沙石青之類，凡產於石者，皆謂之丹……故青从丹生聲，其本義爲石之青者，引申之，凡物之青色皆曰青矣。

林義光《文源》：从生；艸木之生，其色青也。

謹按："青"字金文作 𠂔、𠂓 等形，以字形求之，當是从丹生聲。青，倉經切，《廣韻》屬清紐青韻；生，所庚切，《廣韻》屬生紐庚韻，古音同。"青"本是青石之色，借用爲一切青色之稱，猶"黃"爲地之色，借用爲一切黃色之稱。

井【井】　　子郢切　　今讀 jǐng

許解：八家一井，象構韓形；●，罋之象也。古者伯益初作井。凡井之屬皆从井。

徐鍇《繫傳》：韓，井垣也。《周禮》謂之井樹。古者以瓶罋汲。

《段注》：《孟子》曰："方里而井，井九百畝，其中爲公田。"此古井田之制，因象井韓而命之也。

王筠《句讀》：(鑿地取水也。)依《釋水》《疏》引補。《帝王世紀》"鑿井而飲"。案：今本無此句者，誤以井田爲正義也。

馬敘倫《說文六書疏證》：初作井者，止掘地爲坑而及爾，則井之初文亦止作◎而已……亦或增木交之井口而爲井也。自爲全體象形。中之●，非象甕也，蓋由〇而實之。字本作井，後復變〇爲●，猶只之爲矣。

謹按：井，甲文作井、井，金文作井、井。馬、王二氏所說皆可取。以音求之，"井"即"坑"也。井，子郢切，《廣韻》屬精紐青韻；坑，客庚切，《廣韻》屬溪紐庚韻，庚青古同韻。今京郊用舊法灌園，掘地爲坑，亦名曰井。

【皀】　皮及切　今讀 bī　又讀 jí

許解：穀之馨香也。象嘉穀在裹中之形；匕，所以扱之。或說：皀，一粒也。凡皀之屬皆从皀。又讀若香。

《段注》：香者，芳也。……連裹曰穀，曰粟。去裹曰米。米之馨香曰皀。裹者，《禾部》所謂秠也、檜也、糠也，穀皮是也。

王筠《句讀》：……分爲兩體說之，上半象形，下半會意。

李孝定《集釋》：字作，無由象在裹之形，疑當作象嘉穀在簋中形乃合，谷之馨香乃其引申誼。

張舜徽《約注》：……穀之馨香謂之皀，猶艸之馨香謂之苾矣。本書《食部》："飶，食之香也。"即皀之後起字。

謹按：皀字甲文作、，金文作。以字形求之，甲、金文均像置食物於盛器中之形，有從皀之"即""既"可證，李說是也。又甲文有作形者，其旁四點，像熱氣蒸騰，形象逼真。因知其意爲熟食，引申爲香味之義。小篆從匕當是傳寫之譌誤。"又讀若香"句下，《段注》："又字上無所承，疑有奪文。當云讀如某。在'又讀若香'之上，今奪。"張舜徽說："'又讀若香'之上，當有讀若苾三字，即《顏氏家訓·勉學篇》所引《通俗文》音方立反之舊讀也。穀之馨香謂之皀，猶艸之馨香謂之苾矣。本書《食部》'飶，食之香也'，即皀之後起字。"按張說甚辯。

【鬯】　丑諒切　今讀 chàng

許解：以秬釀鬱艸，芬芳攸服，以降神也。从凵，凵，器也；中象米；匕，所以扱之。《易》曰："不喪匕鬯。"凡鬯之屬皆从鬯。

《段注》：攸服，當作條暢。《周禮·鬯人》注、《大雅·江漢》箋皆云："芬香條暢"，可證也。

朱駿聲《定聲》：釀黑黍爲酒曰鬯，築芳草以煮曰鬱，以鬱合鬯爲鬱鬯。因之草曰鬱金，亦曰鬯草。鬱者，草香薀積；鬯者，酒香條暢也。

謹按：許書"秬"下曰："秬，黑黍也"；"鬱，芳草也"。"鬯"甲文作🙾、🙾等形者，金文有作🙾、🙾者。以形求之，正像器中有米類釀酒之物，上覆以芳草之形，則正所謂"以秬釀鬱艸，芬芳條暢"也。其所釀之酒亦曰鬯也。唯字不从凵匕，其形當是一整體之器。云从凵、匕者，是小篆之形訛也。

【食】　乘力切　今讀 shí

許解：一米也。从皀，亼聲。或說：亼皀也。凡食之屬皆从食。

《段注》：各本作一米也，《玉篇》同，蓋孫強時已誤矣。《韵會》本作"米也"，亦未是。今定爲"亼米也"。由亼字俗罕用而誤也。以合下云"亼口"例之，則此當爲"亼米"信矣。亼，集也，集眾米而成食也。引伸之，人用供口腹亦謂之食，此其相生之名義也。下文云："飯，食也。"此食字引伸之義也。人食之曰飯，因之所食曰飯，猶之亼米曰食，因之用供口腹曰食也。食下不曰飯也者何也？食者，自物言；飯者，自人言。嫌其義不顯，故不以飯釋食也。飯下何以云"食也"，自篆篆以下皆自人言，故不嫌也。《周禮·膳夫職》注曰："食，飯也。"《曲禮》："食居人之左"，注："食，飯屬也。"凡今人食分去入二聲，飯分上去二聲，古皆不如此分

· 110 ·

別。（从皀亼聲。或說：亼皀也。）此九字當作"从亼皀"三字，經淺人竄改，不可通。皀者，穀之馨香也。其字从亼皀，故其義曰亼米。此於形得義之例。

張舜徽《約注》：食之本義爲米，猶今日通言糧食也。析言之，則糧與食亦自有辨。……即許書求之，而食爲米之別名，灼然無疑。而食啖、飲食皆其引申義也。

謹按：大徐本作"一米"，《段注》認爲"亼米"，張舜徽《約注》引錢桂森之說以爲"壹米"。"壹米"實同"一米"，"亼米"，以此釋食，均似欠妥。且"米"之說，與"从皀亼聲"之說不合。《韻會》本作"米也"，當不誤。"一"當爲衍文，非爲許書之初有也。"食"字甲文作 、 等形，金文作 ，正像飯器之中盛有熟食之形，其上之亼即器之蓋。"皀"上不加蓋，重在言其味也；"食"上則有蓋，重在言其物也。許書从食之字亦可从米，誠如《約注》所說："食爲米之別名"，因而許君以米釋食也。

亼【亼】　　秦入切　　今讀 jí

許解：三合也。从入、一，象三合之形。凡亼之屬皆从亼。讀若集。

徐鉉注曰：此疑只象形，非从入、一也。

《段注》：許書通例，其成字者必曰从某，如此言从入、一是也。从入、一而非會意，則又足之曰："象三合之形"，謂似會意而實象形也。

《徐箋》：《說文》通例，凡象形文，多析其字畫言之。

王筠《句讀》：（從入、一）三字疑後人加之。

張舜徽《約注》：……亼與集音同義近，實即一語。

謹按："亼"字甲文金文無獨之字，但有从亼表形之字，如"食""合""會""倉"等。以形求之，其本義當是盛器之蓋，整體象形。因蓋之用在於封閉、聚籠，故引申而有集、合諸義。許書上言"从入、一"，下言"象三合之形"顯然矛盾,疑有訛,徐、王說是也。段氏爲之證說,以爲成字者必曰从某爲許書通例,則"皂"字下何不言从白、匕？段說似不全面,徐灝以爲凡象形文多析其字畫言之,似可補段氏之缺。蓋《說文》解象形字時亦偶用从某某語,而所从者非字,即徐氏所謂"析其字畫言之"也,本篆即是一例。所謂从人、一者,人、一皆筆劃也,非出入之入、一二之一也。故下云象"三合之形"。又如"曰"篆,許解"从口一",口、一皆筆劃也,非口舌之口、一二之一也,與"亼"解正同。

【會】　黃外切　　今讀 huì

許解:合也。从亼,从曾省。曾,益也。凡會之屬皆从會。㣛,古文會如此。

《段注》:見《釋詁》《禮經》,器之蓋曰會,爲其上下相合也。凡曰會計者,謂合計之也,皆非異義也。

張舜徽《約注》:此皆引申義也。會古文作㣛,从彡,象文飾形,則會實爲繪之本字。……會之本義爲集合采飾,因引申爲凡集合之稱。今則專用引申義,本義晦矣。

謹按:"會"字甲文作🅐,金文作🅑、🅒等,像盛器之形,中像食物,上爲蓋兒,呈上下相合之狀,表示蓋上、合上之意,亦名亦動,字強調內中之食物有別。據形求之,許解、段注釋義不誤。引申義,則有增益義。至若張舜徽以古文㣛所从之"彡"爲"彡"字,進而說義,則恐有誤。"會"字金文有作🅓、🅔等形,从辵。三體石經作祫,則知古文㣛字所从之彡當是"彳",爲金文"辵"之省寫。此爲後出字,是爲"會"之引申義行途之會所造的加形字。

【倉】　七岡切　　今讀 cāng

許解:穀藏也。倉黃取而藏之,故謂之倉。从食省,口象倉形。凡倉之屬皆从倉。仝,奇字倉。

徐鍇《繫傳》:穀熟,色蒼黃也。

《段注》:穀藏者,謂穀所藏之處也。……蒼黃者,匆遽之意。刈穫貴速也。

謹按:"倉"字甲文作倉,金文作倉、倉等,均系整體象形。上爲倉蓋,中爲倉身,下爲倉座,今日鄉村糧倉,仍多作此形,小篆訛倉蓋、倉身爲亼,許君誤以爲从食省。依許解聲訓慣例,當作"倉,藏也,穀蒼黃取而藏之,故謂之倉"。徐注可取,較段爲長。

入【入】　人汁切　今讀 rù

許解:内也。象從上俱下也。凡入之屬皆从入。

《段注》:自外而中也。上、下者,外中之象。

王筠《句讀》:入、内二字古通用。

謹按:以音求之,入,人汁切。《廣韻》屬日紐緝韻。緝、合、洽古音通。日紐歸泥,則入字古音可讀(ná),或轉來紐讀(lá)。麻模古音通,故(lá)亦可讀(lú),今上海方言仍有讀"入"爲"廬"者。以形證之,"入"字甲文作入等形,金文作入,像穹廬之形。所謂從上俱下者,當指周簷而言。《入部》上承《倉部》,當取倉頭之入,下聯"缶""矢""高",皆取其頭之入,像物體自高處下垂之形。今京郊口語作搭拉,許解如作"從上垂下",則與形吻合矣。

又許解:"象從上俱下也"一語,與"入"篆形體,不甚貼切。段注:"上下者,外中之象",不免牽強。張舜徽《約注》:"物之從上俱下者,無如日光。日光下射至地,上小下大,入實象之,後乃變而爲入耳。"亦屬臆測。以甲文作入、入,金文作入、入等形衡之,二氏之說均有可商。疑許氏此語,或有譌誤。本書十二上《至部》有"窒"篆,許解:"到也,从二至。"而"至"篆下解:"至,鳥飛从高下至地也。不,上去;而至,下來也。"許既以"至"像鳥飛自高下至地,則"銍"當像二鳥飛自上(高)俱下也。必有二以上之數據,而俱字始有著落,"入"字無此特徵。入,《廣韻》人汁切,銍,《唐韻》人質切,二字雙聲,韻亦相近,如移"从上俱下也"一語於"銍"篆下,更較吻合。明趙宧光《說文長箋》"入"即作"銍",似可參讀。惟是否如此,苦無佐證。姑錄之,以待是正。

【缶】　　方九切　　今讀 fǒu

許解:瓦器。所以盛酒漿,秦人鼓之以節謳。象形。凡缶之屬皆从缶。

王筠《句讀》:……許君第據藺相如、李斯傳爲說耳。《易》"不鼓缶而歌",《陳風》"坎其擊缶",不獨秦也。

謹按:"缶"字甲文作 、 等形。金文字作 、 ,戰國文字作 、 等。其下之 ,像器皿之形,其上部則爲"午"字,爲其聲也,午、缶古音同。从"金"者當是後加的類符。以音求之,古無輕唇,當讀若寶。由从缶得聲之"寶"字可證。音轉則讀如"鉢",則"缶"實即今之"鉢""缽"之初文。"鉢"則是後人不知"午"爲聲符或由於音變而另加聲符所爲;鉢,則是金屬器具大量使用之後新造的形聲字。

【矢】　　式視切　　今讀 shǐ

許解:弓弩矢也。从入,象鏑栝羽之形。古者夷牟初作矢。凡矢之屬皆从矢。

《段注》:(从入),矢欲其中。鏑謂丨也。《金部》曰:"鏑,矢鋒也。"栝作括者,誤,栝謂八也。《木部》曰:"桰,矢桰隱弦處。"岐其嵩以居弦也。羽謂一也。《羽部》曰:"翦,矢羽。"是也。矢羽從而橫之何也?以識其物耳。

王筠《句讀》：……全體象形字。

謹按："矢"字甲文作🝰、🝱等形，金文作🝲、🝳者，以形求之，"矢"當是整體象形。人爲其鏑，非出入之入。許曰从人，指"矢"字上承"人"篆也。段謂从入"矢欲其中"，顯系強爲之辭。

高【高】　　古牢切　　今讀 gāo

許解：崇也，象臺觀高之形。从冂、口。與倉、舍同意。凡高之屬皆从高。

《段注》：《山部》曰："崇，高也。"（象臺觀高之形），謂合也。（从冂口）上音莫狄切，下音圍。

謹按："高"字甲文作🝴、🝵，金文作🝶、🝷，是整體象形字，像台觀高聳之形，故有高之意。其上之合爲樓觀之主體，其下之冂爲樓閣之基座，中之口，蓋通路也。側視而寫實則作冂狀，猶古所造之鐘鼓樓者也。許解从冂、口者皆析筆劃言之也。段注以冂爲莫狄切之字，口爲音圍之字，非是。

冂【冂】　　古熒切　　今讀 jiōng

許解：邑外謂之郊，郊外謂之野，野外謂之林，林外謂之冂，象遠界也。凡冂之屬皆从冂。𦥑，古文冂，从口，象國邑。坰，冂或从土。

《段注》：與《魯頌》毛傳同。"邑，國也。" "距国百里曰郊。" "野，郊外也。" "平土有叢木曰林。"皆許說也。

張舜徽《約注》：……許書此篆說解既本《毛傳》，疑說解首句當有"遠野也"三字，今二徐本奪去矣。

謹按：張說是也。"冂"字金文作🝸、🝹，口爲都邑，冂表遠界，疑爲

· 115 ·

邊界所設之分界物或障礙物,猶今之路障之形也。臨界之地則爲遠野也。或有从土者,當是後加之形。至於小篆作冂,疑所沿用者爲初文。冂加口爲"向",再加土累增則爲"坰",其意甚明。

【𩫖】　　古博切　　今讀 guō

許解:度也,民所度居也。从回,象城𩫖之重,兩亭相對也。或但从口。凡𩫖之屬皆从𩫖。

《段注》:《釋名》曰:"郭,廓也;廓落在城外也。"按:城𩫖字今作郭,郭行而𩫖廢矣。

王筠《句讀》:《詩·皇矣》:"爰究爰度。"《傳》:"度,居也。"《吳越春秋》:"鯀築城以衛君,造郭以居民。"此城郭之始也。

謹按:"𩫖"字甲文作 、 等,金文多作 、 等。像城門樓或箭樓相對之形,即許所謂"兩亭相對也"。故以爲城𩫖字。後加類符邑,則如"郭"字。城郭"郭"字今口語皆讀如"關",如南關、東關,古則曰南郭、東郭,皆民所居之地也。許解"从回""兩亭相對",亦析象形字畫之例也。回像城郭之重,許已明言其非回歸之回矣。

【京】　　舉卿切　　今讀 jīng

許解:人所爲絕高丘也。从高省,丨象高形。凡京之屬皆从京。

《段注》:《釋丘》曰:"絕高爲之京;非人爲之丘。"郭云:"爲之者,人力所作也。"按:《釋詁》云:"京,大也。"其引伸之義也。凡高者必大。

王筠《句讀》:《釋丘》:"絕高爲之京,非人爲之丘。"許君主此爲說者,高象臺觀,臺觀亦人所爲。京從高,故主之也。……許君用《釋丘》,鄭君箋《詩·公劉》亦用《釋丘》,皆据譌本。《爾雅》本作:"絕高謂之京。""謂"今作"爲"者,涉下句"爲"字而譌也。《爾雅》多用《毛傳》。

《定之方中》《甫田》,《傳》竝云:"京,高丘也"。《皇矣》傳云:"京,大阜也。"初無人爲之説,且《風俗通》曰:"《爾雅》:'丘之絶高大者爲京。'謂非人力所能成,乃天地性自然者也。"《公劉·正義》引李巡曰:"丘之高大者曰京。"然則應邵、李巡所據《爾雅》皆作"絶高謂之京"可知。

謹按:句當斷爲"人所爲,絶高丘也"。人所爲者,言京爲人建造也。絶高丘者,言京淩絶于高丘之上也。並非言京即人所爲之高丘,歷來多未明許意。證之以古文字尤明,"京"字甲文作 ▨、▨,金文作 ▨、▨ 等,其上爲亭閣之類建築物,其下是人所爲之高臺,似丘也。甲文寫作 ▨,金文字作 ▨,立體寫則爲 ▨ 形。故"京"字實指建在高處之亭閣。因其建于高處,故有高義,引申則有大義。王筠以爲"京"爲丘之絶高大者,然"京"何曾像高丘之形? 其説不可取。

亯【亯】　許兩切　又普庚切　又許庚切,今讀 xiǎng,又讀 pēng,又讀 hēng

許解:獻也。从高省,曰,象進孰物形。《孝經》曰:"祭則鬼亯之。"凡亯之屬皆从亯。▨,篆文亯。

《段注》:下進上之詞也。(从高省)獻者必高奉之。《曲禮》曰:"執天子之器則上衡,國君則平衡。"後世亦以舉案齊眉爲敬。(曰象熟物形),《禮經》言:"饋食者,薦孰也。"……亯象薦孰,因以爲飪物之偁,故又讀普庚切。亯之義訓薦神,誠意可通於神,故又讀許庚切。古音則皆在十部。其形,薦神作亨,亦作"享";飪物作"亨",亦作烹;《易》之"元亨"則皆作亨,皆今字也。

謹按:"亯"字甲文作 ▨、▨,金文作 ▨、▨ 等形。以形求之,當是古代祭祀鬼神之獻食物之所在。今陝北鄉間乃有此物:其在廟內者,呈甲文"亯"之狀。多以石爲之,其下之 ▨、▨,多爲凹凸之形,可盛進獻之食物,亦可燒香火。其在墳前者，多呈金文富之狀，上部多以石板爲一庵形狀，下部像庵內所置之陶器，亦可獻食物，燒香火。鄉民稱享鬼神以食物之動作爲"享獻"或"獻"，其食物爲"獻者"或"獻的"，蓋古文之享鬼神之遺風。因"㐭"之本像爲鬼神進獻食物之所在，故有"獻也"之義。

【㫗】　胡口切　今讀 hòu

許解：厚也。从反㐭。凡㫗之屬皆从㫗。

徐鍇注曰："㐭者進上也，以進上之具反之於下，則厚也。"

《段注》：厚當作𠩺。上文曰："𠩺，㫗也"；此曰："㫗，篤也"，是爲轉注。今字厚行而㫗廢矣。凡經典㫗薄字皆作厚。倒㐭者，不奉人而自奉，㫗之意也。

唐蘭《文字記》：其本字象巨口狹頸之容器，故𩚁象米在 ▯ 中，覃象 ▯ 在 ▯ 中，而簋字毛公鼎作𣪘，變㫗從皿，更可證 ▯ 亦容器矣。

謹按："㫗""厚"古今字，許是以今字解古字也。"㫗"字甲文有作▯者，金文偏旁有作▯、▯等形，則徐鍇之說亦不無理也。獻曰㐭，反之，不獻則自厚。

【畐】　芳逼切　今讀 fú

許解：滿也。从高省，象高厚之形。凡畐之屬皆从畐。讀若伏。

戴侗《六書故》：《說文》福、輻、逼、葍、副、富、幅、匐、蝠，並畐聲。而籀文副作▯等。以此推之，畐乃畗之變……畐即鍑也。

《段注》：《方言》："㷆、偪，滿也。凡以器盛而滿謂之㷆。"《注》言："涌，出也。"腹滿曰偪。《注》言："勅，偪也。"按：《廣雅》："㷆，愊，滿也。"本此。而《玉篇》云："腹滿謂之㷆，腸滿謂之畐。"與今本《方言》異，玄應書："畐，塞。"《注》曰："普逼切"。引《方言》"畐，滿也"，是則希馮、玄應所據《方言》皆作畐也。許書無偪、逼字,大徐附"逼"於辵部,今乃知逼仄、逼迫字當作畐。偪,逼行而畐廢矣。

謹按:"畐"字甲文作🌶、🌶,金文作🌶、🌶,知"畐"字本作器形,戴侗曰"鍑"也,或是。鍑,《廣韻》方副切,古音讀若飽。許曰"讀若伏",則古音亦讀若飽。與《玉篇》"腹滿謂之飽"正合。今京郊有金屬盛器,作🌶形者,俗稱"飽瓶"。舊習,結婚時新娘要抱此瓶,内盛米、枣、栗子等物,入洞房始傾出,取糧食飽滿,早立子之意,疑此瓶即古🌶之造。如是,則"畐"之本義爲盛器,滿則其引申義也。字是整體象形,許解從高省,顯誤。

⊙【㐭】　　力甚切　　今讀lǐn

許解:穀所振入。宗廟粢盛,倉黃㐭而取之,故謂之㐭。从入;回,象屋形,中有户牖。凡㐭之屬皆从㐭。廩,㐭或从广,从禾。

《段注》:穀者,百穀總名。《中庸》注曰:"振,猶收也。"《手部》曰:"振,擧也。"《周禮》注曰:"米藏曰廩。""粢"各本作"粱",今正。粢,稻餅之或字也。粢者,稷之或字也。《甸師》:"以共齍盛。"鄭注齍作粢,云:"粢,稷也。穀者,稷爲長,是以名云。在器曰盛。"(蒼黃㐭而取之,故謂之㐭。)蒼舊作倉,今正。"㐭而取之"之㐭,當作癛。癛癛,寒也。凡戒慎曰癛癛,亦作懔懔。《漢書》通作廩廩,許云:"癛而取之",故謂之㐭。癛、㐭疊韻;如上文蒼黃取而藏故謂之倉,藏、倉疊韻也。

王筠《句讀》:(从入、回)三字涉附會。(象屋形,中有户牖。)此以爲象形,是也。不當從入、回會意。入者屋形,回者户牖形。屋必有户牖,而重複言之者,倉廩恐米蒸變,必爲天窗。

謹按:"㐭"字甲文作🌶、🌶等形。就甲文字形觀測,△當是㐭之主體,今口語叫囤,所以藏米者。上是㐭之頂蓋,下之oo當是承△之架,或用巨石,或用巨木爲之,下通風,防濕熱也。今京郊農家米囤仍有作此形者。靣,力甚切,《廣韻》屬來母,寢韻。囤,徒損切,《廣韻》屬定紐,混韻。來定旁紐雙聲。寢混鼻音通轉,二字有音理上的聯繫。王筠以象形解"靣",甚是。

嗇【嗇】 所力切　　今讀 sè

許解:愛嗇也。从來,从靣。來者,靣而藏之,故田夫謂之嗇夫。凡嗇之屬皆从嗇。𣫭,古文嗇,从田。

《徐箋》:嗇即古穡字。《方言》《廣雅》並云:"嗇,積也。"蓋嗇之本義謂收穫,故从來从靣。來,麥也,非行來之謂也。靣,藏也。農事以收成爲重,故田夫謂之嗇夫,而報祀先嗇也。嗇必从來者,《本草》曰:"麥爲五穀之長",《夏小正》傳曰:"麥實者,五穀之先見者也"。收穫即斂而藏之,故引申爲愛嗇之偁,因之,又謂吝惜爲嗇。如以愛嗇爲本義,則先嗇之祀,嗇夫之官名不正矣。左氏《昭元年傳》:"大國省穡而用之。"杜注:"穡,愛也。"是愛嗇亦通作穡。此又嗇、穡同字之一證。

謹按:"嗇"字甲文作𠻮、𠻯等形,金文作𠷎、𠷧等形。徐謂"來"爲麥,與甲文金文暗合,是也。从禾與从來同。許解"來者靣而藏之",則系望文生義。"嗇"即稼穡之"穡"之本字。穡者,《禾部》曰:"穀可收曰穡。"穡夫亦即主收禾之人也。

來【來】 洛哀切　　今讀 lái

許解:周所受瑞麥來麰。一來二縫,象芒束之形。天所來也,故爲行來之來。《詩》曰:"詒我來麰。"凡來之屬皆从來。

《段注》:(周所受瑞麥來麰也)。"也"字今補。《詩正義》此句作:"周受來牟也"五字。《周頌》"詒我來麰",《箋》云:"武王渡孟津,白魚躍入王舟,出涘以燎。後五日,火流爲烏,五至,以穀俱來,此謂遺我來牟"。《書》說以穀俱來云:"穀紀后稷之德"。按……《詩》云來牟,《書》云穀,其實一也。下文云:"來麰,麥也。"此云:"瑞麥來麰",然則來麰者以二字爲名。《毛傳》曰:"牟,麥也。"當是本作"來牟,麥也",爲許麰下所本,後人刪來字耳。古無謂:來,小麥。麰,大麥者,至《廣雅》乃云:"䅘,小麥;䵃,大麥"。非許說也。

《徐箋》:來字虞夏商書屢見,非周初所造之字。武王時,火流爲烏,以穀俱來,事見後出之《大誓》,未足深信。即果有之,亦屬偶然。豈此時始有麰麥之種乎?《周頌》云:"詒我來牟"者,蓋后稷教民稼穡故云爾。鄭《箋》引火流爲烏,以穀俱來,許君以此解字,皆附會也。今按:來本麥名。《廣雅》曰:"大麥,麰也;小麥,䅘也",是也。古來麥字祇作來,假借爲行來之來。後爲借義所專,別作䅘、秾,而來之本義廢矣。麥秀有雙歧,故造字作二縫以別於禾。二縫猶言二裏。上畫,左右稃也;中直畫,象其稍;ΛΛ象葉;下象根。許云"象芒朿",芒朿不可象也。

謹按:"來"字甲文作 等形,金文作 等形,正像麥之形。段注來牟爲複音詞,甚是。徐駁"天所來也",亦極確。惟謂"芒朿不可象也",似欠深究。芒朿,今讀毛臘,鄉人呼蒲棒爲毛臘,麥穗像之,故曰像芒朿之形。

麥【麥】　　莫獲切　　今讀 mài

許解:芒穀,秋種厚薶,故謂之麥。麥,金也。金王而生,火王而死。从來,有穗者;从夊。凡麥之屬皆从麥。

《段注》:(从來,有穗者也),"也"字今補,有穗猶有芒也。有芒故从來,來象芒朿也。(从夊)夊,思佳切,行遲曳夊夊也。从夊者,象其行來之狀。

《徐箋》:《禾部》采云:"禾成秀,人所收,从爪禾。"然則麥之从夊,當亦同意。蓋象人行田收麥也。穗即采之或體。許以有穗者爲麥,是麥之本義謂麥秀,而來爲麥之本名。《來部》麥,《禾部》采,皆以成秀言也。

謹按:"麥"字甲文作
、
,金文作
、
等形。段徐二氏皆就从來从夊立說,不免附會。疑"麥"當是从夊來聲,即行來之來的本字;而"來"是來牟之象形字。二字恐互譌,久之則習以爲常。

【夊】　　楚危切　　今讀suī

許解:行遲曳夊夊,象人兩脛有所躧也。凡夊之屬皆从夊。

《段注》:《曲禮》曰:"行不舉足,車輪曳踵。"《玉藻》曰:"圈豚行不舉足,齊如流",《注》云:孔子執圭,"足縮縮如有循",是也。《玉篇》曰:"《詩》云:雄狐夊夊",今作綏。《通俗文》:"履不箸跟曰屣。"屣同躧,躧、屣古今字也。行還者如所拕曳然,故象之。

《徐箋》:行遲曳夊夊者,謂緩步而行夊夊然,若有所曳也。古通作綏。

謹按:"夊"字甲文作
、
等。即
(止)之倒文,像人足形,引申義爲人類行動的各種形式。有表示外出之義者,如"出"(
)、"之"(
);有表示向上之義者,如"陟"(
);有表示向下或來之意者,如"降"(
)、各(
);因而,此表示行之緩也。"行遲曳夊夊"當是就小篆字形立說,正寫作
,故有"象人兩脛有所躧"之解。

【舛】　　昌兗切　　今讀chuǎn

許解:對臥也。从夊㐄相背。凡舛之屬皆从舛。䑞,楊雄說:舛从足、春。

《段注》:謂人與人相對而休也。引伸之足與足相抵而臥亦曰舛,其

字亦作僢。《王制》注釋交趾云："浴則同川，臥則僢足。"是也。又引申之，凡足相抵皆曰僢。……相背猶相對也。

《徐箋》：舛者，兩人相背行，是乖舛之義，故乖舛亦曰背馳。

謹按：舛者，踹也。今字作"踹"。舛，《廣韻》屬昌紐獮韻；踹，市兗切，《廣韻》屬禪紐獮韻。二字迭韻，昌禪旁紐雙聲，則古同音。今"踹"讀作(chuài)。二人對臥，以足蹬人曰踹。"舛"像人足交錯，方向相背之形，引申爲一切相背或相錯之稱。

一曰金文"舛"字作𢓡或𢓢，像一人兩腳叐開之形，"舞""桀"從舛可證。故"舛"有"叐開"之義，今日走錯路爲"舛道"，即此義。引申而有乖舛、背馳、抵觸之義。楊雄說字從足春聲，則亦可知"舛"字之本義與足有關，而非兩人對臥之形。

舜【舜】　舒閏切　　今讀 shùn

許解：艸也。楚謂之葍，秦謂之藑。蔓地連華。象形。从舛，舛亦聲。凡舜之屬皆从舜。㒼，古文舜。

《段注》：(蔓地生而連華。象形)"生而"二字依《爾雅音義》補。匚象葉、蔓、莖連之形也。(从舛)亦狀蔓連相鄉背之皃。

張舜徽《約注》：……然則舜字从舛，當即舛之孳乳字矣。……艸華之訓，似當專屬之《艸部》蕣下。

謹按：《詩經·鄭風》："有女同車，顏如舜華。"《毛傳》："舜，木槿。"木槿是灌木，與"蔓地連華"有異。本書《艸部》曰："蕣，槿，朝華暮落者，从艸舜聲。"《詩》曰："顏如蕣華"，因疑"舜"爲"蕣"之本字。"蕣"字則是後出加形字，其本義當爲艸名。其特點是蔓地而生，朝花暮落，疑當是牽牛花之類。"槿"當別爲一義，非"舜""蕣"之溯義也。何以知之？因木槿非蔓地而生，朝花暮落也；因字从艸而不从木，故知爲艸本而非木本也。

韋【韋】　宇非切　今讀 wéi

　　許解:相背也。从舛,口聲。獸皮之韋,可以束枉戾相韋背,故借以爲皮韋。凡韋之屬皆从韋。𩌾,古文韋。

　　《段注》:(可㠯束物枉戾相韋背)物字依《韻會》補。生革爲縷圍束物,可以矯枉戾而背其故也。

　　王筠《句讀》:(相背也)於古未聞,似許君亦以字從舛,及違從韋聲得之。《字林》曰:"韋,柔皮也",與"鞼,柔韋也"同義。以許君所謂借義者爲正義,竊欲依之。說詳《釋例》。

　　《徐箋》:……柔皮曰韋。古文𩌾,上下皆象革縷束物之形。中从囗者,圍繞之意。小篆由古文變,則非从舛也。韋之引申爲凡圍繞之稱,《漢書·成帝紀》:"大木十韋以上。"《注》"韋與圍同",是也。又引申爲違背之義,即所謂"束枉戾相韋背"也。

　　謹按:段注據《韻會》補"物"字,于許解則順矣。徐氏以字不从舛則是也,但王、徐二氏以字之本義爲柔皮也,則似非也。徽號文字有作者,疑即"韋"之初文,甲文"韋"字作等形者,蓋其省也,後者與"韋"篆同也。其所从囗者,大則指國家、城邑,小則指府庫、宮室;其所從之四趾、三趾、二趾者,言有人巡圍而守護也。故字之本義是圍繞之意,即"圍"之本字。因巡圍多爲兩人相背而守立、相背而巡視,故引申而有相背之義。熟皮亦可以圍而束物,故名之曰"韋"。因其有名無字,故借圍繞之"韋"字爲之,許解不誤。

弟【弟】　特計切　今讀 dì

　　許解:韋束之次弟也。从古字之象。凡弟之屬皆从弟。𢎛,古文弟,从古文韋省，丿聲。

《段注》：以韋束物，如軜五束，衡三束之類。束之不一，則有次弟也。引伸之為凡次弟之弟，為兄弟之弟，為豈弟之弟。

張舜徽《約注》：……古人所以借弟爲兄弟字者，其聲義悉受諸丨。丨有三音，引而下行則讀若退，以之稱人，則有是音而無是字。故即借音近之弟字以爲男子後生者之稱耳。

謹按：許解、段注均似未得要領，張說尤覺捍格，竊以此字當從初形和古音入手求之。"弟"字甲文作 ，金文作 ，小篆沿作 ，均從乙。乙為繩索之形，當自無疑。 ，即弋也。《說文》第十二部曰："弋，橜也。"當指木橜而言，即後出之杙也。"弟"字所從之 當是與一橜形近似之物。《詩·鄭風·雞鳴》："弋鳧與雁。"《疏》："弋，謂以繩系矢而射也。"故名其具亦曰弋。其具既縛爲繩索，全形當作 ，則是借其省形。今"弟"爲特計切，《廣韻》屬定紐霽韻；弋，與職切，《廣韻》屬以紐職韻。喻四歸定，"弟""弋"古雙聲；職、霽古合韻，故"弟""弋"二字古同音。弟，特計切，音轉則爲(dei)，今京郊謂以木棍投物曰(dei)，其動作與以弋射物同。作爲兄弟之弟，當是借音，意取其年歲或身量低於其兄耳。

【夂】　　陟侈切　　今讀 zhǐ

許解：從後至也。象人兩脛後有致之者。凡夂之屬皆從夂。讀若黹。

《段注》："至"當作"致"。

王筠《句讀》：兩脛，謂 也；致之者，謂 也。許君以夂爲指事字，故不言從人從 ，而渾言之曰象。致，送詣也。《衆經音義》引《三蒼》："致，到也。"然則即是後有及之者。而云致不云及者，既云從後至，則後人如送前人，且致亦從至，故云然也。隸下云："又持尾者，從後及之也。"兩篆結體之法同。

謹按:"夂"疑即"扯"之初文。扯,扯而使止也。止,自止也;夂,被止也。"夂"讀陟侈切,《廣韻》屬知紐旨韻,古讀若(di),音轉則近"逮"。逮,亦從後扯而執之也。王筠似以爲"夂"爲從後及之,趕上之,則亦未爲完美。

【久】　　舉友切　　今讀 jiǔ

許解:从後灸之,象人兩脛後有距也。《周禮》曰:"久諸牆以觀其橈。"凡久之屬皆从久。

《段注》:(從後灸之也)"也"字今補。久、灸疊韻。《火部》曰:"灸,灼也。""灼,灸也。"灸有迫箸之義,故以灸訓久。《士喪禮》:"鬲幎,用疏布久之。"鄭曰:"久讀爲灸,謂以蓋塞鬲口也。"《既夕》"苞筲甕甒,皆木桁久之",鄭曰:"久讀爲灸,謂以蓋案塞其口"。此經二"久"字,本不必改讀;蓋"久"本義訓從後距之,引伸之則凡距塞皆曰久。鄭以久多訓長久,故易爲灸以釋其義。《考工記》:"灸諸牆以眡其橈之均。"鄭曰:"灸猶柱也。以柱兩牆之間。"許所偁作久,與《禮經》用字正同。許蓋因經義以推造字之意,因造字之意以推經義,無不合也。相距則其候必遲,故又引伸爲遲久。遲久之義行而本義廢矣。(象人兩脛後有岠也)岠,各本作距,今正。岠,止也。距,雞距也。

謹按:《周禮·冬官·考工記·盧人》注:"灸,猶柱也。……音救。""柱""拄"古通用。以杖抵物曰柱,今讀如杵。久字从人、乀,像有物從後拄之,疑即針灸之"久"本字。後引申爲長久等義,故又加火作"灸"。

【桀】　　渠列切　　今讀 jié

許解:磔也。从舛在木上也。凡桀之屬皆从桀。

《段注》:《通俗文》曰:"張伸曰磔。"舛在木上,張伸之意也。《毛詩》"雞棲於杙"爲桀,其引伸之義,《釋宮》作榤,俗字也,渠列切。十五部。《左傳》:"桀石以投人",此假桀爲揭也。揭,高舉也。

王筠《句讀》:《蟲部》蠱下云:"梟桀死之鬼亦爲蠱。"梟,當作梟。桀,即磔也。謚法:"賊人多殺曰桀。"

謹按:許解與段、王二氏注均未深涉字形,釋義難免不周。桀,甲、金文未見,唯古璽文作 ,像雙趾蹬於木上,不从舛。疑"桀"字爲本部"乘"字訛變而分化之字。從形體上看,"乘"字甲文有作 、 ,像人立於樹上之形。至金文則有 等形,已與古璽文及小篆之桀字十分接近,有可能訛爲"桀"字。或"桀"字爲古文 (乘)之省寫,以雙足代人之站立,與甲文"降""陟""出""各"之从"止"同義,雙足蹬木上猶人在木上也。從字義來看,乘,像人立於木上之形,當是巢居時代防水、防獸生活之反映。人在樹上則有高於一般之義,引申之則爲凡乘之名,故許書"乘"下曰:"覆也。""桀"字爲人之雙足蹬於樹上,與"乘"之人在木上同意,故"桀"亦有高於一般之義。《詩·衛風·伯兮》"邦之桀兮",《毛傳》"桀,特立也";《呂氏春秋·功名》"人主賢則豪桀歸之",《注》:"才過於人曰桀。"凡从桀之同族字必有高於一般之義,如"傑""榤""嵥""搩""謋"等是也。何也?因"桀"字爲"乘"字形訛而分化之字故也。

卷　　六

【木】　　莫卜切　　今讀 mù

　　許解：冒也。冒地而生。東方之行。从屮,下象其根。凡木之屬皆从木。

　　《段注》：(从屮,下象其根),謂个也。屮象上出,个象下垂。

　　戴侗《六書故》：謂上出者中爲幹,旁爲枝；下達者,中爲柢,旁爲根也。

　　張舜徽《約注》：木爲純形。本不必从屮也。許以冒釋木,與卯篆下所云："卯,冒也。二月萬物冒地而出。"同意。

　　謹按：木,甲文作、,金文作、,整體象形,不宜再析爲二體。許解"从屮",蓋爲表明木部上與《屮部》系聯也。"屮"像草木地下莖和枝葉形,故"草"字作"艸","圃"字古文作,而"苗"字作也。後"木"字多用爲樹木之專稱。

【東】　　得紅切　　今讀 dōng

　　許解：動也。从木。官溥說,从日在木中。凡東之屬皆从東。

《段注》：日在木中曰東，在木上曰杲，在木下曰杳。

張舜徽《約注》：東之言彤也，謂日在木中其色彤彤赤也。許君以動訓東，二字雙聲也。

謹按：段、張二氏均仿許解，據小篆字體立說，若據甲文、金文字形求之，似均有未恰。東，甲文作🀄、🀄，金文作🀄、🀄等形，○像囊形，🀄像兩端紮實，中像所裝之什物，故其形不拘。近代學者多隸定爲"橐"字。《廣韻》"橐，無底囊"，因其無底，故實物其中，而兩端紮實。《國語·齊語》有"諸侯之使，垂橐而入，捆載而歸"，似亦表示橐爲無底之囊。以其聲同，故借爲東方之名。蓋方向之名，不易制字，故多用引申或假借之法。

㯫【林】　力尋切　今讀 lín

許解：平土有叢木曰林。从二木。凡林之屬皆从林。

《段注》：《周禮·林衡》注曰："竹木生平地曰林。"《小雅》"依彼平林"，《傳》曰："平林，林木之在平地者也。"《冂部》曰："野外謂之林。"引伸之義也。《釋詁》《毛傳》皆曰："林，君也。"假借之義也。

謹按：甲文作㯫、㯫，金文作㯫、㯫，均从二木，與小篆同。此篆"二"非質數，蓋表示眾多之義，與从三某同。其他如"沝"，从二水，"吅"从二口，"艸"从二屮，"䖵"从二虫，皆當作如是解。其所以從二某，不从三某者，蓋以同類字尚有从三某者在也。如："森""品""卉""蟲"等，屬於量變。

才【才】　昨哉切　今讀 cái

許解：艸木之初也。从丨上貫一，將生枝葉；一，地也。凡才之屬皆从才。

129

《段注》:引伸爲凡始之偁。《釋詁》曰:"初、哉,始也。"哉,即才。故哉生明亦作才生明。凡才、材、財、裁、纔字以同音通用。

王筠《句讀》:……許君兩一字,皆指上一,而下一則非一字也。古器銘在但作十,猶哉作才也。·附於一,祇是根荄之狀耳,不用解之。云將生枝葉者,爲才與初始同義,故曰將,非重其枝葉也。

謹按:"才",甲文作ϒ、十等,金文作十、十等形,像插枝於土中。《段注》"凡才、材、財、纔字以同音通用",乃據古籍用字而言。又說"哉即才"。哉,祖才切,屬精紐;才,昨才切,屬定紐,二字旁紐雙聲,古音蓋同。學者多據許書,解作草木初發,王筠即如是說。竊以爲許解"艸木之初"即"草木之栽兒"。鄉間移植草木多有去其幼莖,只移其蘗及根者,與甲文、金文十字酷肖,因知此字乃象形字也。

【叒】　而灼切　　今讀 ruò

許解:日初出東方湯谷,所登榑桑,叒木也。象形。凡叒之屬皆从叒。叒,籒文。

《段注》:按:當云叒木,榑,桑也,日初出東方湯谷所登也。榑桑已見《木部》,此處立文當如是。宋本、葉本、宋刻《五音韻譜》《集韻》《類篇》皆作"湯",別刻作暘。毛扆改湯爲暘,非也。《尚書》暘谷,自說青州嵎夷之地,非日出之地也。日出之地豈羲仲所能到。《天問》曰:"出自湯谷,次于蒙汜。"《淮南·天文訓》曰:"日出于湯谷,浴于咸池。拂于扶桑,是謂晨明。"《墜形訓》注曰:"扶木,扶桑也,在湯谷之南。"《海外東經》曰:"湯谷上有扶桑,十日所浴。"《大荒東經》曰:"湯谷上有扶木,一曰方至,一曰方出,皆載於鳥。"按:今《天文訓》作暘谷。以王逸《楚辭注》《史記索隱》,《文選注》所引正之,則暘亦淺人改耳。《離騷》"總余轡乎扶桑,折若木以拂日",二語相聯,蓋若木即謂扶桑。扶若字,即榑叒字也。

王筠《句讀》:(所登榑叒木也)小徐无叒字,合十三字爲句。叒木者,榑桑之別名,故云榑桑木。若如大徐加叒字,則兩名重疊,必如段氏所改,乃可通也。《通典》:扶桑國,其土多扶桑木,然則扶桑木三字爲名,有明徵也。

《徐箋》:……凡說文二篆連屬,其形相承,義亦相近者,皆本一字,全書此類不可枚舉。多爲後人竄改,岐而二之。叒即桑之省體,故《繫傳》云:桑从叒聲,則叒之本音,亦讀息郎切,可知矣。

謹按:"叒"金文作 _甲、_乙、_丙等形,學者多釋爲像人以兩手抱頭,表示馴順之義,或解爲像人雙手理髮使之柔順,故引申爲敬順之意。如《尚書·堯典》"欽若昊天"。《詩經·魯頌·閟宮》"魯侯是若"。桑枝條柔韌,故又名若木。《詩經·小雅·隰桑》"隰桑有阿,其葉有難",阿難即婀娜,狀枝條柔韌之貌。又《豳風·七月》:"爰求柔桑",亦取其枝條柔韌之意。柔、若雙聲,古音甚近。據諧聲字看"偌""諾"等都含順从的意思,因而"叒"本義是順从,从木是譌傳。"若木榑桑",若木應爲定語。徐灝說:"叒即桑之省體。叒,本音亦讀息朗切",無據。蓋甲文固有 _字字在也。"叒"从人,"桑"从木,筆劃判然。

Ψ【之】　　止而切　　今讀 zhī

許解:出也。象艸過中,枝莖益大,有所之。一者,地也。凡之之屬皆从之。

《段注》:引伸之義爲往。《釋詁》曰:"之,往"是也。按:之有訓爲此者,如"之人也,之德也"。"之條條,之刀刀。"《左傳》:"鄭人醢之,三人也。"《召南》毛傳曰:"之事,祭事也。"《周南》曰:"之子,嫁子也。"此等之字皆訓爲是。之有訓爲上出者,戴先生釋《梓人》曰:"頰側上出者曰之,下垂者曰而,須鬚是也。"

《徐箋》:之,之言滋也,艸木滋長也。

謹按:之,甲文作㞢、𡳿等形,金文作𡳿、㞢等,本像人足之形,這里作行爲的意符。下面一橫,表示動作起點,足趾向前,表示前進和往出等意思。小篆作㞢,顯然是从㞢等形譌變而來,故許誤以爲"艸"是"屮",段注徐箋亦只是就許解立說耳。

帀【帀】　　子荅切　　今讀 zā

許解:周也。从反之而帀也。凡帀之屬皆从帀。周盛說。

《段注》:匝,各本作周,誤,今正。勹部匝,帀徧也。是爲轉注。按:古多假襍爲帀。(又注):反㞢謂倒之也。凡物順㞢往復則周徧矣。

謹按:帀,甲文、金文均未著錄,以篆文字形求之,確是反"之"形。字既後出,當是以譌變後㞢字爲造字根據的。㞢既誤爲像枝莖上出,則"帀"當作根柢下紮也。一,地也。丨,爲主根,兩側爲須根。故音亦作(zà),引申爲周遍或繫束之意。

出【出】　　尺律切　　今讀 chū

許解:進也。象艸木益滋,上出達也。凡出之屬皆从出。

《段注》:本謂艸木。引伸爲凡生長之偁。又凡言外出爲内入之反。

謹按:出,甲文作㞢、㞢等形,金文作㞢或㞢。像止離開㇄、凵之形,㇄、凵當是古人所居窟穴。許氏據譌變後之小篆立說,故不免有周折之苦,段注亦然。

宋【宋】　　普活切　　今讀 pò

許解:艸木盛宋宋然。象形,八聲。凡宋之屬皆从宋。讀若輩。

132

《段注》：宋宋者，枝葉茂盛，因風舒散之皃。《小雅》"萑葦淠淠"，毛曰："淠淠，衆皃。……旆旆，旒垂皃。旆旆者，亦宋宋之假借字，非繼旐之旆也。"《魯頌》作"茷茷"。按：《玉篇》宋作市，引《毛傳》"蔽市，小皃"。玉裁謂《毛詩》蔽市字，恐是用蔽厀之市字。經傳較多作芾，作茀，可證也。（象形）謂屮也。不曰從屮，而曰象形者，艸木方盛，不得云從屮也。

張舜徽《約注》：本字為宋宋，而詩篇乃作淠淠，旆旆，或茷茷者，皆雙聲通假也。凡經傳通假之字，由於雙聲者多，斯類是已。此篆當為全體象形，屮象艸木上出形，八象枝葉分布，不當為聲。今語所稱活潑，當以宋為本字。

謹按："宋"乃後出字，無古文字可資參證。段注、張說均可參讀。許解"讀若輩"，《廣韻》不錄，則字音當讀如沛。

± 【生】　　所庚切　　今讀 shēng

許解：進也。象艸木生出土上。凡生之屬皆從生。

《段注》：下象土。上象出。此與屮出宋以類相從。

張舜徽《約注》：生與出形近義同，故二字古人通用。《廣雅·釋詁》："生，出也。"今語猶稱艸木萌芽已出土者曰生。

謹按：生，甲文作 ↓、↓，金文作 ↓、↓、±。上部之 ↓，像草木之莖，下部"一"地也。許解甚是。從甲文、金文字形演變觀測。知 ± 中之 •，後改為橫，乃是刻鑄時加的筆勢，不關字義。古文字中此類現象甚多。可參看唐蘭《古文字學導論》有關章節。段注"此與屮、土、市以類相似"不確。蓋"屮（之）"與"出"為一類，"市"與"生"為另一類也。張舜徽說："生與出形近義同"亦似欠妥。《釋詁》"生，出也"，可作義訓解，與形無關。與"生"的聲近義同者當以"升""登"等字為例。

133

𡳾【毛】　　陟格切　　今讀 zhé

許解：艸葉也。从垂穗，上貫一，下有根。象形。凡毛之屬皆从毛。

《段注》："當作艸華皃"。……華則有采，葉不當言采也。又注："上毌一，下有根"說："在一之下者，根也。一者，地也"。

謹按：毛，陟格切。《廣韻》屬知紐陌韻，古音舌上歸舌頭，當讀如託。《集韻》音磔，解爲"草木根毛生地上也"。《說文·毛部》下無所屬，當是下一部首巫字所從，有古文"㲋"字可證。以有從巫之字，故另立一部。从毛之字如"宅""託""托"等，亦有委託、寄託之意，《集韻》所解可参。

巫【巫】　　是爲切　　今讀 chuí

許解：艸木華葉巫。象形。凡巫之屬皆从巫。㲋，古文。

《段注》：引伸爲凡下巫之偁，今字垂行而巫廢矣。……（象形）象其莖枝華葉也。此篆各書中直。惟《廣韻·五支》及夢英所書作丂。

《徐箋》：巫古音讀若它。巫之言墮也，其義爲下垂之義。則其形亦當爲下垂之形，巫蓋象枝葉倒垂上曲而折下。

謹按：巫，甲文作木、𣎵、㳽等形，徐說像枝葉倒垂，得之。葉下如加一果字，則與甲文全合。"是爲切"，《廣韻》屬禪紐支韻，古音可讀如墜。"垂""墜"迭韻。

丂【丂】　　況于切　　今讀 huā

許解：艸木華也。从巫，亏聲。凡丂之屬皆从丂。葩，丂或从艸，从夸。

《段注》：此與下文華，音義皆同。

謹按:𠌶、華本一字,金文皆作🌿、🌿等形。華是𠌶的加形字。以華下有所屬,故另立一部。

𠌶【華】　　戶瓜切　　今讀 huā

許解:榮也。从艸,从𠌶,凡華之屬皆从華。

《段注》:見《釋艸》。《艸部》曰:"葩,華也"。

張舜徽《約注》:𠌶字从艸實兼木言。猶之朵字从木,亦並及艸也。《爾雅·釋草》乃云:"木謂之華,草謂之榮。"此析言之耳。

謹按:古陶文作🌿、🌿,故知"華"是"𠌶"的加形字。

禾【禾】　　古兮切　　今讀 jī

許解:木之曲頭。止不能上也。凡禾之屬皆从禾。

《段注》:……《玉篇》曰:"亦作𥝌",非是。𥝌在一部,禾當在十五、十六部,《玉篇》古溉、古兮二切。

徐灝《段注箋》:《玉篇》云"禾亦作𥝌。五溉、古兮二切。"竊謂音五溉切爲是。其古兮切者,因稽字从禾而誤耳。

張舜徽《約注》:二切皆牙音字,同類相轉耳,亦猶溉从既聲,讀古代切也。類此者多,不煩悉數。

謹按:"禾"字不見於古文字,就小篆字形觀察,像一曲頭之木。从禾之字如"稽""枸""鉤"等,均訓止,似與"局""拘""鉤"等字意義有關。以音近而義亦相近之理推之,此字以讀古兮切爲是。木曲頭,則局拘而不上,非有所礙也。

稽【稽】　　古兮切　　今讀 jī

許解:䉖止也。从禾,从尤,旨聲。凡稽之屬皆从稽。

《段注》:玄應書引"詳止曰稽"。高注《戰國策》曰:"詳其日,稽詳其日也。"凡稽、詳則有審慎求詳之意,故爲稽攷。禹會諸矦於會稽,稽,計也,稽攷則求其同異。故説《尚書》稽古爲同天。稽,同也。如流,求也之例。

謹按:"稽""禾"音義皆同,"稽"當"禾"的累增字,古籍多用"稽"。

【巢】　鉏交切　　今讀 cháo

許解:鳥在木上曰巢,在穴曰窠。从木,象形。凡巢之屬皆从巢。

《段注》:《穴部》曰:"穴中曰窠,樹上曰巢。"巢之言高也,窠之言空也。在穴之鳥,如鵃鴝之屬。今江蘇語言通名禽獸所止曰窠。

王筠《句讀》:(象形)꼬꼬者鳥形,曰者巢形也。

謹按:巢,金文作槑,古陶文作槑,像鳥巢在樹上之形。上出三畫,不像鳥形。

【桼】　親吉切　　今讀 qī

許解:木汁。可以髤物。象形。桼如水滴而下。凡桼之屬皆从桼。

《段注》:木汁名桼,因名其木曰桼,今字作漆而桼廢矣。漆,水名也,非木汁也。詩書梓桼,桼絲皆作漆。俗以今字易之也。

王筠《句讀》:(桼如水滴而下)申説象形也。謂象其汁形,非象其木形也。

謹按:"桼"許解象形。係指上下六點而言,因上言木汁而知之。非指桼樹,王説是也。

【束】　書玉切　　今讀 shù

許解:縛也。从囗、木。凡束之屬皆从束。

徐鍇《繫傳》:束薪也,囗音圍,象纏。

《段注》:(从囗木):囗音韋,回也。詩言束薪、束楚、束蒲皆囗木也。

謹按:"束"甲文作 ✳、✳,金文作 ✳、✳,皆像束薪之形。甲文✳(束)與甲文✳(東)外形全同,由此亦可證"東"字非从日在木中也。

棄【橐】　　胡本切　　今讀 gǔn

許解:橐也。从束,圂聲,凡橐之屬皆从橐。

《徐箋》:此字从束,其義當爲束物。而訓爲橐者,蓋橐無底,與橐相類也,橐、緄古字通。《衛策》云:束組三百緄。又通作梱,俗作繃。

王筠《句讀》:似當云束橐也。《繫傳》曰:"束縛囊橐之名。"《春秋國語》曰:俟使於齊者,橐載而歸,作梱。梱,假借也。橐之言涸也,物雜廁其中也。據鍇此說,似本有束字,且字從束,亦不當直訓曰橐也。《廣韻》亦曰:"橐,大束",是知凡束皆謂之橐。今諺皆然。又《爾雅》"百羽謂之緷",與《糸部》緷音義不同,而與橐同。亦可證。

謹按:徐、王二氏所說,均近理,束物曰綑,束之大者亦曰綑,許解以形言,徐、王之說以動言,二者固相通也。綑則兩端鬆散,與無底之橐類似,故許解爲橐,可通。"橐"戰國文字作✳、✳,像囊貯物。

囗【囗】　　羽非切　　今讀 wéi

許解:回也。象回帀之形。凡囗之屬皆从囗。

《段注》:回,轉也。按:圍繞、週圍,字當用此,圍行而囗廢矣。

《徐箋》:囗圍古今字。凡物回帀之形及圍繞之皆曰囗。古文蓋作圓形,小篆變爲方體。

謹按:囗,甲文、金文均作"圍""囿"之類形符,無獨立使用例。只作囗,無作圓形者,徐灝誤。許解"回也"顯係聲訓,非謂囗即回也。"象回帀之形",乃說明訓"回也"的形據,亦非圍繞之意。段注"回,轉也",以動詞視之,恐與許意不全吻合。甲文、金文皆有"回"字,甲文作囘、回,金文作𠙴,才是作動詞圍繞解的本字。今陝西東部二華一帶,灌園引水爲回水,當是回字的本義。

【員】　　王權切　　今讀 yuán

許解:物數也。从貝,口聲。凡員之屬皆从員。鼎,籀文从鼎。

《段注》:(物數也)本爲物數,引伸爲人數,俗偶官員。漢《百官公卿表》曰:"吏員,自佐史至丞相十二萬二百八十五人。"是也。數木曰枚,曰梃,數竹曰箇,數絲曰紽,曰總,數物曰員。《小雅》:"員于爾輻。"毛曰:"員,益也。"此引伸之義也。又假借爲云字。如《秦誓》"若弗員來",《鄭風》"聊樂我員",《商頌》"景員維河"。……(从貝)貝,古以爲貨物之重者也。

謹按:員,甲文作𪔂、𪔃,金文作鼎、𪔃,均从鼎不从貝,籀文鼎亦从鼎,小篆从貝,顯係訛誤。○是外加的,與鼎形無關,因甲文○形可上可下也。又"王權切",唐宋音可讀如文,"幾文錢"的本字。甲文何以作𪔃,苦無資料可據,疑是借聲。後世稱金、銀單位曰錠,二音頗相近。又,近代有稱以圓筒盛物單位爲聽者,如一聽煙,亦與鼎音相近。○形蓋是標誌假借之符號。

【貝】　　博蓋切　　今讀 bèi

許解:海介蟲也。居陸名猋,在水名蛹。象形。古者貨貝而寶龜,周而有泉,至秦廢貝行錢。凡貝之屬皆从貝。

《段注》:(古者貨貝而寶龜)謂以其介爲貨也。《小雅》:"既見君子,錫我百朋。"箋云:"古者貨貝,五貝爲朋。"《周易》亦言"十朋之龜",故許以貝與龜類言之。

謹按："貝"字甲文作🐚、🐚，金文作🐚、🐚，皆像其形。篆法易而爲𩇟，形不可像矣。

【邑】　　於汲切　　今讀 yì

許解：國也。从口；先王之制，尊卑有大小，从卪。凡邑之屬皆从邑。

《段注》：(國也)鄭莊公曰："吾先君新邑於此。"《左傳》凡偁人曰大國，凡自偁曰敝邑。古國邑通偁，《白虎通》曰："夏曰夏邑，商曰商邑，周曰京師。"《尚書》曰西邑夏，曰天邑商，曰作新大邑於東國雒，皆是。《周禮》"四井爲邑"，《左傳》"凡邑有宗廟先君之主曰都，無曰邑"。此又在一國中分析言之。……(先王之制，尊卑有大小，从卪)尊卑謂公矦伯子男也。大小謂方五百里，方四百里，方三百里，方二百里，方百里也。《土部》曰："公矦百里，伯七十里，子男五十里"，從《孟子》說也。尊卑大小出於王命，故從卪。

林義光《文源》：卪即人字。邑當从口、人。古作🐚，見召伯虎敦。

謹按：邑，甲文作🐚、🐚，金文作🐚、🐚，上从▢，像城邑，下从🐚，即古"人"字。林氏解作从口、人，謂爲眾人聚居之地，直溯本義，較許解、段注爲長。許氏蓋據小篆字形立說耳。

【𨞘】　　胡絳切　　今讀 xiàng

許解：鄰道也。从邑，从邑。凡𨞘之屬皆从𨞘。闕。

王筠《句讀》：案：𨞘、鄉音義皆同，衹是一字，而不署爲重文者，與豆部𧯦，殳部𣪊一類。兩邑衹是一邑，兩鄰望衡對宇，中央闕然爲道，故曰鄰道。居南者北向，居北者南向，故反一邑以見意。若合一邑而言，即安有反者，而𨞘何以爲字乎？

張舜徽《約注》：……北京稱巷曰胡同，即𨞘字古音之切語也。下文鄉，即𨞘之後增體。今通作巷，而𨞘、鄉皆廢。

卷　　七

日【日】　　人質切　　今讀 rì

許解：實也。太陽之精不虧，从囗、一。象形。凡日之屬皆从日。⊙，古文。象形。

《段注》：以疊韻爲訓。《月令》正義引《春秋元命包》云："日之爲言實也。"《釋名》曰："日，實也，光明盛實也。"又："○象其輪郭，一象其中不虧"。

王筠《句讀》：以上七字，當作"從古文之象"五字。日形正圓，而石鼓文從日之字，作◨、⊙、日三形，或上方下圓，或上下皆方，知此字變形已久，然不可曰從囗一以爲會意，又不可以正方者爲象形也。且古文⊙下云象形，足知此文有改易矣。中央之一，乃古文乙之變，陽中有陰，故日中有黑影，如離卦然。《淮南子》："日中有踆鳥"，乃附會之詞，而《鳥部》亦云鳥者日之中禽。

謹按：日，甲文作 ◨、◻，金文作 ⊙、◻，像太陽之形，其中一畫，當是日中陰影。太陽中滿無缺，故許慎以實訓日。日讀"人質切"，《廣韻》屬日紐質韻。脂質對轉，娘日歸泥，古音當讀(nì)。日語中"日"的讀音

· 140 ·

即作(nì),可爲旁證。

旦【旦】　　得案切　　今讀 dàn

許解:明也。从日見一上。一,地也。凡旦之屬皆从旦。

《段注》:明當作朝。下文云:"朝者,旦也。"二字互訓。《大雅·板》毛傳曰:"旦,明也。"此旦引伸之義,非其本義。《衛風》:"信誓旦旦。"《傳》曰:"信誓旦旦然,謂明明然也。"

王筠《句讀》:《詩·板》傳,《東門之枌》《葛生》箋皆曰:"旦,明也。"《淮南子》"日至于曲阿",是謂旦明。段氏謂"明也,當作朝也",非是。下文"朝者,旦也",廣二名也。本文"旦,明也",則以義釋之。

張舜徽《約注》:日出於地,則天大明,故以明訓旦。旦从日在一上,一象地平之形。日在地平之上,乃清晨之時,故《爾雅·釋詁》云:"旦,早也。"旦之本義爲明,故平明又稱平旦。旦之言丹也,謂日初出時,其色赤如丹也。

謹按:旦,甲文作🌅、🌅,金文作🌅、🌅。从日見口、●上,疑是地面高起之物,例如山陵,小篆形變爲一,日出地面則天明。段氏改明爲朝,不妥。王筠之說甚是。

倝【倝】　　古案切　　今讀 gàn

許解:日始出,光倝倝也。从旦,㫃聲。凡倝之屬皆从倝。

謹按:从倝聲的字,如"翰"(矦幹切)、"鶾"(矦幹切)、"䕐"(胡安切),《廣韻》均屬匣紐。以類推之,倝字亦在匣紐。後轉喻紐,讀如䵣,即光䵣䵣,䵣陽天之本字。以倝聲求之,亦通。㫃,於憶切,於屬影紐,同隸喉音。

𤰈【㫃】　　於幰切　　今讀 yǎn

許解：旌旗之游，㫃蹇之皃。从屮，曲而下；垂㫃，相出入也。讀若偃。古人名㫃，字子游。凡㫃之屬皆从㫃。𣃼，古文㫃字。象形。及象旌旗之游。

《段注》：旌旗者，旗之通偁。旌有羽者，其未有羽者，各舉其一以該九旗也。王逸《九歌》注云："偃蹇，舞皃。"《大人賦》說旌旗曰："掉拮撟以偃蹇。"張揖曰："偃蹇，高皃……"此十一個字當作"从屮，曲而下垂者游。从入，游相出入也"十五字。从屮者，與豈、肯、屮同意，謂杠首之上見者，曲而下垂者象游。游相出入者，謂從風往復如一出一入然，故从入。大徐云："此字从屮，下垂當只作屮，相承多一畫。"玉裁謂，从屮，謂竿首，下垂謂游也。鼎臣殊誤會……晉有籍偃、荀偃，鄭有公子偃、駟偃，孔子弟子有言偃，皆字游，今之經傳皆變作偃，偃行而㫃廢矣。

謹按：甲文作 𠂉、㇏ 等形，金文作 𠂉、㇏ 等。丨像旗竿，凵像竿首的裝飾，㇏像旗飄捲之貌，整體象形，小篆訛誤，分爲㫃兩體。

冥【冥】　　莫經切　　今讀 míng

許解：幽也。从日，从六，冖聲。日數十。十六日而月始虧幽也。凡冥之屬皆从冥。

《段注》：窈各本作幽。唐玄應同，而李善《思玄賦》《歎逝賦》，陶淵明《赴假還江陵》詩，三注皆作窈，許書多宗《爾雅》《毛傳》。《釋言》曰："冥，窈也。"孫炎云："深闇之窈也。"郭本作幼，釋云："幼稺者多冥昧"，頗紆迴。《小雅·斯干》傳曰："正，長也。冥，窈也。"正謂宮室之寬長深窈處。王肅本作幼，其說以人之長幼對文，與下"君子攸寧"不相屬，然則三者互相證，知皆當作窈。《穴部》曰："窈，深遠也。"窈與杳音義同，

· 142 ·

故杳之訓曰冥也。莫之訓曰日且冥也，昏之訓曰日冥也。鄭箋《斯干》曰："正，晝也。冥，夜也。"引伸爲凡闇昧之偁。

《徐箋》：此篆及說解乖舛，字形無十，而云日數十，以無所取義。況以十日爲十六日，又不用十而但從六。且既以十六日爲月始虧，乃又不從月而從日，造字有如此支離惝恍者乎？……吴之下體大與冂形近，漢隸作吴，尤極相似，遂譌從六。而書作冥，相承既久，莫能辨識，許沿舊說，未及審正，或後人有所改竄也。冥從冖聲，故《周禮》冥氏，讀莫歷切。

謹按：卜辭中有冥，郭沫若先生釋爲"冥"，意爲把夜幕拉下，遮蔽日星，以表示幽暗之意，頗近理。但不如說是以兩手啟幕（或窗）望星斗，以表示夜色，更爲近理，與"啓"（启）字像以手推戶見日，表示天明或天晴之義正同。

晶【晶】　　子盈切　　　今讀 jīng

許解：精光也。從三日。凡晶之屬皆從晶。

《段注》：凡言物之盛，皆三其文，日可三者，所謂纍日也。

王筠《句讀》：……光莫盛于日，故從日。天無二日而三之者，晶本動字，故爲譬況之詞。

謹按：晶，甲文作晶、晶，從口注中，但從晶的字"星"，甲文作星，不注中。"晶"從三日，其意蓋指日光，星從口，整體象形。古文字學家多以爲晶是星的初文，值得商榷。許解"晶，精光也"，學者多以精光爲詞組解晶，我們以爲光無精粗之分，精光殊費解。疑當作"晶，精，光也"。"晶""精"古今字，與二卷"釆，辨，別也"，例正同。

月【月】　　魚厥切　　　今讀 yuè

許解：闕也。太陰之精。象形。凡月之屬皆從月。

《段注》:月、闕疊韻。《釋名》曰:"月,缺也,滿則缺也。"

謹按:月,甲文作🌙、🌙,金文略同 D、𝓓,像弦月形。今口語呼爲月芽,意爲初生之月。"月"魚厥切,《廣韻》屬疑紐月韻,古音疑【ngat】,轉喻紐讀(yá),與口語合。

【有】　云九切　　今讀 yǒu

許解:不宜有也。《春秋傳》曰:"日月有食之。"从月,又聲。凡有之屬皆从有。

《段注》:日下之"月",衍字也。此引經釋"不宜有"之恉,亦即釋从月之意也。日不當見食也,而有食之者,孰食之,月食之也。月食之,故字从月。

《徐箋》:……或曰从肉。古者未知稼穡,食鳥獸之肉,故从又持肉爲有也。

謹按:有,金文作🦴、🦴等,卜辭多借🦴、🦴爲之。段注及就許解疏正,並無新意,徐灝之說或可通。就金文字形觀察,🦴當是肉字。甲文亦作🦴。有,"云九切",《廣韻》屬云紐有韻,古音可讀"穫""稷"。以手持肉,意即有所獲,"有年""大有年",意即穫年,大穫年。

【朙】　武兵切　　今讀 míng

許解:照也。从月,从囧。凡朙之屬皆从朙。🌙,古文朙,从日。

《段注》:《火部》曰:"照,明也"。小徐作昭。《日部》曰:"昭,明也。"《大雅·皇矣》傳曰:"照臨四方曰明。"凡明之至則曰明明,明明猶昭昭也。《大雅·大明》《常武》傳皆云:"明明,察也。"《詩》言明明者五,《堯典》言朙朙者一。《禮記·大學》篇曰:"大學之道,在明明德。"鄭云:"明明德,謂顯明其至德也。"《有駜》:"在公明明",鄭箋云:"在於公之所但明明德也。"引《禮記》:"大學之道在明明德。"夫由微而著,由著而極,光被四表,是謂明明德於天下。自孔穎達不得其讀而經義隱矣。………從月者,月以日之光爲光也;從囧,取窗牖麗廔闓明之意也。囧亦聲,不言者,舉會意包形聲也。

謹按:明,甲文作 ◨、◧ 等形,或從日,或從囧,金文作 ◨、◧ 等,只從 ◯。後世又多從日,段注甚詳。

【囧】 俱永切　今讀 jiǒng

許解:窗牖麗廔闓明。象形。凡囧之屬皆從囧。讀若獷。賈侍中說:讀與明同。

《段注》:麗、廔雙聲,讀如離婁,謂交綖玲瓏也;闓明謂開明也。

王筠《釋例》:囧讀與明同,既以闓明說其義,而複言此,是賈侍中直謂囧明一字矣,是以盟之篆文從朙,古文從明也。

謹按:囧,甲文作 ◨、◧ 等形,金文作 ◨,皆像窗牖透明之形。蓋即"窗"之初文,引申爲明。月是後增形符。

【夕】 祥易切　今讀 xī

許解:莫也。从月半見。凡夕之屬皆从夕。

《段注》:莫者,日且冥也。日且冥而月且生矣,故字从月半見。旦者,日全見地上;莫者,日在茻中;夕者,月半見,皆會意象形也。

王筠《句讀》:黃昏之時,日光尚在,則月不大明,故曰半見。

張舜徽《約注》:甲文中亦月、夕通用,不如篆法之絕然二字也。許云"从月半見",意仍未顯。蓋當早起之時,月亦半見,則將何以爲別乎?竊意夕之爲言西也,黃昏之時,日薄西山;而月之初生,亦始見西方;故月出、日入,均得謂之夕也。《詩·王風·君子于役》篇:"日之夕矣,牛羊下來。"《詩》篇言"日之夕矣",猶云"日之西矣"耳。

　　林義光《文源》說:"夕月初本一字,後分爲二音,始於中加一畫。爲別而加畫者,乃爲本義之月,象月形者反用爲引伸義之夕。

　　謹按:夕,甲文作☽、☾,金文作☽、☾,古時"夕""月"混用,正如林義光所說。本是一字,後分爲二音,爲了區別,在中加一畫表夕,但而後像月形的本字卻作爲了"夕"。

多【多】　　得何切　　今讀 duō

　　許解:重也。从重夕。夕者,相繹也,故爲多。重夕爲多,重日爲疊。凡多之屬皆从多。夛,古文多。

　　《段注》:緟者,增益也,故爲多。多者勝少者,故引伸爲勝之偁。戰功曰多,言勝於人也。……"相繹"者,相引於無窮也。抽絲曰繹,夕、繹疊韻,說从重夕之意。

　　王筠《句讀》:重復則多矣。

　　張舜徽《約注》:晝夜重復,往而又來,故多字取象焉。多、疊聲近,一語之轉也。

　　謹按:多,甲文作𡖇、𠈌,金文作𡖇、𠈌,均从肉,像二肉塊重疊之形。肉塊重疊,多義自顯。二表多義,不限於二。今人謂上架物曰垛,"垛""多"同音,物成垛,量自多。小篆从重夕,恐有訛誤。段、王二氏所注,反就許解立說,言雖詳辨,惜無新意。

毌【毌】　　古丸切　　今讀 guàn

　　許解:穿物持之也。从一橫貫,象寶貨之形。凡毌之屬皆从毌。讀若冠。

　　《段注》:各本口作貫。淺人所改也,今正。……各本脫口,今補。

囗者寶貨之形,獨言寶貨者,例其餘。一者,所以穿而持之也。古貫穿用此字,今貫行而毌廢矣。……貫之用專,後有串字,有弗字,皆毌之變也。

王筠《句讀》:毌、穿疊韻。《蒼頡篇》:毌,穿也。

張舜徽《約注》:毌即貫之初文。蓋本有二音:一音貫,一音穿。今俗猶稱以索貫物曰穿,穿之成貫曰則串,讀穿去聲,皆古音也。此篆說解末句,小徐本作:"讀若冠穿。"是已。今大徐本奪穿字,宜補。

謹按:毌,甲文作 ⊕、⊕、中 等,均像以丨穿物之形,橫看乃得之。

【丏】　　乎感切　　今讀 hàn

許解:嗛也。艸木之華未發,圅然。象形。凡丏之屬皆从丏。讀若含。

徐鍇《繫傳》:嗛者,含也。草木華未吐,若人之含物也。冂則華苞形,㔾象其華初發,其莖尚屈也。

《段注》:《口部》曰:嗛者,含深也,……圅之言含也。深含未放……下象承弙之莖,上象未放之蓓蕾。

王筠《句讀》:嗛,含深也,故其字作包容之狀,此謂字象舌形也。……此又謂字象花蓓蕾之形也。《艸部》云:未發爲菡萏……此一字象兩形者。丏、圅、菡祇是一字而遞增也。丏下既明出嗛、弙二義矣。圅下第云舌,不云弙,而說丏曰圅然,即明圅兼弙義也。惟菡祇是弙,不兼舌義耳。

張舜徽《約注》:……許君以嗛訓丏,二字合言之,則曰丏嗛。後出字則爲菡萏,已見《艸部》。

謹按:"丏"是後出字,像花苞未放之形,段張二氏注皆是。許君以"嗛"釋"丏",意不甚精,疑當作篆解連續,即"丏,嗛也"。丏嗛,即菡萏。

◁▶《說文》部首集注箋證

束【東】　　胡感切　　今讀 hàn

許解：木垂華實。从木、丂，丂亦聲。凡東之屬皆从東。

《段注》：艸字依《玉篇》補。

王筠《句讀》：《玉篇》句首有艸字，非也。字從木，必不言艸。此《說文》例也。

謹按：段、王二氏於《玉篇》句首草字看法，截然相反，以例求之，似以王說爲長。"丂"篆下也作"草木丂盛也，从二丂"。如依段注，"丂"係前妄增，則"丂""丂"本一字，無重出之必要。蓋"丂"泛指花之未發者，"丂"則專指木上之累累下垂者。

卤【卤】　　徒遼切　　今讀 tiáo

許解：艸木實垂卤卤然。象形。凡卤之屬皆从卤。讀若調。𠧪，籀文三卤爲卤。

《段注》：卤卤，垂皃。《莊子》曰："之調調，之刀刀"之，此也。調調謂長者，刀刀謂短者。調調即卤卤也。卤之隸變爲卣，……假借爲中尊字也。

王筠《句讀》：凡實之長蒂者必下垂，字上象蒂形，下象實形。

《徐箋》：卤者，艸木實通名，故栗、粟皆从之，卤象形。

張舜徽《約注》：……此字本義重在垂字，謂艸木之實纍纍下垂者，其名爲卤，重言之則曰卤卤也。今語稱繫物下垂爲弔，俗又作吊，當以卤爲本字。

謹按：卤，甲文作 ϕ、ϕ、ϕϕϕ 等形，金文作 ϕ、ϕ。均像碩果下垂形，王、張二氏所說甚是。"卤"本狀物下垂之形，引申作狀下垂之物之名。如茶卤、沙卤等。

· 148 ·

齊【齊】　　徂兮切　　今讀 qí

許解:禾麥吐穗上平也。象形。凡亝之屬皆从亝。

徐鍇《繫傳》:生而齊者,莫若禾麥也。二,地也,兩傍在低處也。

《段注》:从二者,象地有高下也。禾麥隨地之高下爲高下,似不齊而實齊。參差其上者,蓋明其不齊而齊也。

王筠《句讀》:魏《三體石經》古文作𠅘,三平無參差。此參差者,作篆者配合之,取適觀耳,又加二以象地形。

謹按:齊,甲文作𠅘、𠅘等形,金文作𠅘、𠅘等,如王氏所說,初形只表示吐穗上平,莖和地都是作篆者後加的。

朿【朿】　　七賜切　　今讀 cì

許解:木芒也。象形。凡朿之屬皆从朿。讀若刺。

《段注》:芒者,艸耑也。引伸爲凡鐵銳之偁,今俗用鋒鋩字,古秖作芒。朿今字作刺,刺行而朿廢矣。……不言从木者,朿附於木,故但言象形也。

王筠《句讀》:在艸部曰芒,在木部曰朿。

謹按:朿,甲文作𣏟、𣏟等形,金文作𣏟、𣏟等,均整體象形。小篆作木上附刺,改爲輔助象形,如段氏所析。

片【片】　　匹見切　　今讀 piàn

許解:判木也。从半木。凡片之屬皆从片。

《段注》:謂一分爲二之木。片、判以疊韻爲訓,判者分也。《周禮·媒氏》:"掌萬民之判。"……鄭注《周禮》云:"判,半也。得耦爲合,主合其半成夫婦也。"按夫婦各半而合。

◁▶《說文》部首集注箋證

王筠《句讀》：謂已判之木也。《莊子》："陰陽片合。"《釋文》：片音判，是片亦讀如判。

张舜徽《約注》：今讀片爲匹見切，仍與判爲雙聲，乃語音之轉也。本書刀部："判，分也。"許以判木釋片，謂一木中分爲二，猶云半木耳。《廣雅·釋詁》四："片，半也。"是已。

謹按：蓋"片"即析木成片之意。不限於"一木中分爲二"。今口語仍以刀剝取物體一層曰片，如片肉、片黃瓜等。而片分之物，即稱片，如肉片、黃瓜片等。

鼎【鼎】　　都挺切　　今讀 dǐng

許解：三足兩耳，和五味之寶器也。昔禹收九牧之金，鑄鼎荊山之下，入山林川澤，螭魅蝄蜽，莫能逢之，以協承天休。《易》卦，巽木於下者爲鼎，象析木以炊也。籀文以鼎爲貞字。凡鼎之屬皆从鼎。

《段注》：三足兩耳謂器形，非謂字形也。《九家易》曰：鼎三足以象三台也。《易》曰："鼎黃耳"。和當作盉，許亦從俗通用。

王筠《句讀》：謂下半是析木爲兩而作朩，上半之目，則鼎形也。炊鼎之鼎，指目而言。案：此篆可謂爲通體象形，目其腹也，朩之左右上揚者耳也，下則足也。許君不然者，金刻有鼎、鼎、鼎、鼎、鼎、鼎諸體，多有兩耳而非三足，蓋小篆整齊之而作鼎，故許君本古文而說之。

张舜徽《約注》：……鼎之爲器，圓者爲多，故皆三足，金文鼎字有鼎、鼎、鼎、鼎諸形，尤爲曲肖。甲文作鼎或作鼎，亦象兩耳腹足之形也。古貞、鼎二字形近聲同，故許云"籀文以鼎爲貞字"。

謹按：鼎，甲文作鼎、鼎等，金文作鼎、鼎等，乃整體象形。許解、段注以下部爲析木，皆誤，王筠注較確。

· 150 ·

【克】　苦得切　　今讀 kè

許解：肩也。象屋下刻木之形。凡克之屬皆从克。古文克。亦古文克。

徐鍇《繫傳》：肩，任也，負何之名也。與人肩膊之肩義通，……能勝此物謂之克。

《段注》：《周頌》傳曰："仔肩，克也。"《人部》曰："仔，克也。"此曰：克，肩也。然則《周頌》"仔肩"絫言之，毛謂二字皆訓克也。肩謂任，任事以肩，故任謂之肩，亦謂之克。《釋詁》云："肩，克也。"又曰："肩，勝也。"

王筠《句讀》：當作刻也，一曰肩也。下文說字形曰刻木，即說字義不得無刻義。其所以被刪者，必由讀者不知刻有刻制之義，改爲尅也。又有校者知《說文》無尅字，遂刪之矣。

朱駿聲《定聲》：以肩任物曰克，物高于肩，故从高省，下象肩形，古文亦象肩形。又古文疑當爲彔之古文，許所云刻木彔彔也。今蘇俗負小兒于背，語兒云："克在肩上。"猶有此言。

謹按：克，甲文作 、 等，金文作 、 等，像一人俯身曲背，肩負重物之形。字頭 與冑（ ）字頭全同，小篆訛變爲 ，故朱駿聲誤作从高省。"克"轉陽聲爲扛物，今北方皆曰扛。以肩抵物亦曰"扛"，字改作"抗"。許慎所錄古文，如朱駿聲所言，當是"彔"之古文。

【彔】　盧谷切　　今讀 lù

許解：刻木彔彔也。象形。凡彔之屬皆从彔。

《段注》：彔彔猶歷歷也。一一可數之兒。按剝下曰："彔，刻割也"。彔彔，麗廔嵌空之兒。

張舜徽《約注》：歷彔，即麗廔、離婁、玲瓏諸辭之轉語，皆所以狀物之空明。凡物刻鏤之後，則多空明，故許云"刻木彔彔也"。彔，當即鏤字之初文。

謹按：彔，甲文作𠔉、𠕒等形，金文作𠕒、𣚦等，均像以囊盛漿，懸之高處，濾去汁液之形。今鄉間以芋頭、白薯、豆類等物制粉，仍用此法。"彔""濾"雙聲，"彔"即"濾"之本字也。許以"刻木彔彔"解之，未審何據。

【禾】 戶戈切　今讀hé

許解：嘉穀也。二月始生，八月而孰，得時之中，故謂之禾。禾，木也。木王而生，金王而死。从木，从𠂹省。𠂹，象其穗。凡禾之屬皆从禾。

《段注》：嘉、禾疊韻。《生民》詩曰："天降嘉穀。"……《公羊》何注曰："未秀爲苗，已秀爲禾。"《魏風》："無食我黍""無食我麥""無食我苗"。毛曰："苗，嘉穀也。"嘉穀謂禾也……各本作"从木从𠂹省，𠂹象其穗"九字，淺人增四字，不通，今正。下从木，上筆𠂹者象其穗。是為从木而象其穗，禾穗必下垂。……王氏念孫說："莠與禾絕相似，雖老農不辨，及其吐穗，則禾穗必屈而倒垂，莠穗不垂。"

《徐箋》：此篆象禾穗連稈及根之形。其立文與木相似。

謹按：禾，甲文作𣎵、𣎴等形，金文作𣎴、𣎴，乃整體象形。造字者取其特徵，皆作禾穗下垂狀。許解段注皆據小篆字形，以爲从木，不合初文，徐灝所注較確。

【秝】 郎擊切　今讀lì

許解：稀疏適也。从二禾。凡秝之屬皆从秝。讀若歷。

徐鍇《繫傳》:適者,宜也。禾,人手種之,故其稀疏等也。

《段注》:各本無秝字……適秝,上音的,下音歷,疊韵字也。《玉篇》曰:"稀疏秝秝然",蓋凡言歷歷可數。

張舜徽《約注》:立苗欲疏,秝字實象稀疏適宜之意。重言之則爲秝秝。

謹按:段注增字,雖有所本,終不如徐鍇之說近理。今農人種地,仍求株距、行距,即所謂"稀疏適"。

【黍】　　舒呂切　　今讀 shǔ

許解:禾屬而黏者也。以大暑而種,故謂之黍。从禾,雨省聲。孔子曰:"黍可爲酒,禾入水也。"凡黍之屬皆从黍。

《段注》:……謂黍爲禾屬而黏者,非謂禾爲黍屬而不黏者也。禾屬而黏者黍,禾屬而不黏者糜。……爲禾屬者,其米之大小相等也。其采異,禾穗下垂如椎而粒聚,黍采略如稻而舒散。

王筠《句讀》:種當作孰。《月令》:"仲夏之月,農乃登黍。"此言其早孰者也。大暑乃六月中氣,即晚孰者已登場矣。暑、黍疊韻。《農書》:"黍之言暑也。"必須暑收,得陰乃成也。

謹按:黍甲文作 ﾘ、ﾘ等,或加水旁作 ﾘ、ﾘ等形,像黍穗舒散之形。許解引"孔子曰:黍可爲酒,禾入水也",顯係就已訛變的小篆字體所作析字遊戲,與本義無涉。从水之意不詳,疑係由黍之落粒譌化。

【香】　　許良切　　今讀 xiāng

許解:芳也。从黍,从甘。《春秋傳》曰:"黍稷馨香。"凡香之屬皆从香。

《段注》:《艸部》曰:"芳,艸香也。"芳謂艸,香則氾言之。《大雅》

曰:"其香始升。"

王筠《句讀》:香主謂穀,芳主謂艸。

張舜徽《約注》:艸之芳在花,穀之香在實。在花者其芳分布,在實者必熟食時然後知之。艸部:"苾,馨香也",謂艸之芳也;食部:"飶,食之香也",謂穀之香也;二者雖異而語原同。皀部:"皀,穀之馨香也,又讀若香。"皀與香義同。

謹按:段、王、張三氏所注皆確,今口語通用,不分花食。

𥞷【米】　　莫禮切　　今讀 mǐ

許解:粟實也。象禾實之形。凡米之屬皆从米。

《段注》:《卤部》曰:粟,嘉穀實也。嘉穀者,禾黍也。實當作人。粟舉連秠者言之。米則秠中之人。如果實之有人也。果人之字古書皆作人,金刻《本艸》尚無作仁者,至明刻乃盡改爲仁。……其去秠存人曰米,……凡穀必中有人而後謂之秀,故秀从禾人。

王筠《句讀》:蓋謂米是圓物,四點象之足矣。而有十以象其穎與機者,以米難象,故原其在禾時以象之也。

張舜徽《約注》:甲文米作卌、㳄、㳄諸形,皆象米粒縱橫之狀,與石鼓文作㳄者同意。今篆體作𥞷,蓋中粒上下誤連爲一矣。凡脣聲字,多有小義。粟實甚微,因謂之米,此與毛、麻、糸、末得名正同,皆一語之轉也。

謹按:米,甲文作卌、㳄等,像穀穗形,中象梗,六點則附著之粟粒也。王、張二氏所注,皆可取。惟張氏謂凡脣聲字皆有小義,恐失之泛。"米""毛""糸""末"以及"微""尾""無""芒"等字多含微小之義,其聲不出明、微兩紐,幫、滂等紐多無此種現象。

𣪊【毇】　　許委切　　今讀 huǐ

許解:米一斛舂爲八斗也。从臼,从殳。凡毇之屬皆从毇。

· 154 ·

《段注》:九斗各本譌八斗,繫下八斗各本譌九斗,今皆正。《九章算術》曰:"糲米率三十,粺米二十七,繫米二十四,御米二十一。《毛詩》鄭箋:"米之率;糲十,粺九,繫八,侍御七。"《米部》曰:"粺,毇也。"是則毇與粺皆一斛舂爲九斗明甚。毇見繫下,謂稻米也。稻米之始亦得云糲。此云糲米者,兼稻米、粟米言也。

王筠《句讀》:小徐本此下有毇糙米三字,校者所記也。《淮南子》:"粢食不毇。"高注:"毇音毀,細也。"案:粢食不毇,即《左傳》之"粢食不鑿",散文則通,故曰細,逐字考校則曰糙。

謹按:段、王二氏注甚確,今口語仍謂米之粗者爲糙米。

㘿【臼】　　其九切　　今讀 jiù

許解:舂也。古者掘地爲臼,其後穿木石。象形。中,米也。凡臼之屬皆从臼。

《段注》:各本無臼字,今補。杵下云:"舂杵也"。則此當云舂臼也明矣。

謹按:"臼"字甲文無獨用例。有"舂"字作㿞等形,像手執舂杆舂米形,字底當是"臼"的初文。

㐫【凶】　　許容切　　今讀 xiōng

許解:惡也。象地穿交陷其中也。凡凶之屬皆从凶。

《段注》:凶者,吉之反。

張舜徽《約注》:凶即穿地陷獸之阱也。凡穿地陷獸者,必爲深阱,以樹枝交掩其上,而後覆以薄土,使獸過此不疑,易陷其中。今邊陲叢林中捕虎豹者猶多用此法,此凶字實象其事。凵乃阱也,㐅象樹枝交錯形。凶乃惡地,因引申爲凡惡之稱。

謹按:許解張注,均就字形立說,對✕的解說均嫌含混。✕在古文字中常表中空之意,如"鬲""网""㸚"、"凶"等。卷九《勹部》有"匈"字,許解"膺也,从勹凶聲"。疑此字本作"凶",凵像人胸部,✕表中空。勹是"人"字訛變乃後加形符,假借爲兇惡之凶。《凶部》所屬"兇"字,下從人作,當是人胸之本字。

【朩】　匹刃切　　今讀 pìn

許解:分枲莖皮也。从屮,八象枲之皮莖也。凡朩之屬皆从朩。讀若髕。

徐鍇《繫傳》:剝麻之剝也。

《段注》:謂分擘枲莖之皮也。(从屮)象枲莖。(八象枲皮)兩旁者,其皮分離之象也。

王筠《句讀》:謂分枲莖上之皮也。《廣韻》,朩,麻片,……八象皮。中象莖,全體象形字也,不可闌入會意。

《徐箋》:治麻必剝其皮,漚之以爲用,故从屮而八象分枲之皮也。

謹按:許解段注均甚清晰,"朩"係動詞。今口語"剝"字,轉陽聲讀"髕"。剝麻之活計輕鬆自在,故今關中口語,謂人懶散自在曰朩麻(pín má)。

【朮】　匹卦切　　今讀 pí(由 pia 音變來)

許解:萉之總名也。朮之爲言微也。微纖爲功。象形。凡朮之屬皆從朮。

《段注》:各本萉作葩,字之誤也。與《呂覽·季冬紀》注誤同,今正。《艸部》曰:"萉,枲實也。"蘬或萉字也。萉本謂麻實,因以爲苴麻之名。此句疑尚有奪字。當云治萉枲之總名。下文云"朮,人所治也",可證。

156

王筠《句讀》：桂、段、嚴三家皆曰：葩當作萉。《呂氏春秋》："織葩履"，案：即麻韏也。此亦萉譌葩者。

謹按：段注甚是。"朮"蓋治麻使細之動作，今口語曰劈，證以所屬之"枀"（散）字尤顯。今農村土法治麻即剝下之麻皮，向樹身或木椿上摔打，使之分散。又朮非從二朮，蓋像一朮分之爲二。"班""辨"二字亦如是，惟多分之工具為刀而已。

麻【麻】　　莫遐切　　今讀 má

許解：與朮同。人所治，在屋下。從广，從朮。凡麻之屬皆從麻。

徐鍇《繫傳》：在田野曰萉，實曰枲，加功曰麻。广、廡，屋也。與宀異，宀，交覆深屋也。此广蓋廡敝之形，於其下治麻。

《段注》：麻與枲互訓，皆兼苴麻、牡麻言之。……必於屋下績之，故從广。然則未治謂之枲，治之謂之麻，以已治之偁加諸未治，則統謂之麻。

謹按："朮""朮""麻"三字，皆係治麻動作。蓋剝枲莖皮曰朮，析朮使分曰朮，治朮使成繩曰麻。果如是，則當如段氏注"朮"之法，仍須於"枲也"上加"治"字，則文理自通。

尗【尗】　　式竹切　　今讀 shú

許解：豆也。象尗豆生之形也。凡尗之屬皆從尗。

《段注》：尗、豆古今語，亦古今字。此以漢時語釋古語也。《戰國策》："韓地五穀所生，非麥而豆，民之所食，大抵豆飯藿羹。"《史記》豆作菽。

王筠《句讀》：《禮記·投壺》曰："壺中實小豆焉，爲其矢之躍而出也。"豆字於經祇此一見。計倪子《內經》《國策》則有之矣。經皆謂之菽,《後漢書·光武紀》:"麻尗尤盛",此古字之僅存者。高注《淮南時則訓》曰:"菽,豆連皮也。"此漢時呼菽爲豆,因爲菽別作義也。《說林訓》注又曰:"菽,豆總名"。中一,地也。丨之通于上下者莖也,附于右者甲也……八當作⊙⊙,猶米當作半。豆之根有土豆,豐年則堅好,凶年則虛浮,故象之也。

《徐箋》:古蓋作㦱,象形。尗又作叔,从又者,采擷之意。因爲伯叔字所專,故別作菽。古食肉器謂之豆,無以尗爲豆者,自戰國以後乃有此僞。

謹按:豆,甲文作豆,金文作豆,乃古代盛肉器,與今日之豆義無涉,當是同音假借。"菽"古讀式沼切。《詩·豳風》菽與蕡、棗、稻爲韻,可證"菽""豆"二字古音甚近。

希【耑】　　多官切　　今讀 duān

許解:物初生之題也。上象生形,下象其根也。凡耑之屬皆从耑。

《段注》:題者,額也。人體額爲冣上,物之初見即其額也。古發端字作此,今則端行而耑廢,乃多用耑爲專矣。《周禮·磬氏》"已下則摩其耑",耑之本義也。《左傳》"履端於始",假端爲耑也。

王筠《句讀》:一者地也,山其耑也。不正者,與尗之上半同意,《禮記》所謂句者也。凡豆及瓜瓠桃李,初生皆如此。

《徐箋》:耑之言顛也。《頁部》:"題,額也。"額亦顛也。自其顛言之,則爲末;自其初生而言,則爲本,故耑訓爲末,亦訓爲本。《廣雅》:"耑,末也。"鄭注《禮器》:"端,本也。"引申爲凡始之僞。

謹按:甲文有㞢、㞢等字,學者隸定爲"耑"。下像根形,與丕同,上作ㄓ旁有數點,顯然是"之"字。如依許解:"之,出也",則與"上象生形"意自通。如釋之爲"止",以ㄓ爲足,則當釋爲起步,即行動之始。而地下之

· 158 ·

根,ⱽ旁之點,均費解,待考。

韭【韭】　　舉友切　　今讀 jiǔ

許解:菜名。一種而久者,故謂之韭。象形,在一之上。一,地也。此與耑同意。凡韭之屬皆从韭。

《段注》:"韭,菜也,一種而久者也,故謂之韭"。此與說禾同例。韭、久疊韵……耑亦象形,在一之上也。耑下不言"一,地也。"錯見互相足。

《徐箋》:《繫傳》曰:"韭,刈之複生"。異於常艸,故皆自爲字也。

張舜徽《約注》:許云"一種久生,故謂之韭",猶麥下云"秋穜厚薶,故謂之麥";皆所以明是物得名之由。他菜須歲歲穜之,惟韭一種可歷多年,故受義與久同原。俗稱韭爲懶人菜,以其一種永生,不須多勞人力也。

謹按:"久""韭"二字,《廣韻》同屬見紐有韻,古音同。韭菜割而後生,可歷多年,俗稱宿根。較之他菜,歷時爲久,因以命名,張說甚是。

瓜【瓜】　　古華切　　今讀 guā

許解:㼌也。象形。凡瓜之屬皆从瓜。

張舜徽《約注》:瓜與果雙聲,皆以音狀其物形之圓。瓜之音衍長則爲瓜蓏,果之音衍長則爲果蓏也。

謹按:瓜,金文作⟨⟩。⟨⟩像瓜形,⟨⟩像瓜蔓。如只作⟨⟩,則難斷其必爲瓜,故作瓜藤形以輔之。如以語源推之,疑當與"鼓"有關,狀其飽滿凸出之形。

瓠【瓠】　　胡誤切　　今讀 hù

許解:匏也。从瓜,夸聲。凡瓠之屬皆从瓠。

《段注》:《包部》曰:"匏,瓠也",二篆左右轉注。《七月》傳曰:"壺,瓠也。"此謂叚借也。

王筠《句讀》:今人以細長者爲瓠,圓而大者爲壺盧,古無此別也。《詩》"八月斷壺",李時珍引孫愐《唐韻》曰:"瓠音壺,又音護。瓠𤬛,瓢也。"徐鉉但引《唐韻》胡誤切。習熟時音,引之不備也。

謹按:許解:"瓠,匏也。"蓋統言之也,析言之則分。陸佃《埤雅》說:"長而瘦上曰匏,短頸大腹曰瓠。瓠性甘,匏性苦,故《詩》曰'匏有苦葉'。《左傳》叔向曰'苦匏不材於人,共濟而已'。後人皆合匏瓠爲一。"王筠謂細長者爲瓠,恐另一種。其形類絲瓜,可食。

【宀】　武延切　今讀 mián

許解:交覆深屋也。象形。凡宀之屬皆从宀。

徐鍇《繫傳》:象屋兩下垂覆也。

《段注》:古者屋四注,東西與南北皆交覆也,有堂有室是為深屋。

謹按:宀,甲文作⌒、∧,像高屋側視之形。||像牆,∧像屋蓋交覆之形。此処"深"字蓋指屋内面積,今人仍謂之進深。面積大,故屋蓋須交覆也,因用以狀物之深。"宀"猶幕也,取其覆蓋之意,故"宀""冖""冂""幕"諸字,皆雙聲義近。

【宮】　居戎切　今讀 gōng

許解:室也。从宀,躳省聲。凡宮之屬皆从宮。

《段注》:《釋宮》曰:"宮謂之室,室謂之宮。"郭云:皆所以通古今之異語,明同實而兩名。按:宮言其外之圍繞,室言其内。析言則殊,統言不別也。

《徐箋》:鐘鼎文宮字屢見,皆从二口,不从呂。阮氏款識刊宮尊作

㊉,疑象室有窗牖之形。

謹按:宮,甲文作㊉、㊉等,或作㊉、㊉,金文作㊉、㊉等。㊉像交覆深屋,㊉,于省吾以爲"雍"之本字(見《甲骨文字釋林·釋㊉》),乃祭禮所薦之熟食。准此,則宮當作从宀㊉聲。

呂【呂】　　力舉切　　今讀 lǚ

許解:脊骨也。象形。昔太嶽爲禹心呂之臣,故封呂矦。凡呂之屬皆从呂。㊉,篆文呂,从肉,从旅。

《段注》:呂象顆顆相承,中象其系聯也。沈氏彤《釋骨》曰:"項大椎之下二十一椎通曰脊骨,曰脊椎,曰膂骨,或以上七節曰背骨,第八節以下乃曰膂骨。"

王筠《釋例》:呂,脊骨也。脊骨二十一椎,不勝象也。象其兩兩相連而已,其中系之者筋也。《玉篇》呂字及從呂者,皆省其系,非也。

謹按:呂,甲文作呂、呂,金文作㊉、㊉,中間皆不相連。"呂"承《宮部》,以據形繫聯原則例之,恐許氏誤以"呂"與"㊉"爲一字。

穴【穴】　　胡決切　　今讀 xué

許解:土室也。从宀,八聲。凡穴之屬皆从穴。

《段注》:引伸之凡空竅皆爲穴。

王筠《句讀》:《詩·綿》疏引室作屋,《易》:"上古穴居而野處。"

《徐箋》:古者巢居穴處,以穴爲室,故後來製字穴即从宀。

謹按:甲文、金文均無獨用之"穴"字。甲文"突"作㊉、㊉。金文"寫"作㊉,"竈"作㊉,"空"作㊉。諸字字頭,當是"穴"字。八與宀緊連,似是穴上所鑿氣孔,不是"八"字。今陝北鄉間土窰,仍有作此狀者,可證。

𡪲【寢】　　莫鳳切　　今讀 mèng

許解：寐而有覺也。从宀，从疒，夢聲。《周禮》："以日月星辰占六寢之吉凶：一曰正寢，二曰噩寢，三曰思寢，四曰悟寢，五曰喜寢，六曰懼寢。"凡寢之屬皆从寢。

徐鍇《繫傳》：寢之言蒙也，不明之皃。疒者倚著也，宀，屋也。臥安則寢多也。宣王考室之詩曰："上莞下簟，乃安斯寢。其寢維何？"六寢之解具於《禮》注。

《段注》：寐而覺，與醒字下醉而覺同意。今字叚夢為之，夢行而寢廢矣。宀者，覆也。爿者，倚著也。夢者，不明也，夢亦聲。

謹按："夢""瞢""矇"皆有視覺不明之義。人做夢，迷離恍惚，似醒非醒，亦不明之狀，故許解為寐而有覺。

疒【疒】　　女戹切　　今讀 nè

許解：倚也。人有疾病，象倚箸之形。凡疒之屬皆从疒。

《段注》：倚與疒音相近。

王筠《句讀》：……小徐作痾也。痾者疴之俗字。《廣韻·十陽》："疒，病也。"《二十一麥》："疒，疾也。"皆與疴同意。

《徐箋》：疒象臥寢。爿即古牀字。人有疾則臥時多，故凡疾病字皆用為偏旁。……且女戹切，亦非疾之本音，則讀與匿同。高誘注《呂覽·論人》云："匿猶伏也"，即睡臥之義也。

謹按：疒，甲文作 𤕫、𤕻，像人仰臥床上之形。小篆疒將人訛作一，臥病之形遂失。小徐改"倚"為"痾"，意在聲義皆通。

冖【冖】　　莫狄切　　今讀 mì

許解：覆也。从一下垂也。凡冖之屬皆从冖。

《段注》:覆者,蓋也。一者所以覆之也,覆之則四面下垂。《廣韻》引《文字音義》云:"以巾覆,从一下垂。"

王筠《句讀》:冖,即《巾部》幎字,《廣雅》:"幎,覆也。"《周禮》注:"以巾覆物曰幎。"案:冥從冖聲,幎又從冥聲,其音亦一貫也。

謹按:冖,戰國文字作𠔼,像幔、幕下覆之形。引申之凡用布類覆物皆曰"冖",音轉爲幎,爲幔。京郊謂竊人什物藏衣被中曰幎,讀如祕。

冃【冃】　　莫保切　　今讀 mǎo

許解:重覆也。从冂、一,凡冃之屬皆从冃。讀若艸苺苺。

《段注》:下一覆也,上又加冖,是爲重覆。

王筠《句讀》:冂又加一,故曰重也。竊疑冃冒蓋同字,古人作之有繁省耳,雖音有上去之別,古無此別也,以覓、覓二字推之可見。

謹按:段、王二氏,分析字形,均有可商。疑一當是繫之之巾,覆之而又繫之,故曰重覆,所屬"冃""冢"二字尤顯。今京郊謂覆物於他物之上,正讀如(mǎo)。

冒【冃】　　莫報切　　今讀 mào

許解:小兒蠻夷頭衣也。从冂;二,其飾也。凡冃之屬皆从冃。

《段注》:謂此二種人之頭衣也。小兒未冠,夷狄未能言冠,故不冠而冃……冃即今之帽字也。後聖有作,因冃以制冠冕,而冃遂爲小兒蠻夷頭衣。

张舜徽《約注》:即今所稱便帽也,以巾爲之,但取禦風寒耳。今老農老圃猶多著之,其初形蓋本作日,象實物之形。篆法力求勻整,變而爲冃,許乃說二爲飾,似非原意。

謹按:冃,古文無獨用例。"冒"金文作𦥑,睡虎地秦简作𧦝,字頭當

163

◁▶《說文》部首集注箋證

是"冃",爲"帽"之初文。

丙【兩】　良獎切　今讀 liǎng

　　許解:再也。从冂,㒳。《易》曰:"參天兩地。"凡兩之屬皆从兩。

　　《段注》:《再部》曰:再者,一舉而二也。凡物有二,其字作兩不作兩。兩者,二十四銖之偁也。今字兩行而㒳廢矣。(从冂)覆其上也。《入部》曰:"从,二入也,㒳从此。"與此正相印合。而鉉本此作"从一,闕",其誤甚矣。(从丨)二字今補,蓋爲二入之介也。

　　朱駿声《定聲》:疑象權衡形,左右相比,故爲二。

　　王筠《句讀》:竊臆揣之,此指事字也,冂爲界,丨以分爲兩區,而入其中者各占一區。

　　謹按:兩,金文作𠕒、𠕋。字的結構,當從《段注》:"从冂,从从,从丨。"字的形義,當參考王說:"冂爲界,丨以分爲兩區。"从則應爲聲符,冂表區域中分,全等,即"兩"字之準確含義。凡稱兩者皆如是,例如兩耳、兩眼、兩腮、兩肩、兩手、兩足等。近代學者有本朱駿聲之說,認爲是二个(古錢形)相并如从;有于省吾根據古"車"字作𨏉者,認爲从即古"車"字之部分。均有參考價值。

网【网】　文紡切　今讀 wǎng

　　許解:庖犧所結繩,以漁。从冂,下象网交文。凡网之屬皆从网。𠔿,网或从亡。䋄,网或从糸。㓁,古文网。䍏,籀文网。

　　《段注》:"以田"二字依《廣韻》《太平御覽》補。《周易·繫辭》傳文……从象网目。

　　謹按:网,甲文作𠔿、𠕃等形,像網形,是整體象形字。

㔯【襾】　　呼訝切　　今讀 yà

許解：覆也。从冂，上下覆之。凡襾之屬皆从襾。讀若晉。

《段注》：下字賸。冂者，自上而下也。凵者，自下而上也，故曰上覆之。覆者，葢也。从一者，天也，上覆而不外乎天也。

王筠《句讀》：冂，覆也。襾之覆，則兼葢覆二義，謂反覆覆葢之也。部中所轄三字，皆反覆義，惟覆兼覆葢義。……冂是正冂，自上覆乎下，凵是倒冂，自下覆乎上，謂包物者反覆裹之也。上加一者，包物必有已時，故以一終之，此指事字也。

張舜徽《約注》：襾訓覆，與宀下訓"交覆深屋"之覆同，皆謂屋宇之下覆也。䜟乃春夏之夏本字。

謹按："襾"不見於甲、金古文，當是後出字。據形觀察，王說較段氏爲長，惟就"一"字解說與段同，皆臆說也。張舜徽以音求之，較優，但苦無確證。今農村做豆腐或豆腐絲者，將漿煮好後，置器中，包以巾，蓋上再加大石以壓之，俗稱壓豆腐，壓豆腐絲，正作此狀。其他如軋飴餎，亦作上下合壓之形，與"襾"字形、音、義皆合，當是本義。漢時已有此類豆製品，可爲佐證。

巾【巾】　　居銀切　　今讀 jīn

許解：佩巾也。从冂，丨象系也。凡巾之屬皆从巾。

《段注》：帶下云：佩必有巾。佩巾，《禮》之紛帨也。鄭曰：紛帨，拭物之佩巾也。按：以巾拭物曰巾，如以帨拭手曰帨。……《玉篇》曰："本以拭物，後人著之於頭。"巾可覆物，故从冂。

王筠《句讀》：《內則》："左佩紛帨。"紛帨，即帉帥也。

饒炯《部首訂》：巾之爲物或拭或覆，皆以幅布、幅帛製之，而許書說爲佩巾者,緣篆外冂象巾體,中丨象系,與"玉"同意,凡巾惟佩者有系。

謹按:巾,甲文作 ⼱、⼱,金文作 ⼱、⼱。許解段注均謂佩巾,恐不賅備,巾亦可用以蒙頭。《方言》:"覆結謂之幘巾。"《釋名》:"巾,謹也。二十成人,士冠、庶人巾,當自謹修於四敎也。"《急就》:"巾者,一幅之巾,所以裹頭也。"巾,又可作被巾。《方言》:"帍裱謂之被巾",注:"婦人領巾也",可證。"巾"非佩巾之專用字,疑古代凡用布帛作包羃者,皆可謂之巾。

市【市】　分勿切　今讀 fú

許解:韠也。上古衣蔽前而已,市以象之。天子朱市,諸矦赤市,大夫葱衡。从巾,象連帶之形。凡市之屬皆从市。韍,篆文市,从韋,从犮。

《段注》:《韋部》曰:"韠,韍也。"二字相轉注也。鄭曰:"韠之言蔽也。韍之言亦蔽也。"祭服稱韍,玄端服稱韠。鄭注《禮》曰:"古者佃漁而食之,衣其皮,先知蔽前,後知蔽後,後王易之以布帛,而獨存其蔽前者,不忘本也。"

王筠《句讀》:轉注通其名也。鄭注《詩·采菽》曰:"芾,太古蔽膝之象也。"冕服謂之芾,其它服謂之韠。芾者,市之或體,亦借黻紼爲之。

謹按:市,金文作 市、市,像繫巾於腰之形。《急救篇》"襌衣蔽膝布丹縳",注:"蔽膝者,於衣裳上著之,以蔽前也。"疑市即後世之圍裙,廚師、匠人、工人,勞動時常用之,古代用爲勳爵標誌。

帛【帛】　旁陌切　今讀 bó

許解:繒也。从巾,白聲。凡帛之屬皆从帛。

徐鍇《繫傳》:當言白亦聲,脫亦字也。

戴侗《六書故》:帛,素繒也。

謹按：帛，甲文作🅰、🅱等形，金文作🅲、🅳，就字形言之，"白"字似有表義作用。帛是素繒，故从白巾會意。

白【白】　　旁陌切　　今讀 bái

許解：西方色也。陰用事，物色白。从入合二；二，陰數。凡白之屬皆从白。㿟，古文白。

《段注》：出者陽也，入者陰也，故从入。

《徐箋》：白从入二，義不可通，以古文證之則其非入二明矣。古鐘鼎文多作㿟，無从入二者。《皀部》云："皀，穀之馨香也，象嘉穀在裹中之形，匕所以扱之。"是皀之上體白，正象米粒，即白字也。

謹按：白，甲文作🅰、🅱，金文作🅲、🅳等。"入"字甲文作入、人等形，金文作入，二字無相似之點，許解从入合二，有嫌穿鑿。徐灝引"皀"字證"白"字爲穀粒，可取。近代學者，多有謂"白"爲大拇指者，即巨擘。形、音、義皆近，可供參考。

㡀【㡀】　　毗祭切　　今讀 bì

許解：敗衣也。从巾，象衣敗之形。凡㡀之屬皆从㡀。

徐鍇《繫傳》：衣敗零落也，中畫當上下通徹，今人或上爲小，皆非是。

《段注》：此敗衣正字，自敝專行而㡀廢矣。

王筠《句讀》：《廣雅》："㡀，敗也"，然則是通語也。許言衣者，爲其從巾也。

謹按：㡀，甲文作🅰、🅱，像以手持杖，撲巾使之敗坏之形。本義當是動詞，"㡀"是"敝"字之省。

黹【黹】　　陟几切　　今讀 zhǐ

許解：箴縷所紩衣，从㡀，丵省。凡黹之屬皆从黹。

徐鍇《繫傳》：紩，刺繡也。业，象刺文也。

《段注》：箴當作鍼，箴所以綴衣，鍼所以縫也。紩，縫也。縷，綫也，絲亦可爲綫矣。以鍼貫縷紩衣曰黹。《釋言》曰："黹，紩也。"《皋陶謨》曰："絺繡。"鄭本作希，注曰："希讀爲黹。黹，紩也。"《周禮·司服》"希冕"鄭注引《書》"希繡"。又云："希讀爲黹，或作絺，字之誤也。"今本《周禮》注疏傳寫倒亂，今俗語云鍼黹是此字。按：許多云希聲而無希篆，疑希者古文黹也。

王筠《句讀》：衣蓋衍文，或也字之譌。《衣部》："褫，紩衣也。"其詞重紩，如此文則重衣矣。褫即黹之累增字。但言紩衣，此言箴縷者，爲從丵省張本也。《釋言》："黹，紩也。"《廣韻》曰："鍼縷所紩"，不言衣也。

謹按：黹，甲文作㡀，金文作㡀、㡀等形。像線條、花紋對稱的圖案，當是刺繡品，引申爲針黹活計。甲文、金文不从㡀。

卷　　八

𠤎【人】　　如鄰切　　今讀 rén

　　許解：天地之性最貴者也。此籀文。象臂脛之形。凡人之屬皆從人。

　　《段注》：……性，古文以爲生字。《左傳》"正德、利用、厚生"，《國語》作"厚性"是也，許稱古語不改其字。《禮運》曰："人者，其天地之德，陰陽之交，鬼神之會，五行之秀氣也。"又曰："人者，天地之心也，五行之端也，食味、別聲、被色而生者也。"按：禽獸、艸木皆天地所生，而不得爲天地之心，惟人爲天地之心，故天地之生此爲極貴。天地之心謂之人，能與天地合德，果實之心亦謂之人，能復生艸木而成果實，皆至微而具全體也。果人之字，自宋元以前《本艸》、方書、詩歌紀載，無不作人字；自明成化重刊《本艸》乃盡改爲仁字，於理不通，學者所當知也。

　　《徐箋》：大，象人正視之形；人，象側立之形，側立，故見其一臂一脛。薛氏《鐘鼎款識》王孫彝有𠂉字，宛然人立。鐘鼎文大字，亦多作🏃。由此推之，亻作𠃌，𠄎作𠄌，無不曲肖。可見造字之初，因物象形，本無奧義。後世穿鑿求之，而支離曼衍之說繁矣。

· 169 ·

謹按："人"字甲文作󰀀、󰀁，金文作󰀂等，均像人直立之形。古人造形，每突出特徵，人之別於其他動物者，在於直立，即前肢已進化爲手臂，古人蓋以知之審矣。

󰀃【匕】　　呼跨切　　今讀 huà

許解：變也。从到人。凡匕之屬皆从匕。

《段注》：變者，㪅也。凡變匕當作匕，教化當作化。許氏之字指也。今變匕字盡作化，化行而匕廢矣。《大宗伯》："以禮樂合天地之化，百物之產。"《注》曰："能生非類曰化，生其種曰產。"按：虞、荀注《易》，分別天變地化，陽變陰化，析言之也，許以匕釋變者，渾言之也。

朱駿聲《定聲》：倒子爲㐬，生也；倒人爲匕，死也。

謹按：甲文有化字，作󰀄、󰀅，而無匕字。化字从二人相倒，以示反常之意，引申爲變化。許氏蓋以毖、眞二字从匕，故立爲部首，非"化"字本作匕也。段、朱二氏說或非。"毖"字，甲文作󰀆，像一人行至路口，扶杖回顧，心有所毖之形，不从匕。"眞"字戰國文字多作󰀇，上从人，亦不从匕，可證。又許書所謂从倒某，从反某者，多指字形而言，如"㐬"从倒子，"尾"从倒毛在尸後。"匕"从反人，"比"从反从等，重點因不在義也。

󰀈【匕】　　卑履切　　今讀 bǐ

許解：相與比敘也。从反人。匕，亦所以用比取飯，一名柶。凡匕之屬皆从匕。

《段注》：比者，密也。敘者，次弟也。以妣籀作𡜪，祧或作䄆，秕或作𥝩等求之，則比亦可作匕也。此製字之本義。今則取飯器之義行而本義廢矣。相與比敘之意也。……且者，用也。用字衍。比，當作匕。漢人曰：匕黍稷、匕牲體，凡用匕曰匕也。匕，即今之飯匙也。《少牢・饋食禮》注:"所謂飯橾也。"《少牢·饋食禮》:"廩人概甑獻匕與敦",注曰:"匕所以匕黍稷者也。"此亦當即飯匙。按:《禮經》匕有二:匕飯、匕黍稷之匕蓋小,經不多見,其所以別出牲體之匕,十七篇中屢見。喪用桑爲之,祭用棘爲之。又有名疏,名挑之別,蓋大於飯匙,其形製略如飯匙,故亦名匕。鄭所云有淺斗,狀如飯橾者也。以之別出牲體謂之匕載,猶取黍稷謂之匕黍稷也。匕牲之匕,《易》《詩》亦皆作匕。《大東》傳、"震卦"王注皆云:"匕,所以載鼎實"是也。《禮記·襍記》乃作枇,本亦作枇,鄭注《特牲》引之,而曰"枇畢同材"曰"枇載"。蓋古經作匕,漢人或作枇,非器名作匕,匕載作枇,以此分別也。若《士喪》《士虞》《特牲》《有司》篇匕載字皆作枇,乃是淺人竄改所爲。鄭注《易》亦云:"匕牲體薦鬯",未嘗作枇牲體也。注中容有木旁之枇,經中必無。劉昌宗分別,非是。

王筠《釋例》:匕字蓋兩形各義,許君誤合之也。比敘之比,從反人,其篆當作ᒣ。部中ᑲ、ᑮ、卬、卓、皀从之。一名柶之匕,蓋本作ᒣ,象柶形,與勺篆作ᑲ相似,其物本相似也。勺之柄在下,匕之柄在上耳。部中匙、䞣、頃从之。其爲兩義較然明白。反人則會意,柶則象形,斷不能反人而爲柶也。乃許君合爲一者,流傳既久,字形同也。

謹按:王說甚精確。甲文取飯之匕作ᒣ、ᑲ,金文作ᒣ等,與容庚先生著《殷周青銅器通論》所載古匕形甚肖。上端爲柄,下端爲勺。柄上有枝,所以便掛置也。而表示女性之匕,甲文多作ᒣ,如ᒣᒣ、ᑲᒣ等所从。亦用於動物,如ᒣᒣ、ᒣᒣ等所从。ᑲ與ᒣ二字混而爲一,即所謂異物同形。又女性之ᒣ,似亦有柶音,"雌"從此得聲,"此"從匕得聲,可以爲證。

ᒣᒣ【从】　　疾容切　　今讀cóng

許解:相聽也。从二人。凡从之屬皆从从。

《段注》：聽者，聆也。引伸爲相許之偁。《言部》曰："許，聽也。"按：从者今之從字，從行而从廢矣。《周禮·司儀》："客从，拜辱於朝。"陸德明本如此。許書凡云从某，大徐作从，小徐作從。江氏聲曰："作从者是也。以類相與曰从。"

王筠《句讀》：……《西周策》："寡人請以國聽。"高《注》"聽，从也。"

謹按：从甲文作𠈌，金文作𠈌，像一人前，一人後，相隨行走之形，當是"从"之本字。引申而爲順从、聽从之意，故又加辵而制"從"字，專表本義，而以"从"表引申義等。

𠨍【比】　毗至切　今讀 bǐ

許解：密也。二人爲从，反从爲比。凡比之屬皆从比。𣬅，古文比。

《段注》：今韻平上去入四聲皆錄此字。要密義足以括之。其本義謂相親密也。餘義偩也、及也、次也、校也、例也、類也、頻也、擇善而从之也、阿黨也，皆其所引伸。許書無篦字，古衹作比，見《蒼頡篇》《釋名》《漢書·匈奴傳》。《周禮》或叚比爲庀。

張舜徽《約注》：比之本義，當爲二人並立。並立則近，故訓密也。古文作𣬅，从二大，大即人也，象二人並立之形。此與竝、竝二字皆雙聲，其義亦同。二人爲从，謂前後相隨也。比則左右相並，故曰"反从爲比"。比本爲二人並立之密，因引申爲凡密之稱。古梳篦字但作疏比，亦以其齒之疏密得名。

謹按：比，甲文作𠨍，金文作𠨍，像二人並立之形，張說甚是。許解反从爲比，指字形而言，非謂字義如是。"从"之反義爲違，當是下文"北"字。

𠦬【北】　博墨切　今讀 bèi

許解：乖也。从二人相背。凡北之屬皆从北。

《段注》：乖者，戾也。此於其形得其義也。軍奔曰北，其引伸之義也，謂背而走也。韋昭注《國語》曰："北者，古之背字。"又引伸之爲北方。《尚書·大傳》《白虎通》《漢·律曆志》皆言："北方，伏方也。"陽氣在下，萬物伏藏，亦乖之義也。

唐蘭《釋四方之名》：北由二人相背，引申而有二義：一爲人體之背，一爲北方。蓋古代建物多南向，則南方爲前，北方爲後，人恒向南而背北，北方之名以是起矣。

謹按："北"字甲文作𠆢，金文作𠈌，均同篆文，像二人相背之形。相背則不聽從，乖也。"北"爲"从"字之反義，爲"背"之初文。許解不誤，段、唐二氏說則尤明。

𠀁【丘】　　去鳩切　　今讀 qiū

許解：土之高也，非人所爲也。从北，从一。一，地也，人居在丘南，故从北。中邦之居，在崐崘東南。一曰：四方高，中央下爲丘。象形。凡丘之屬皆从丘。坖，古文从土。

王筠《句讀》：丘山不以大小分，而以土石分。本句合下句乃盡丘字之義，大徐加"也"字，非。《釋丘》："絕高爲之京，非人爲之丘。"言人力爲之者，雖絕高，亦謂之京，不謂之丘。地自然生者，乃曰丘也。

《徐箋》：此字說解未確。蓋因字之上體與北同，遂誤認爲从北从一。又因《山海經》言昆侖虛在西北，遂以爲中邦之居在昆侖東南。取義迂遠，非其指也。《爾雅·釋丘》云："絕高爲之，京；非人爲之，丘。"乃指墟墓言，非丘字本義。許君蓋亦知其未確，故又載一說以爲象形。然四方高，中央下，爲形亦猶未合。丘之形或有四方高，中央下者，而非凡丘皆然也。今按：戴氏侗曰："𠆢𠆢，小山。故其文眡山而殺。"是也。嶽，古文作𡾲，其上即丘字。漢隸𡴾字正从丘。岳形高峻，故以小山加於大山也。《爾雅·釋山》《釋丘》各自爲篇，正以丘爲小山之通名，故別著之。

謹按："丘"字甲文作 ⚊、⚊，純象形。據形觀測，徐說近是。

【乑】　　魚音切　　今讀 yín

許解：眾立也。从三人。凡乑之屬皆从乑。讀若欽崟。

《段注》：《玉篇》作眾也。會意。《國語》曰："人三爲眾"。

張舜徽《約注》：……說者或謂乑即眾之初文，以《國語》"人三爲眾"解之，非也。……乑象直立之形，乑象眾立之形，實即一語，故乑字古讀與乑同。

謹按：乑，甲文作乑，金文作乑，同小篆。以字例推之，當與"森""淼""磊""犇""羴"等同義，意指人多也。所屬之字"眾""聚""臮"，亦皆含眾義，可證。"立"字恐系衍文。

【壬】　　他鼎切　　今讀 tǐng

許解：善也。从人、士。士，事也。一曰：象物出地，挺生也。凡壬之屬皆从壬。

徐鉉等曰：人在土上，壬然而立也。

《段注》：會意。……說从士之意；人各事其事，是善也。壬、挺疊韻，此說象形，與前說別。上象挺出形，下當是土字也。古土與士不甚可分如此。

謹按："壬"字甲文作 ⚊、⚊，正如徐鉉所說，人在土上挺然而立也。所屬之"朢"字，甲文作⚊，亦像人立土堆上，張目而望之形。從人，從土者，當別聲一字，因形近混。

【重】　柱用切　　今讀 zhòng

許解:厚也。从壬,東聲。凡重之屬皆从重。

《段注》:厚者,㫗也,厚斯重矣。引伸之爲鄭重、重疊。古祇平聲,無去聲。

王筠《句讀》:壬從土,土者地也。重濁爲地,厚德載物。

謹按:重,金文作等形,當以爲准。另兩形顯有省略,小篆从壬東聲,字形不誤,王說亦有可取之處。但依金文仔細觀察,似當作會意解,从人,从東,从土,東即無底之囊,(甲文作)人負東立土上,故可表示重(負重)之意。

【臥】　吾貨切　　今讀 wò

許解:休也。从人、臣,取其伏也。凡臥之屬皆从臥。

《段注》:伏大徐作休,誤。臥與寢異。寢於床,《論語》"寢不尸"是也。臥於几,《孟子》"隱几而臥"是也。臥於几,故曰伏。尸篆下曰"象臥之形"是也。此析言之耳,統言之則不別。故《宀部》曰:"寑者,臥也"。《曲禮》云:"寢毋伏",則謂寢於床者毋得俯伏也。引伸爲凡休息之偁。

饒炯《部首訂》:臥爲寢息之名,說解訓休,正其本義。

謹按:段改"休"爲"伏"甚是。"臥"字甲、金文皆無。似與"監"字有關。監字,甲文作、,金文作,像一人低頭張目,俯伏於皿前自照,字頭與"臥"字全同。臨皿自照,與隱几而臥均需俯身低頭,而特徵在目(監取其張,臥取其閉),故其象偶同。可知,"臥"之本義當指人低首俯身之形。

◁▶《說文》部首集注箋證

【身】　失人切　今讀 shēn

許解：躳也。象人之身。从人，厂聲。凡身之屬皆从身。

《段注》：……大徐作"象人之身。从人厂聲"。按：此語先後失倫。厂古音在十六部，非聲也。今依《韻會》所據小徐本正。《韻會》"从人"之上有"象人身"三字，亦非也。申，籀作㔾，故从其省爲聲。

李孝定《集釋》：契文从人而隆其腹，象人有身之形，當是身之象形。

謹按：身，大徐本之厂聲之說固誤，而段以爲不當像人身，當云"申省聲"，則更誤。"身"字甲文作ᐟ等形，金文作ᐟ、ᐟ，像一人挺胸隆腹而直立之形，正象許解所言，象人之身體之形。隆其腹者，意在強調人之體也，以別於"人"字也。則字爲整體象形，而非形聲也。金文下部之"一"，顯是後加的飾件，與形、義無關。小篆則又訛"一"爲厂，許氏誤以爲聲符也。

【𠂤】　於机切　今讀 yī

許解：歸也。从反身。凡𠂤之屬皆从𠂤。

王筠《句讀》：與依同訓，則𠂤即古依字也。《中庸》："壹戎衣"，鄭《注》："衣讀如殷，聲之誤也。齊人言殷聲如衣。"

張舜徽《約注》：𠂤、衣聲義同原。衣謂寢衣；𠂤之本義，則謂人之就寢也。

謹按："𠂤"字古籍中無獨用例，甲、金文亦未見著錄。但金文中有从𠂤之"殷"字，作ᐟ或ᐟ，則知"𠂤"與"身"本爲一字，甲、金文正反每不分。"殷"字，許解："作樂之盛稱殷。从𠂤，从殳。"以金文字形觀測，像一人掛鼓腹前以殳擊之之形。或从∩者，指擊鼓之處，古籍中常用以表示連續撞擊之聲。如，《詩》"殷其雷"，《禮》"殷殷田田，如壞牆然"是也。殷

· 176 ·

殷或作咽咽,如《詩》"鼓咽咽,醉言歸"。許解:"肙,歸也",或爲肙之後起之義。

【衣】　　於稀切　　今讀 yī

許解:依也。上曰衣,下曰裳。象覆二人之形。凡衣之屬皆从衣。

《段注》:疊韻爲訓。依者,倚也。衣者,人所倚以蔽體者也。……孫氏星衍曰:"當作二𠂆。𠂆,古文肱也。"玉裁謂:自人部至此部及下文老部、尸部字皆从人;衣篆非從人,則無由次此。故楚金《疑義篇》作仐,云《說文》字體與小篆有異,今人小篆作仐,乃是變體求工耳。下文表、襲、袤、裔四古文皆从仐,則知古文从二人也。今人作卒字亦从二人,何以云覆二人也?云覆二人則貴賤皆覆,上下有服而覆同也。

羅振玉《增考》:蓋象襟袵左右掩覆之形。

謹按:衣,甲文作仐、仐等,金文作仐,上像衣領,中像兩袖,下像衣緣,乃整體象形,羅說是也,不从人,許、段皆誤。

【裘】　　巨鳩切　　今讀 qiú

許解:皮衣也。从衣,求聲。一曰象形,與衰同意。凡裘之屬皆从裘。求,古文省衣。

《段注》:各本作从衣,求聲,一曰象形,淺人妄增之也。裘之制毛在外,故象毛文。

謹按:注家多從段說,恐誤。"裘"字甲文作仐,像長毛皮衣之形,爲象形字無疑。與衣不同者,在其有毛也。至金文,才有裘等形。其爲裘者,顯然是"裘"之初文仐加求聲而爲之,因其有聲符可別於衣。故省其毛而爲裘,至若求者,則顯然省形借聲之字,必非"裘"之初文,因"裘"之初文作仐也。

177

【老】　盧皓切　今讀 lǎo

許解:考也。七十曰老。从人、毛、匕,言須髮變白也。凡老之屬皆从老。

《段注》:音化。按:此篆蓋本从毛、匕,長毛之末筆,非中有人字也。《韻會》無人字。

《徐箋》:老之言考也,考,成也。"七十曰老",《曲禮》文。

謹按:"老"字甲文作🦯等形,金文作🦯等,金文字形有變。以甲文而論,像一長髮人手中扶杖之形,爲全體象形,非从人、毛、匕也。金文訛手扶杖形爲匕,當是小篆从匕之所本,段注謂"非中有人字也",非溯矣。

【毛】　莫袍切　今讀 máo

許解:眉髮之屬及獸毛也。象形。凡毛之屬皆从毛。

《段注》:眉者,目上毛也。髮者,首上毛也。而者,須也。須者,頤下之毛也。髯者,頰須也。髭,口上須也。及獸毛者,貴人賤畜也。

《徐箋》:人獸曰毛,鳥曰羽,渾言通曰毛。引申之,草木亦謂之毛。毛,象形。

張舜徽《約注》:毛之言麻也,麻者微也。故凡物之細微者,皆得謂之毛。毛、麻受義同原,惟語音稍轉耳。毛之本義,自指纖微之物言,故許以眉髮獸毛爲釋。至於鳥羽,與毛實殊,聲義異源矣。

謹按:毛,金文作🦯等,與篆文類,爲整體象形字,許解是也。凡細小而輕小之物,皆可稱毛。

【毳】　此芮切　今讀 cuì

許解:獸細毛也。从三毛。凡毳之屬皆从毳。

《段注》：《掌皮》注曰："毳毛，毛細縟者"。毛細則叢密，故从三毛，眾意也。

朱駿聲《定聲》：今蘇俗謂之底絨。

謹按："毳"字金文作👣等形，與小篆同。毳細于毛，若从三毛，並無細意，疑當理解爲析一毛而爲三毛之意，一分爲三則曰細矣。類此者如艸（析屮爲二）、88（析8爲二）、班（析玉爲二）、辨（析辛爲二）等，皆有此意。

尸【尸】　　式脂切　　今讀 shī

許解：陳也。象臥之形。凡尸之屬皆从尸。

《段注》：陳當作敶。《攴部》曰："敶，列也。"《小雅·祈父》傳曰："尸，陳也。"按：凡祭祀之尸訓主。《郊特牲》曰："尸，陳也。"注曰："此尸神象，當从主訓之，言陳非也。"玉裁謂：祭祀之尸本象神而陳之，而祭者因主之，二義實相因而生也，故許但言陳。至於"在牀曰屍"，其字从尸从死，別爲一字，而經籍多借尸爲之。

王筠《句讀》：……各本篆作尸，案：本當作尸，橫陳之人也。有從之者，始垂一足而作尸也。

謹按：尸字甲文作↶等形，金文作↷等，像一人伸腿舒足之形，橫向，則爲⟶，橫陳之形自明。豎看則作↷，踞坐之形自明，與亻像直立之形，↷像長跽之形有別。古文"夷"爲一字，即"體"之本字。尸，徐注式脂切，《廣韻》屬書紐脂韻，古歸端紐，音正如體。古代祭禮之尸，亦當讀如體，即後世所謂替身。鄉間常謂爲鬼神所憑曰附體，皆祭禮之尸之古音遺留。

尺【尺】　　昌石切　　今讀 chǐ

許解：十寸也。人手卻十分動脈爲寸口。十寸爲尺。尺，所以指尺規榘事也。从尸，从乙。乙，所識也。周制寸、尺、咫、尋、常、仞諸度量，皆以人之體爲法。凡尺之屬皆从尺。

《段注》：寸，十分也。《禾部》曰："十髮爲程，一程爲分，十分爲寸。"又曰："律數十二，十二禾秒而當一分。十分而寸。"《漢志》曰："九十分黃鐘之長，一爲一分，十分爲寸，十寸爲尺，十尺爲丈，十丈爲引"，而五度審矣。

張舜徽《約注》：……尺之言識也，謂度物十寸，則標識其處。

謹按：古代沒有度長短之具，以人體爲法。《孔子家語》："布指知尺，舒肱知尋。"所論可信。今京郊鄉人，粗計長短時，仍有以人體爲法者，如將拇指和中指伸開，度物之長曰一拃（擸、拃，zhā），兩臂伸開，度物之長曰一庹（tuǒ）。"拃"（擸、拃）與"尺"音相近。"尺"是後出字，古文可證。从尸即从體，从乙之意不詳，待考。

尾【尾】　　無斐切　　今讀 wěi

許解：微也。从到毛在尸後。古人或飾系尾，西南夷亦然。凡尾之屬皆从尾。

《段注》：微，當作散。散，細也。此以疊韻爲訓。如"門，捫也"；"戶，護也"之例。《方言》曰："尾，盡也"；"尾，梢也。"引伸訓爲後，如《晉語》："歲之二七，其靡有微兮。"古亦叚微爲尾。

王筠《釋例》：以尸象臥形推之，知尸當作𡱂。以𡱂从𡱂推之，知尾當從𡱂，蓋皮之省文，非尸也。似許君誤合之。

張舜徽《約注》：尾之从𡱂，與𡱂同意，皆从皮省，王說是也。上古田獵之世，得獸而剝取其全皮，皆留其尾。大至虎豹，小至鼬貍，靡不皆然。今獵人猶存此法，縣其皮而尾在下。尾字从到毛在皮下，蓋取象於此。尾於全皮中爲最小，故古人多以微訓尾。

謹按："尾"字甲文作🐾，上从尸（古體字），下作尾形。其尾之義指尸之🐾也，即所謂倒毛者也；上邊之𠂇是輔助成分，示之所在。許解："古人或飾系尾"，張曰：尸爲皮省，證之甲文，顯誤。又所謂"从倒毛"者，非謂尾上之毛例生也，乃謂🐾像"毛"字之倒寫也。

履【履】　　良止切　　今讀 lǚ

許解：足所依也。从尸、从彳、从夊。舟象履形。一曰尸聲。凡履之屬皆从履。䩕，古文履从頁从足。

《段注》：古曰屨，今曰履；古曰履，今曰鞵，名之隨時不同者也。引伸之訓踐，如"君子所履"是也。又引伸之訓祿，《詩》："福履綏之。"毛傳曰："履，祿也。"又引伸之訓禮。《序卦》傳、《詩·長髮》傳是也。

張舜徽《約注》：履之訓祿訓禮，皆爲雙聲通假，不得謂爲引申也。履字从尸，當爲皮省。蓋析言之，以皮成者曰履，故履字从皮；渾言之，則以草或麻成之者，皆得謂之履，故本部諸文，不皆皮履也。

謹按：許解"舟象履形"，此語極爲珍貴。蓋舟、履二物，大小迥異，而形狀卻極似，施之文字，則無長短之別矣。此古文字異物同形之例也。尸像人體，夊像人足，彳表行動，皆與"履"有關。張說从皮省恐非。《詩·魏風·葛屨》："糾糾葛屨，可以履霜。"屨固不必以皮爲之也。段意"屨"原系名詞，"履"是動詞，可取。上引《詩》文，兩字同在一句中出現，名、動不同，可爲確證。

舟【舟】　　職流切　　今讀 zhōu

許解：舟，船也。古者共鼓、貨狄刳木爲舟，剡木爲楫，以濟不通。象形。凡舟之屬皆从舟。

《段注》：《邶風》："方之舟之。"《傳》曰："舟，船也。"古人言舟，漢人言船,毛以今語釋古,故云舟即今之船也。不傳於《柏舟》而傳於此者,以見方之爲泭而非船也。郭注《山海經》曰:"《世本》云:共鼓,貨狄作舟。"《易·繫辭》曰:"刳木爲舟,剡木爲楫。舟楫之利,以濟不通,致遠以利天下,蓋取諸渙"。共鼓、貨狄、黃帝、堯、舜閒人。貨狄疑即化益,化益即伯益也。《考工記》故書舟作周。

朱駿聲《定聲》曰:"舟字象形,與目、壬、車、馬等字同。橫形直作。舟之始,古以自空大木爲之曰俞,後因集板爲之曰舟。

謹按:舟,甲文作🚣等形,金文作🚢等,整體象形。舟以渡爲用。《易·繫辭》:"舟楫之利,以濟不通。"《爾雅·釋言》:"濟,渡也。"本書《水部》:"渡,濟也。"二字互訓。舟,職流切,《廣韻》屬章紐尤韻。渡,徒故切,《廣韻》屬定紐暮韻,二字古雙聲,韻亦相近,疑"舟"以其用得名。

方【方】　　府良切　　今讀 fāng

許解:併船也。象兩舟省緫頭形。凡方之屬皆从方。𣳦,方或从水。

《段注》:《周南》:"不可方思";《邶風》:"方之舟之",《釋言》及《毛傳》皆曰:"方,泭也"。今《爾雅》改方爲舫,非其義矣。併船者,並兩船爲一。《釋水》曰:"大夫方舟",謂併兩船也。泭者,編木以爲渡,與併船異事。何以毛公釋方,不曰併船而曰泭也?曰:併船、編木其用略同,故俱得名方。方舟爲大夫之禮,《詩》所言不必大夫,則釋以泭可矣。若許說字,則見下從舟省而上有竝頭之象,故知併船爲本義,編木爲引伸之義。又引伸之爲比方,"子貢方人"是也。《秦風》"百夫之防",毛曰:"防,比也。"謂防即方之假借也。又引伸之爲方圓、爲方正、爲方向。又假借爲旁。《上部》曰:"旁,溥也。"凡今文《尚書》作旁者,古文《尚書》作方,爲大也。《生民》:"實方實苞",毛曰:"方,極畝也。"極畝,大之意也。又假借爲甫,《召南》"維鳩方之",毛曰:"方之,方有之也。"方有之猶甫有之也。

　　王筠《句讀》：……毛《傳》："方，泭也。"與許言船不同者，方祇是併。《淮南子》："窬木方版以爲舟航。"是也。併船以爲之，與併眾木以爲之，其事同。毛言泭，泛言之；許言船，爲字從兩舟省也。《齊語》"方舟設泭"，韋《注》："方，併也。"字又作舫，《釋言》："舫，泭也。"《通俗文》："連舟曰舫，併兩舟也。"又作放，《荀子》："不放舟，不避風，則不可涉也。"《注》："放，讀爲方"。惟方是併，故凡併皆曰方。

　　謹按：許謂"並船者"，當解爲並眾木而成之船。即毛所謂"泭也"，今所謂筏也，非並二舟於一起之義也。段氏以爲本義爲並二舟於一，並木爲泭爲引申義，則非也。造舟造筏之時，必先于大夫並舟之禮也。"方"字甲文作丩、屮等，金文亦作丩、屮等，像用凵將丿綁在一塊之形。凵，在甲金文中，有綁縛之意。如彔（尋）、帚（帝）、录（錄）、受（受）等。蓋"方"即後世之綁木所成之木筏、木排也，並二舟於一當是後起之義。筏需要綁並而成，故"方"作動詞則爲綁也，並也；作名詞則爲泭也，筏也。

【儿】　　如鄰切　　今讀 rén

　　許解：仁人也。古文奇字人也。象形。孔子曰："在人下，故詰屈。"凡儿之屬皆从儿。

　　戴侗《六書故》：儿、儿非二字，特因所合而稍變其勢，合於十者，若伯若仲，則不變其本文而爲儿；合於下者，若兒若見，則稍變其本文而爲儿，分而爲二者，誤也。

　　《段注》：此冡人部而言。儿者，天地之性最貴者也。此籒文象臂脛之形，其作儿者，則古文奇字之儿也。如大下曰："天大、地大、人亦大，故大象人形。古文亣也。"亣下曰："籒文大"，則例正同。亣與儿之義已見於大與儿之下，故皆不必耍言其義。今俗本"古文奇字"之上妄添"仁人也"三字,是爲蛇足。同字而必異部者,異其从之之字也。"儿在"各本作"在人",今依《玉篇》。詘各本作屈,誤,今正。舉孔子說證象形也。籀文兼象臂、脛,古文奇字則惟象股腳,詰詘猶今云屈曲也。

謹按:甲文从儿之字,如 、、、,皆从人,不从儿;、,或从人或从 ![];、只从 ![],可證亻、儿二字本通用,段說是也。惟謂"因所合而稍變其勢"則系就小篆立說,與甲文、金文不合。

![] 【兄】　　許榮切　　今讀 xiōng

許解:長也。从儿从口。凡兄之屬皆从兄。

《段注》:……兄之本義訓益,許所謂長也。許不云茲者,許意言長則可晐長幼之義也。……引伸之,則《爾雅》曰:"男子先生爲兄,後生爲弟。"先生之年自多於後生者,故以兄名之。猶弟本義爲韋束之次弟,以之名男子後生者也。莫重於君父,故有正字。兄弟之字,則依聲託事,古兄長與兄益無二音也。淺人謂兄之本義爲男子先生,則主从倒置,豈弟之本義爲男子後生乎?世之言小學者,知此而後可與言《說文》,可與言經義。

朱駿聲《定聲》:兄字本訓,當爲滋益之詞。从口在人上,與欠同意,兌、祝皆从此。

謹按:兄,甲文作![]、![]等,金文作![]等。从人,从口,口特寫;與"見"字从人,从目,目特寫之表示法同。特寫其口,意在强調其語大之義。"兢""侃"二字从此可證。古讀若慌、誑、況。因兄有大義,故引申之,爲兄長之字。段說近是。

![] 【先】　　側岑切　　今讀 zēn

許解:首笄也。从人,匕象簪形。凡兂之屬皆从兂。![],俗兂,从竹,

· 184 ·

从朁。

《段注》：……古言筓，漢言先，此謂今之先即古之筓也。

王筠《句讀》：似有闕誤，當云婦人之笄也。

謹按：先，甲文作𠂒，象女子頭上著簪之形。小篆形變作非篆书，下部爲人，上部像有簪在頭上，當是輔助象形。言簪者，指己或匕也，女或人是輔助成份。"先"當是"簪"之初文，段說是也。甲文从女者，或爲女子多用此物也，非爲女子獨用也，小篆从人可證也。

𠑹【兒】　　莫教切　　今讀 mào

許解：頌儀也。从人，白象人面形。凡兒之屬皆从兒。𤠔，兒或从頁，豹省聲。𤠕，籀文兒从豹省。

徐鍇《繫傳》：頌，古容字。白非黑白字，直象人面。

《段注》：……凡容言其內，兒言其外。引伸之，凡得其狀曰兒。

張舜徽《約注》：面、兒雙聲，固一物也。

謹按："兒"爲輔助象形字，"人"爲輔助成分，其上之白，即人之面也。象形。當即"貌"之初文。

𠑹【兆】　　公戶切　　今讀 gǔ

許解：廱蔽也。从儿，象左右皆蔽形。凡兆之屬皆从兆。讀若瞽。

《段注》：廱當作邕，俗作雍。此字經傳罕見，音與蠱同，則亦蠱惑之意也。《晉語》曰："在列者獻詩，使勿兜疑。"兜或當爲兆，韋曰："兜，惑也。"

《徐箋》：兆猶瞽也，故其義爲廱蔽而讀與瞽同。左右皆蔽，則無所見矣。

張舜徽《約注》：瞽之言鼓也，謂如鼓皮之蒙蔽不見外物也。……

鼓、瞽皆受聲義於兆，兆乃斯語之根也。古書中多以瞽爲兆，而兆廢矣。

謹按："兆"字甲、金文未見。小篆作兆，从人，上像兩目被壅蔽而鼓出之形，意當爲壅蔽雙目使不見物也，與"瞽"之義有別。瞽者，目自不明也；兆者，蒙以外物使不明也。今方言謂蒙蔽眼睛使不能見物爲箍眼，堵住眼睛，義或本於此。京郊謂人害紅眼、眼球與膜所壅蔽，俗稱害箍眼。本字當是"兆"。

【先】　穌前切　　今讀 xiān

許解：前進也。从儿，从之。凡先之屬皆从先。

《段注》：前，當作歬，不行而進曰歬。凡言歬者緩詞，凡言先者急詞也，其爲進一也。之者，出也，引伸爲往也。

張舜徽《約注》：孫詒讓曰："甲文止與小篆同，而先則作，从止，二文絕不相通。金文善鼎先作略同。竊疑古文先字本从止，與歬从止在舟上意略同。止皆謂人足趾所履，不行而進，則謂之歬；歬進不已，則謂之先。"宋育仁曰："先字从儿，象脛；从止，當作止，古止字。舉趾而脛隨之，前進也。"舜徽按：兩家說是也。止、止形近，故小篆亂之。許君據篆立說，遂致乖牾耳。人以足踐地，開步則前進矣，故謂之先。

謹按："先"字甲文有作等形，也有作者；金文有作者，亦有作者。或从止或从之，則止、之相亂，非始於小篆也。孫、宋二氏以爲从止而不从之，則似無據，竊以爲从止與从之同意。古文之亦从止从一也。其下當爲从人，亦非像兩脛也。字當會意，从人、从止，或从人从之，言人之前進也，許說不誤。

【禿】　他谷切　　今讀 tū

許解：無髮也。从人，上象禾粟之形，取其聲。凡禿之屬皆从禿。王育說："蒼頡出,見禿人伏禾中,因以制字。"未知其審。

《段注》：……按：粟當作秀,以避諱改之也。……許書兩言"取其聲"。世下曰："从卝而曳長之,亦取其聲",謂取曳聲也；此云："象禾秀之形,取其聲",謂取秀聲也,皆會意兼形聲也。其實秀與禿古無二字,殆小篆始分之。今人禿頂亦曰秀頂,是古遺語。凡物老而椎鈍皆曰秀,如鐵生衣曰銹。謂以上為王育說也。因一時之偶見,遂定千古之書契。禿人不必皆伏禾中,此說殆未然矣。《廣韻》禿下曰："《說文》云：無髮也。从儿,上象禾粟之形。《文字音義》云：倉頡出見禿人伏於禾中,因以制字。"《廣韻》不以倉頡云云為《說文》語,則知古本無倉頡以下十七字。而"王育說"三字為結上之辭,全書例固如此。

《徐箋》：段說是也。秀讀曰透,聲轉為禿,實本一字。穮,从禿,而漢隸作穮,从秀,即其明證。

謹按：段注、徐箋說自可通,惟稍嫌周折耳。且《禾部》已出"秀"篆,是字書固不避也。"禿"字見于古籍者甚多,如：《左傳·成公元年》"季孫行父禿,……聘於齊。齊使禿者御禿頭",《禮記·喪服》"禿者不髽",《呂氏春秋》"輕水所,多禿與癭人",《漢書·灌夫傳》"與長孺共禿翁"等,知禿在漢時非生冷字也。古籍有假"童"為之者,如《詩經·小雅·賓之初筵》"由醉之言,俾出童羖",鄭箋："女從行醉者言,使女出無角之羖羊,脅以無然之物,使戒懼也。羖羊之性,牝牡有角。"《爾雅·釋畜》"犝牛"注："無角牛。"《釋名·十五》牛羊無角者曰童,山無草木曰童。禿,《廣韻》屬透紐屋韻,童,屬定紐東韻,二字旁紐雙聲,陽入對轉,"童"為"禿"之借音字,可無疑義矣。因知"禿"古音或讀如童。本書《頁部》有"䪼"字,篆作𩑔,許解"無髮也",與"禿"同訓。从頁困聲,徐注苦昆切,《廣韻》屬透紐魂韻,舌、牙聲近,鼻音通轉,"童""䪼"古音輾轉可通,疑"䪼"即"禿"之本字。"困"字去口留禾,"頁"字去百留儿。禾與儿合,洽成"禿"字。然此純屬臆說,苦無他證,姑錄之待正。

【見】　古甸切　　今讀 jiàn

　　許解:視也。从儿从目。凡見之屬皆从見。

　　《段注》:析言之,有視而不見者,聽而不聞者;渾言之,則視與見、聞與聽一也。……用目之人也。會意。

　　《徐箋》:目所覩爲見,因有見在之偁,俗別作現。

　　謹按:見,甲文作等形,金文作等,从人,特寫其目,像張目而視之形。朢字甲文多作,下从高土,上从見,像一人舉目遠眺之形。則見之義爲一般之視,而朢則爲遠視也。段曰見爲視之結果,于古則未然。疑見之溯義爲視,引申之,才爲視之結果。見,古甸切,《廣韻》屬見紐霰韻;看,苦旰切,《廣韻》屬溪紐元韻,二字古韻極近,因知見之義即看也。

【覞】　弋笑切　　今讀 yào

　　許解:竝視也。从二見。凡覞之屬皆从覞。

　　《段注》:……按《祭義》:"見以蕭光,見閒以俠甒。"注云:"見及見閒皆當爲覞字之誤也。"覞不見於許書,蓋即覞字,謂蕭光與燔燎並見,俠甒與肝肺首心並見也。見者,視也。覞應古莧切,十四部。

　　王筠《句讀》:蓋兼聽竝觀之意。

　　謹按:"覞"是後出字,無甲文、金文可參證。以聲求之,弋笑切,《廣韻》屬以紐笑韻,古音讀如 diào。許書"竝視"之竝,當作合竝解,即兩目集中成一線而視也。今木匠相料,常作此態,俗稱"調線"。本字當即"覞"字。

【欠】　去劍切　　今讀 qiàn

　　許解:張口气悟也。象气从人上出之形。凡欠之屬皆从欠。

· 188 ·

徐鍇《繫傳》：人欠欫也。悟，解也。气壅滯，欠欫而解也。彡气形。

《段注》：悟，覺也。引伸爲解散之意。《口部》嚏下曰："悟，解氣也。"鄭注《周易》"草木皆甲宅"曰："皆，讀如人倦解之解。"人倦解，所謂張口气悟也，謂之欠，亦謂之嚏。……欠欫，古有此語，今俗曰呵欠。又欠者，气不足也，故引伸爲欠少字。

謹按：欠，甲文作 ⿱、⿱，从人，特寫其口，像張而解氣之形。許說是也。

⿰【歙】　　於錦切　　今讀 yǐn

許解：歠也。从欠㱃聲。凡歙之屬皆从歙。⿰，古文歙，从今、水。⿱，古文歙，从今、食。

《段注》：《易·蒙卦》虞注曰："水流入口爲飲。"引伸之，可飲之物謂之飲。

張舜徽《約注》：本書口部："喝，歠也。"與飲雙聲，今人通謂飲爲喝。飲與欣聲近義同。

謹按："飲"字甲文作 ⿱、⿱，後者爲前者之省形。甲文"舌"字作 ⿱，則知"飲"字本像人伸舌就飲之形，意自明矣。金文形變爲⿱，至小篆則訛爲从欠㱃聲，許就小篆立說也。

⿰【次】　　敍連切　　今讀 xián

許解：慕欲口液也。从欠，从水。凡次之屬皆从次。⿰，次或从侃。⿰，籀文次。

《段注》：有所慕欲而口生液也，故其字从欠、水。……俗作涎。郭注《爾雅》作䅦。

王筠《句讀》：……《三蒼》作涎，云："小兒唾也。"案小兒唾是常事，

189

慕欲口液是偶事,許君不言其常,而言其偶者,所以統部中字也。又作羨、唌。

張舜徽《約注》:唐寫本《玉篇》殘卷次字下引《說文》:"慕也,欲也,亦口液也。"羅氏影印本液作依,乃傳寫之譌。是許書原文,本爲三義。

謹按:《說文》"次"字之或體作㳄,當是从人、从口、从水。"次"字之籀文作㳄,當是从水从欠。"欠"甲文作㒫,簡寫之籀文㒫應作㳄,像人口中有水流出之形,二體同意。故"次"之本義無疑與口水有關,當即是"羨""涎""唌"之初文。因流口水有時是由慕而生,故引申爲慕也,欲也。唐寫本《玉篇》殘卷"次"字下所引《說文》"慕也,欲也,亦口液也"雖是,但三義項不可並列,有本義與引申義之分。

【旡】　　居未切　　今讀 jì

許解:歠食气屰不得息曰旡。从反欠。凡旡之屬皆从旡。兂,古文旡。

徐鍇《繫傳》:欠,息也,故反欠爲不得息。

《段注》:……不得息者,咽中息不利。《毛傳》於王鄭皆曰"噎不得息"是也。屰气,故从反欠。旡之字經傳無徵。

王筠《句讀》:……气爲飲食所屰,因而不得喘息也。

《徐箋》:飲食氣屰,蓋哽咽之義。气申爲欠,气屰爲旡,故从反欠。

謹按:"旡"字甲文作㒫,與"欠"字之別在於:"欠"字口向前,而"旡"字口向後,其表義或在此。"既"字从旡,甲文作㱃等形,像人飲既之形。由此可以推知,"旡"當是飯時被噎氣不得出之義。段注引毛傳《王風》"噎不得息",見"中心如噎"句下,今本作"憂不能息"。《正義》:"噎者,咽喉蔽塞之名,而言中心如噎,故知憂深,不能喘息如噎之然。"

· 190 ·

卷　　九

𦣻【頁】　　胡結切　　今讀 xié

許解:頭也。从𦣻从儿。古文䭫首如此。凡頁之屬皆从頁。𦣻者，䭫首字也。

《段注》:按:此十二字蓋後人所改竄，非許氏原文。原文當云:𦣻，古文䭫𩠐字如此。从𦣻从儿。……小篆𦣻，古文作𩠐。小篆䭫，古文作𩠐，今隸則𦣻用古文。䭫用稽字，而𦣻、𩠐、䭫皆不行矣。

謹按:頁，甲文作等形，金文作，整體象形，特寫頭部。下文首部甲文作，金文作，不從儿。戴侗說:"《說文》𩠐，𦣻，分三部。……按𩠐之爲𦣻，猶字爲子，頁之加人，猶雷之加雨。《說文》俱訓頭，不當，分而爲三。《說文》頁訓類，以爲古䭫首之首，未嘗有他音。孫氏胡結切之音，非也。李陽冰亦謂頁音首，不當音頡，況自有頡字，而頁無他義。古今書傳，未嘗有用頁字者。凡頭、顱、顛、頂、顙、額之類屬乎首者，俱從頁。頁之即爲首，明甚。"戴說論據確實可信，但有未盡。從二字作爲形符來分析，"首"字甲文金文皆獨用，"頁"字金文用作形符，孳乳新字有"須""頌""碩""領""頡""顏"等十餘例。《說文》從頁的字共九十三個,一般與人的頭部有關,或表頭形,或表頭的動作,或表頭的部位,或表面容,或表附著等。《說文》從首的字只有"𩠐""𩠹"二文,都是後出字。"𩠹"是砍首,"𩠐"是𩠐首,古籍多借用稽字作"稽首"。形、義合解,可知"頁""首"雖指同物,但用法不同。"頁"指人體部位,即生人形體之一個部分,故作整體形象;而頭的動作,或面部表情始有着落。"首"則專指其物,無動作表情可言,故"𩠹"字從首。"頁""首"二字除用法不同外,讀音亦有區別。首,當九切,古音當讀如頭。頁,胡結切,古音當讀如頡。《玉篇》即作胡結切,其由來久矣。

【𩠐】　書九切　　今讀 shǒu

　　許解:頭也。象形。凡𩠐之屬皆从𩠐。

　　《段注》:頭下曰𩠐也,與此爲轉注。自古文𩠐行而𩠐廢矣。

　　謹按:詳見上文"頁"。

【面】　彌箭切　　今讀 miàn

　　許解:顔前也。从𩠐,象人面形。凡面之屬皆从面。

　　桂馥《義證》:顔,領也。面在領前,故曰顔前。

　　王筠《句讀》:顔前者,謂自領以下通謂之面也。面是大名,顔是小名。

　　《段注》:顔者,兩眉之中閒也。顔前者,謂自此而前則爲目,爲鼻,爲目下,爲頰之閒,乃正鄉人者,故與背爲反對之偁。

　　謹按:面,甲文作⌀等形,蓋指眼部上下的部位。小篆作囗,正像面的輪廓,加𩠐作爲類符,即類於𩠐類之作囗形者。

【丏】　彌兖切　　今讀 miǎn

　　許解:不見也。象壅蔽之形。凡丏之屬皆从丏。

王筠《句讀》：丐下云，冂冂，不見也。寡下云，寡寡，不見也。丏與丐、寡蓋通，冂則借字也。

謹按：古文字無"丏"字，無可參證。丏作爲部首，下無所屬，又插在"面""首"二部之間，與上下皆無聯繫，不合許書條例。如謂丏與圓之輪廓囗有關，似亦可通，但不見壅蔽之形。从丏之字有"眄"，許解"目偏合也，一曰邪視也"。邪視與眄同義，亦無壅蔽之義。真義如何，待考。

【𩠐】　　書九切　　今讀 shǒu

許解：𩠐，同古文百也。巛象髮，謂之鬠，鬠即巛也。凡𩠐之屬皆从𩠐。

《段注》：各本古文上有"百同"二字，妄人所增也。許書絕無此例。……不見𩠐於百篆之次者，以有从𩠐之篆，不得不出之爲部首也。今字則古文行而小篆廢矣。

謹按：首，甲文作𩠐等形，金文作𩠐等，均像眉目之形，造字時蓋取之以爲頭部特徵也。其與"頁"字之區別，已見前文，不贅。書九切，《廣韻》屬書紐有韻，古音當讀如頭。

【県】　　古堯切　　今讀 jiāo

許解：到首也。賈侍中說，此斷首到縣県字。凡県之屬皆从県。

《段注》：到者，今之倒字，此亦以形爲義之例。……《廣韻》引《漢書》曰："三族令先黥劓，斬左右趾，県首，葅其骨。"按：今《漢書·刑法志》作梟，蓋非孫愐所見之舊矣。県首字當用此，用梟於義無當。不言从到首者形見於義，如珏下不言从二玉也。

《徐箋》：此字殊有可疑，縣系何必取於斷首？且漢鉅鹿郡有鄡縣，縣名从斷首爲義，更恐不然。

王筠《句讀》:"到"俗作"倒"。即形爲義者,此字古義失傳也。此是秦法,故不以爲正義而列于下也。……県首始于秦,而縣字見于《周禮》,則県字不始于秦矣。借用梟字者,梟當磔。《廣雅》曰:"県,磔也。"故借之,謂懸首於木上竿頭,以肆其辜也。

謹按:"県"從倒首,表示首已落地,故從倒首。後世也有梟首示眾之說,賈侍中說似不誤。倒懸二字,似指懸首示出。《漢書·陳湯傳》"斬郅支首及各王以下宜懸首槀街蠻夷邸間",可資參考。

【須】　相俞切　今讀 xū

許解:面毛也。从頁从彡。凡須之屬皆从須。

《段注》:各本譌作"面毛也"三字,今正。《禮記·禮運》正義曰:"案:《說文》云耏者,鬚也。鬚謂頤下之毛,象形字也。"今本"而"篆下云頰毛也。"須"篆下云面毛也,語皆不通。"毛"篆下云眉髮之屬,故眉解目上毛,須解頤下毛。須在頰者謂之䫇,不謂之而。釋須爲面毛則尤無理。須在頤下,髭在口上,䫇在頰,其名分別有定。《釋名》亦曰:"口上曰髭,口下曰承漿,頤下曰鬚,在頰耳旁曰髯",與許說合。

王筠《句讀》:……須是總名,故部中四字皆說之以須。《釋名》曰:"頤下曰鬚",與髭、髯相對立文,非也。

張舜徽《約注》:許以面毛釋須,渾言之耳。蓋須之言纖也,謂纖細如絲也。俗稱胡鬚,胡與䫇雙聲,即頤也。許君於下文釋髭爲口上須,釋髯爲頰須,明須乃面毛通稱。若如段氏注本徑改面毛爲頤下毛,則將何以處髭、髯二篆說解乎?故知舊文不可輕改。

【彡】　所銜切　今讀 shān

許解:毛飾畫文也。象形。凡彡之屬皆从彡。

《段注》:《巾部》曰:飾者,㕞也。飾畫者,㕞而畫之。毛者,聿也,亦謂之不律,亦謂之弗,亦謂之筆。所以畫者也,其文則爲彡。手之列多略不過三,故以彡象之也。毛所飾畫之文成彡,須髮皆毛屬也,故皆以爲彡之屬而从彡。

張舜徽《約注》:毛飾畫文,當讀爲四事,非止二義也。謂凡从彡之字有屬毛者,須、髟是也;有屬飾者,鬱下云"彡其飾也。"是也;有屬畫者,彤下云:"彡其畫也。"是也;有屬文者,彪下云:"彡象其文也。"是也。若此諸字,雖同从彡,而所象各異。故考文之士,據形審意,斷不可拘泥於一。許君於此,不啻爲全書發凡矣。

謹按:彡,甲文作彡,也有作彡、彡者,筆劃不限於三。毛、飾、畫、文當爲四事,張舜徽之說較段爲長。

彣【彣】　　無分切　　今 wén

許解:䬗也。从彡,从文。凡彣之屬皆从彣。

《段注》:凡言文章,皆當作彣彰,作文章者,省也。文訓遒畫,與彣義別。

王筠《句讀》:有部"䬗,有文章也",文章亦彣彰之省。《左傳》:"言,身之文也。"又曰:"衣,身之章也。"《釋名》:"文者,會集眾采以成錦繡,會集眾字以成詞義,如文繡然也。"此所說亦彣字義。

謹按:"彣""文"本是一字,讀音全同,彡是後加形符,以顯示"文"這個字作爲文采、文繡之本義。此類字爲數不少,如"溢""燃""暮""腰""肱"等,所以爲"彣"立部者,以有所屬之"彥"字在也。

文【文】　　無分切　　今讀 wén

許解:錯畫也。象交文。凡文之屬皆从文。

《段注》:錯當作逪。逪畫者,迻逪之畫也。《考工記》曰:"青與赤謂之文。"逪畫之一耑也。逪畫者,文之本義;彣彰者,彣之本義,義不同也。黃帝之史倉頡見鳥獸蹏迒之跡,知分理之可相別異也。初造書契,依類象形,故謂之文。

王筠《句讀》:錯者,交錯也,交錯而畫之,乃成文也。

謹按:文,甲文作 等形,金文作 等。甲文金文皆以 爲基本筆劃,文錯之義皆顯。中間之紋或簡或繁,只是筆勢,不關文字。有人解釋爲胸部所刺紋繡,而以 爲人形,未敢苟同,始備一說可也。

【髟】　必凋切　又所銜切　今讀 biāo, shān

許解:長髮猋猋也。从長,从彡。凡髟之屬皆从髟。

《段注》:潘岳《秋興賦》:"斑鬢髟以承弁。"按:馬融《長笛賦》:"特麎昏髟。"注:"髟,長毛。"《廣成頌》曰:"羽旄紛其髟鼬。"旚䍤之假借字也。

嚴可均《說文校議》:从彡下當有"一曰白黑髮襍而髟",《文選‧秋興賦》注引《說文》:"白黑髮襍而髟。"云:"《字林》亦同。"

《徐箋》:此部所屬,皆毛髮之類,而無白黑相雜義。李善所引,容有舛誤。

張舜徽《約注》:唐人引書,有直用原文者,有約取其意者,有聯綴數義成爲一語者,未必字字可據也。

謹按:金文有字作 等,學者隸定爲髳。从犬,以不專指人髮。凡長髮、長毛而飄動者皆可曰髟。果如是,則段、嚴二氏據《秋興賦》注補"一曰有白黑髮襍而髟"九字,顯無必要矣。

【后】　胡口切　今讀 hòu

許解:繼體君也。象人之形。施令以告四方,故厂之,从一、口。發號者,君后也。凡后之屬皆从后。

《段注》:《釋詁》《毛傳》皆曰:"后,君也。"許知爲繼體君者,后之言後也。開刱之君在先,繼體之君在後也。析言之如是,渾言之則不別矣。《易‧象》下傳曰:"后以施命誥四方。"虞云:"后,繼體之君也。"此許說也。蓋同用孟《易》,經傳多假后爲後。《大射》注引《孝經》說曰:"后者,後也。"此謂后即後之假借。謂上體厂也。厂蓋人字橫寫。不曰从人,而曰象人形者,以非立人也,下文卮解亦曰象人。

謹按:后,甲文作🉂等形,金文作🉂等,隸定爲毓。王國維《觀堂集林》:"象產子之形,……此字即說文育之或體毓字。……然卜辭假此爲后字。"今關中口語謂生子爲下(hā)娃,仍存古音。凡能生物者皆曰后,故土曰后土。母系時代,以女爲君,因稱后,志其德也。《易》曰:"天地之大德曰生"是也。"繼體君"此當是後起之義,後世"后"專用於皇后,亦可窺其來源矣。

司【司】　　息茲切　　今讀 sī

許解:臣司事於外者。从反后。凡司之屬皆从司。

《段注》:外,對君而言,君在內也。臣宣力四方在外,故从反后。《鄭風》"邦之司直",《傳》曰:"司,主也。"凡主其事必伺察恐後,故古別無伺字,司即伺字。《見部》曰:"覵,司也。覷,司人也。"《人部》曰:"伏,司也。候,司望也。"《頁部》曰:"頛,司人也"。《犬部》曰:"燍,司也。"豸下曰:"欲有所司殺",皆即今之伺字。

謹按:司,甲文作𠮊或𠮋,反正無別。金文作𠮊,或加䛊作嗣。推求初文,與𠮋蓋非一字,卜辭已有混用現象。司,經傳多訓"主",設官分職,即後世所謂"管……事的"。《周官》六官除"冢宰""宗伯"二官外,其餘司馬、司寇、司徒、司空皆稱司。其下設機構稱司者尚有四十餘處之多矣。《論語·堯曰》："出納之吝,謂之有司。"有司蓋主出納王命之事。爲其首長服務者,故又引申爲伺候、伺察之意。後世之小廝,本字亦當作司。甲文,金文俱作司,或系从口从彐(即又字),司事者之物征也,惜無確證,姑妄言之。許解"从反后",乃據小篆字形立說,於義固未安也。或謂"彐"是取飯之匕,倒寫作彐,以彐就口,表示哺育之義。雖不免有些望形生義之嫌,亦不妨錄以備考,以廣異說。

卮【卮】　　章移切　　今讀 zhī

許解：圜器也。一名觛。所以節飲食。象人,卩在其下也。《易》曰："君子節飲食。"凡卮之屬皆从卮。

《段注》：《內則》注曰"卮,匜,酒漿器。"《角部》曰："觛者,小卮也。"《急就篇》亦卮觛並舉。此渾言析言之異也。

王筠《釋例》：卮字會意可疑。它器皿字,非象形即形聲。恐此字義失傳,許君姑以爲說耳。

謹按：古文字無"卮"字,可無參證。容庚《殷周青銅器通論》載有《象鼻紋卮》《蟠虺紋卮》兩圖,皆作⌣形,敞口無蓋,旁有雙耳,乃飲酒器。許解"一名觛",本書《角部》"觛,小觶也,从角旦聲"。許分析字形爲"象人,卩在其下",殊難解,故王筠疑其非是,宜矣。"卮"字構形,本義難明,从闕,待考。

卩【卩】　　子結切　　今讀 jié

許解：瑞信也。守國者用玉卩,守都鄙者用角卩,使山邦者用虎卩,土邦者用人卩,澤邦者用龍卩,門關者用符卩,貨賄用璽卩,道路用旌卩。象相合之形。凡卩之屬皆从卩。

· 198 ·

《段注》:瑞者,以玉爲信也。《周禮·典瑞》注曰:"瑞,節信也,典瑞若今符璽郎"。《掌節》注曰"節猶信也。行者所執之信。邦節者,珍圭,牙璋,穀圭,琬圭,琰圭也。"按:是五玉者皆王使之瑞卩。引伸之凡使所執以爲信,而非用玉者皆曰卩。下文是也。……鄭云:"謂使卿丈夫聘於天子諸侯行道所執之信也。"是三卩者皆以金爲之,鑄虎、人、龍、象焉,必自以其國所多者於以相別爲信。

謹按:卩,甲文作♀、♀,像人長跽之形。與𠂉(人),𡰣(尸)等文當是異形同物。"人"指側立形,"尸"指橫陳形,而"卩"則指長跽形。所指事態不一,讀音自當有別。疑"卩"即"跽"之初文,後世鑄璽作人形,用於土邦。當較澤邦,山邦,以及守邦國者,守都鄙者爲常見,故以之爲符節之總稱也。

【印】　　於刃切　　今讀 yìn

許解:執政所持信也。从爪,从卩。凡印之屬皆从印。

《段注》:凡有官守者皆曰執政。其所持之卩信曰印。古上下通曰璽。

謹按:印,甲文作♀、♀,像用手抑人而使之跪伏之形,蓋即"抑"之本字。"印"訓按,訓屈,訓枉,皆由抑義引申而來。後人用印柄而按之,故亦曰印。取其動作之勢也。引申之,凡肢體器官動作所留之跡皆曰印,如手印,腳印,牙印等。印,於丑切《廣韻》屬影紐震韻。抑,於力切,《廣韻》屬影紐職韻。二字雙聲,古音極近。

【色】　　所力切　　今讀 sè

許解:顏气也。从人,从卩。凡色之屬皆从色。𢒠,古文。

《段注》:顏者,兩眉之閒也。心達於气,气達於眉閒是之謂色。顏气與心若合符卩,故其字从人卩。

《徐箋》:色之本義爲人之顏气。故从人,卩當爲聲。

王筠《句讀》:《論語》"正顏色",是气之發于顏者曰色也。面,顏前也。《孟子》曰:"其生色也,睟然見於面。"是也。《逸周書》:"喜色油然以出,怒色厲然以侮,欲色嫗然以愉,懼色薄然以下,憂愁之色,瞿然以靜。"

謹按:色,常用義有二:一爲氣色,即本篆許解"顏气也";一爲彩色,如赤橙黃綠藍紫等。引申爲景色,美色。字作从人从卩,十分費解。段注:"顏气與心若合符節",望形生義。苦無他證。徐氏以爲卩,是聲符,尚可參考。

【卯】　　去京切　　今讀 qīng

許解:事之制也。从卩卪。凡卯之屬皆从卯。闕。

《段注》:卩卪,今人讀節奏,合乎節奏乃爲能制事者也。此闕謂闕其音也。其義其形既憭矣,而讀若某則未聞也。今《說文》去京切,《玉篇》《廣韻》皆云《說文》音卿。此蓋淺人肬以卿讀讀之。卿用卯爲義形,不爲聲形也。《玉篇》子兮切,取卩字平聲讀之。《廣韻》子禮切,取卩上聲讀之。蓋其音必有所受之矣。

謹按:卯,甲文作 、等形,羅振玉說:"卜辭字从二人相向,鄉字从此。亦从,知即矣。此爲嚮背之嚮字,卯象二人相嚮,猶北象二人相背,許君謂事之制者,非也。"羅說是也。以音求之,後人讀如卿亦有道理。古人讀卿,義同今之所謂親。二人相嚮,促膝談心,正符合親暱之義。親有對面接觸之義,如親吻,親臉等。

【辟】　　必益切　　今讀 bì

許解:法也。从卩,从辛,節制其辠也。从口,用法者也。凡辟之屬皆从辟。

《段注》：法當作灋。《小雅》"辟言不信"，《大雅》"無自立辟"，傳皆曰："辟，法也。"又《文王有聲》箋、《抑》箋、《周禮‧鄉師》注、《戎右》注、《小司寇》注、《曲禮下》注皆同。引伸之爲罪也，見《釋詁》，謂犯法者，則執法以罪之也。又引伸之爲辟除，如《周禮‧閽人》"爲之辟"、《孟子》"行辟人"，以及辟寒、辟惡之類是也。又引伸之爲盤辟，如《禮經》之辟，鄭注"逡遁"是也。又引伸爲一邊之義，如《左傳》曰"闕西辟"是也。或借爲僻，或借爲避，或借爲譬，或借爲闢，或借爲壁，或借爲襞。

謹按：辟，甲文作辟或辟，金文作辟，羅振玉說："古文辟从辛人。辟，法也。人有辛，則加以法也。古金文作辟，增〇，乃壁之本字。从〇辟聲，而借爲訓法之辟。許書从口，又由〇而譌也。古文辟也，甲文作辟，或作辟，可證"。羅說"从辛人"，可訂許氏从卩之誤。許氏說"印""色""卯""卮""辟"皆以卩爲瑞信或節制之義，故不能深得字之真義。但羅說辟甲文只作辟，金文始加〇作辟，亦不盡合。又釋"辟"爲"壁"之本字，〇，像壁形，亦苦無確證。以甲文爲准論之，辟、辟，蓋本一字，〇爲後加之筆，與字義固無關也。

勹【勹】　　布交切　　今讀 bāo

許解：裹也。象人曲形，有所包裹。凡勹之屬皆从勹。

《段注》：……包當作勹，淺人改也。

王筠《句讀》：(象人曲形，有所包裹)二句解字形。象人曲形，謂勹字曲之而成勹也。小徐作象人曲身形，義便不瞭。有所包裹者，字空中，故云然。直以包字代勹，此以今字說古字之法。

謹按：勹，甲文作勹等形，並用爲旬字。从勹(又)曲臂之形，今人抱小孩正作此態，當是"抱"字之本字。抱，本書手部解作引取也，非裹抱

201

之字。

【包】　　布交切　　今讀 bāo

許解：象人裹妊，巳在中，象子未成形也。元气起於子。子，人所生也。男左行三十，女右行二十，俱立於巳，爲夫婦。裹妊於巳，巳爲子，十月而生。男起巳至寅，女起巳至申。故男季始寅，女季始申也。凡包之屬皆从包。

《段注》：(妊也)二字各本無，今推文意補。下文十三字乃說字形，非說義，則必當有說義之文矣。《女部》曰："妊者，孕也。"《子部》曰："孕者，裹子也。"引伸之爲凡外裹之偁。亦作苞，皆假借字。凡經傳言苞苴者，裹之曰苞，藉之曰苴。

朱駿聲《定聲》：以十二辰說字體，蓋傅會古緯書之說，極爲淺陋無理。今俗曰者男命起寅，女命起申，此其濫觴也。

謹按：此字當是胎胞之"胞"的本字，月是後加形符。以其从勹从巳(巳與子在古文字裏通用)而知之。引申爲凡包裹之稱。

【苟】　　己力切　　今讀 jì

許解：自急敕也。从羊省，从包省。从口，口猶慎言也。从羊，羊與義、善、美同意。凡苟之屬皆从苟。𦫳，古文羊不省。

《段注》：急與苟雙聲。敕與苟疊韻。急者，褊也。敕者，誡也。此字不見經典。惟《釋詁》"逮、駿、肅、亟，遄，速也"。《釋文》云："亟字又作苟，同。居力反，經典亦作棘，同。"是其證，可謂一字千金矣。

桂馥《義證》：經師說此字，多誤爲从艸之苟。字通作亟。《廣雅》："亟，敬也。"《方言》自關而西，秦、晉之間凡相敬愛謂之亟。

謹按：苟，金文作 𒀭、𒀯 等形，或無口，或有口字形，皆像頭戴雉尾之類裝飾物,頗爲恭敬的人形。从字音、字義推之"茍"猶"謹"。茍,己力切,《廣韻》屬見紐職韻。謹,居隱切,《廣韻》屬見紐隱韻。二字雙聲,古韻陰陽對轉,故能相通也。古語每曰"謹言慎行",勹口即謹言之意。

鬼【鬼】　　居偉切　　今讀 guǐ

許解:人所歸爲鬼。从人,象鬼頭。鬼陰气賊害,从厶。凡鬼之屬皆从鬼。𥛜,古文从示。

《段注》:以叠韻爲訓。《釋言》曰:"鬼之爲言歸也。"郭注引《尸子》:"古音謂死人爲歸人。"《左傳》:"子產曰:'鬼有所歸,乃不爲厲。'"《禮運》曰:"㰦氣歸於天,形魄歸於地。"

謹按:鬼,甲文作 𩴓,或加示作 𥛜。其爲祭禮之鬼無疑,與一般精怪之義有別。字頭从田不从由,字底从人,無厶字。蓋人死埋於地下,故从田,田即土也。《韓詩外傳》亦有"鬼者歸也。精氣歸於天,肉歸於土"之說。此外如《列子·天瑞》《論衡·論死》《禮記·祭法》《禮記·祭義》均有類似記載。"鬼"从田从人,當是初形。金文作 𩴓,仍从田从人,惟田字稍譌。蓋小篆由字所本。

甶【甶】　　敷勿切　　今讀 fú

許解:鬼頭也。象形。凡甶之屬皆从甶。

徐鍇《繫傳》:面髣髴之兒。

張舜徽《約注》:甶之言覆也,謂覆冒在首之物也。覆甶雙聲,義相通矣。神鬼之頭無形可象,許云象形,乃謂人所戴假面之形耳。

謹按:許解"鬼頭也",意謂此字乃"鬼"字之字頭也,非謂鬼怪之頭。即使真有鬼怪,亦千奇百怪,其頭豈能劃一耶?段、王二氏無注,可謂慎重。"鬼"字既从田,則甶失據矣。所屬有"畏""禺"二篆,禺,是後出字,不見於甲文、金文，可無論矣。畏，甲文作𢌳，金文作𢌿等，仍从田作，是由本作田愈明矣。

㠯【厶】　　息夷切　　今讀 sī

許解：姦衺也。韓非曰："蒼頡作字，自營爲厶。"凡厶之屬皆从厶。

《段注》：衺字淺人所增，當刪。女部曰："姦者，厶也。"二篆爲轉注。若衺者，㒳也。㒳者，衺也。亦二篆爲轉注。不與姦厶相淆也。公私字本如此，今字私行而厶廢矣。私者，禾名也。（自營爲厶）見《五蠹》篇。今本《韓非》營作環，二字雙聲語轉。營訓帀居，環訓旋繞，其義亦相通。"自營爲厶"，六書之指事也。"八厶爲公"，六書之會意也。

王筠《釋例》："厶者，衹欲自利，其曲如鉤。"

謹按：厶，古籍中皆假借私爲之。本書《禾部》私篆，許解："禾也，从禾厶聲。"段注："蓋禾有名私者也，今則假私爲公厶，倉頡作字。自營爲厶，背厶爲公。然則古衹作厶，不作私。"古籍或借作"某"。《穀梁傳·桓公二年》"蔡侯、鄭伯會于鄧"，范甯注："鄧，厶地。"《釋文》："本義不作某，不知其國，故云厶地。"或用作動詞，仍借私爲之，《左傳·襄公十五年》："師慧過宋，朝，將私焉。"注：私，小便也。

嵬【嵬】　　五灰切　　今讀 wéi

許解：高不平也。从山，鬼聲。凡嵬之屬皆从嵬。

《段注》：《周南》："陟彼崔嵬。"《釋山》曰："石戴土謂之崔嵬。"《毛傳》曰："崔嵬，土山之戴石者。"說似互異。依許云高不平，則《毛傳》是矣。惟土山戴石，故高而不平也。岨下云"石山戴土"，亦與毛同。

謹按：嵬，《集韻》解或作峇，通作"隗"，"嵬"是山貌，本當入山部。因巍字从之，故立爲部首，使之上系鬼下聯山部。可見許書"據形系聯"

· 204 ·

原則,只是據字之形體(即結構)系聯,不必定是形符也。

【山】　　所閒切　　今讀 shān

許解:宣也。宣气散,生萬物,有石而高。象形。凡山之屬皆从山。

《段注》:依《莊子》《釋文》訂,散當作㪔。

王筠《句讀》:……《左·昭元年》傳"節宣其氣",注云"宣,散也"。《釋名》:"山,產也,產生物也。"

謹按:山,金文作⛰、⛰,像山峰高聳宣發之貌。今口語謂新蒸之熱饅頭曰宣騰騰的,即含發散之義。

【屾】　　所臻切　　今讀 shēn

許解:二山也。凡屾之屬皆从屾。

《段注》:此說義而形在是,如珏之例。

張舜徽《約注》:凡疊二成文之字,與其初文,有音義全同者,亦有音義全異者,如珏之於玉,皕之於百,乃音義異者也;如林之於水,鱻之於魚,則音義同矣。屾之於山,與林、鱻同例。二山爲屾,猶二生爲甡也。說詳山部。許書於重體字,皆先明其義,次言其形。此但云二山,乃釋形也;而其本義不可得聞也。與从、棘、炗、朋、豩、林、鱻、斦,諸篆說解云闕同例。小徐本此篆說解末亦有闕字,疑許書原本如此,今大徐本奪挩矣。

【屵】　　五葛切　　今讀 è

許解:岸高也。从山、厂,厂亦聲。凡屵之屬皆从屵。

《段注》:屵之言轙轙然也。《廣韻》"高山狀"。

《徐箋》:屵蓋即岸字,岸本作厈,籀文从厂增干聲作屵;此則從厂加山,皆以其形略而著之也。屵,岸一聲之轉。

205

謹按：甲文有"厂"無"广"，金文有"厈"無"广"，"广"是後出字明矣。徐氏之說甚是，"广"是後出加形字。

广【广】　　魚儉切　　今讀 yǎn

許解：因广爲屋，象對刺高屋之形。凡广之屬皆从广。讀若儼然之儼。

《段注》：厂各本作广，誤，今正。厂者，山石之厓巖，因之爲屋，是曰广。《廣韻》"玟""儼"二韻及《昌黎集注》皆作因巖，可證。因巖即因厂也。……刺各本作剌，今正。讀七亦切，謂對面高屋森聳上刺也。首畫象巖上有屋。

王筠《句讀》：……因，就也。申屠蟠因樹爲屋，《傅子》管幼安因山爲廬。《墨子》古之民未知爲宮時，就陵阜而居。……广即庵字，隸嫌其空，故加奄，變象形爲形聲。

謹按：广，金文作⌐，如廣、廙、廟等。旁豎像山岩，上出爲高刺之屋，後世引申爲事大建築之通形。

厂【厂】　　呼旱切　　今讀 hǎn

許解：山石之厓巖，人可居。象形。凡厂之屬皆从厂。厈，籀文从干。

《段注》：……厓，山邊也。巖者，厓也。人可居者，謂其下可居也。屋其上則謂其广。

王筠《句讀》：……左之斗絕者山也，上之橫覆者厓也。土山不能橫出，故曰山石之厓巖。

謹按：厂，金文多用作字頭。下加干爲聲符。與"厈"同。"厂""厈""岸""岸"，古本一字。古籍多有同形借聲者，如《詩‧伐檀》"置之河之干兮","干"即"岸"之省。

⑨【丸】　　胡官切　　今讀 wán

許解：圜，傾側而轉者。从反仄。凡丸之屬皆从丸。

《段注》：也字各本無，今依《韻會》補。以叠韻爲訓也。今丸藥其一耑也。《商頌》："松柏丸丸。"傳曰："丸丸，易直也。"按：謂其滑易而調直也。丸義之引伸也。《大雅》："松柏斯兌。"傳亦云："兌，易直也。"兌與丸，古蓋音同而義同矣。

謹按："丸"是後出字，無古文可參證。許解："丸，圜，傾側而轉者。"恐不誤。"丸""圜"古音同，蓋古今字也。傾側而轉，直承"丸"字，以明从反仄之義，猶今口語所說"轉過來轉過去"也。圓球體，最易轉動，故名曰丸。

⑨【危】　　魚爲切　　今讀 wēi

許解：在高而懼也。从厂，自卪止之。凡危之屬皆从危。

王筠《句讀》：厃、危蓋一字，分動靜耳。厃，靜字也。人在厂上，登高臨深，人之仰之者，代爲之慄矣。此但擬一可懼之象，故曰靜字。危，動字也。自知其可懼而懼焉，故卪之。是以經典中危字多有似厃字義者，用字尚茂密也。《論語》："危言危行。"鄭注："危，猶高也。"

謹按：《厂部》厃篆，許解："厃，仰也。从人在厂上。一曰屋桷也。秦謂之桷，齊謂之厃。"與本篆音義全同。惟"仰也"恐系"危也"之誤。登高而懼，豈敢後仰也。今从危之字如"垝""跪""佹""恑""詭"等，皆有曲仰斂抑之意。可參。無他證，錄存待攷。

⑨【石】　　常隻切　　今讀 shí

許解：山石也。在厂之下。口，象形。凡石之屬皆从石。

《段注》:或借爲碩大字。或借爲秳字。秳,百二十斤也。

王筠《句讀》:依《字鑒》引改,增韻同。《物理論》:"土精爲石。"石,氣之核也。氣之生石,猶人筋絡之生爪牙也。

張舜徽《約注》:許君以山石訓石。猶以山、巖釋嵒耳。厂下云:"山石之厓巖,人可居。"此亦山石二字連文之證。《玉篇》石下云:"山石也。"當本許書。《字鑒》所引,未足據也。王氏《句讀》遽據以改說解作"山骨也",非是。

謹按:石,甲文作🡒等形,金文作🡒,許解不誤。張舜徽駁王筠《句讀》甚是。古籍山石,巖山常連用。"山骨"之說,當是引者所改。

【長】　　直良切　　今讀 cháng

許解:久遠也。从兀,从匕。兀者,高遠意也。久則變化,亾聲。厂者,倒亾也。凡長之屬皆从長。尢,古文長。兂,亦古文長。

《段注》:久者,不暫也。遠者,不近也。引伸之爲滋長、長幼之長。今音知丈切,又爲多餘之長、度長之長,皆今音直亮切。兄下曰"長也",是滋長、長幼之長也。

朱駿聲《定聲》:厂者,倒亡也。按倒厂則篆宜作⺁,許說非也。字當訓髪,人毛之最長者也。厂象長髪縣延之形。一以束之。从匕,久而色變也,與老同意,此字兼象形指事會意,肆或體从髟,知長髟同義。

謹按:長,甲文作𠆤等形,金文作𠆥、𠆦等,均像長髪飄鬐之形。手中若有所扶,以示人年長之義,蓋所謂年長即年歲較長之義。古無二音也。

【勿】　　文弗切　　今讀 wù

許解:州里所建旗。象其柄,有三游。雜帛,幅半異,所以趣民,故遽,稱勿勿。凡勿之屬皆从勿。㫄,勿或从㫃。

《段注》：九旗之一也。州里當作大夫士。《周禮·司常》："大夫士建物，帥都建旗，州里建旟。"許於旟下既稱"州里建旟"矣，則此稱大夫士建勿，必也。蓋亦一時筆誤耳。《大司馬》"鄉家載物"注云："鄉家，鄉大夫也。"《鄉射禮》："旌各以其物。"注："襍帛爲物，大夫士之所建也。"

謹按：勿，甲文有字作𠃌，或𠃍。金文作𠃌等。从𠃍，旁有數點，專家隸定爲物，並謂："象以𠃍翻土，土粒著於刃上，土色黧黑，故訓雜色。"（見《甲骨文編》勿字），竊以爲"勿"中之𠃍，當是"刀"字。"耒"字多作𠂆形，長柄，首歧出，盖犁頭也，上有"一"像以繩縛之，與刀有別。以形與音求之，"勿"蓋是"刎"之本字，讀如免。《顏氏家訓·音辭篇》《戰國策》"音勿爲免"。又勿勿，亦音勉勉。《禮記·祭義》"勿勿諸其欲其饗之也"，《大戴禮記·曾子立事》"君子終身守此勿勿也"，均注"勿勿尤勉勉也"。本書《冘部》"𣫞"篆，許解："𣫞，終也，从冘勿聲，𣫞或从昬。"徐注：莫勃切。《廣韻》屬明紐沒韻，因知勿讀如抹，後世改从刀作"刎"。本書《新附》："刎，頸也。从刀勿聲。"刎是自割其頸，今口語謂抹脖子，與古音正合。轉陽聲爲"抿"，明紐。再轉微紐，遂讀如今刎音，而"勿"中之𠃍，確是"刀"字，其上數點，當是所濺之血。今人屠牛，亦用刎頸之法。物字从牛从勿，恐與屠牛有關。

【冄】　而琰切　今讀 rǎn

許解：毛冄冄也。象形。凡冄之屬皆从冄。

《段注》：冄冄者，柔弱下垂之皃。須部之髯，取下垂意。女部之姌，取弱意。《離騷》"老冄冄其將至"，此借冄冄爲尤尤。《詩》"荏染柔木"，傳曰"荏染，柔意也"，染即冄之假借。凡言冄，言姌，皆謂弱。

王筠《句讀》：……《釋名》"在頰耳旁曰髯，隨口動搖，冄冄然也。"

謹按：冄，甲文作𠕁、𠕂等形，金文作𠕃等，當是整體象形。

𠕋【而】　　如之切　　今讀 ér

　　許解：頰毛也。象毛之形。《周禮》曰："作其鱗之而。"凡而之屬皆从而。

　　《段注》：各本作"頰毛也，象毛之形"。今正。頰毛者，須部所謂䰅須之類耳。《禮運》正義引《說文》曰："而，須也。須謂頤下之毛，象形字也。"

　　王筠《句讀》：《廣韻》引同，《玉篇》亦同。師古注《漢書》曰："𩭾，亦頰旁毛也"。言亦者，指而為頰毛而言也。應劭曰："完其𩭾鬚。"案：鬚者，頰髮也。連言𩭾鬚，亦而為頰毛之證。

　　謹按：而，春秋金文作𠕋，與小篆近似。段玉裁說："首畫象鼻耑，次象人中，次象口上之䫇，次象承漿及頤下者。蓋而為口上口下之總名。分之則口上曰髭，口下為須。"據形觀測，段說近是。而，如之切，《廣韻》屬月紐之韻，古讀與"髵"音近，疑即"髵"之別體。

𢑷【豕】　　式視切　　今讀 shǐ

　　許解：彘也。竭其尾，故謂之豕。象毛、足而後有尾。讀與豨同。（按：今世字，誤以豕為彘，以彘為豕。何以明之？為啄、琢从豕，蟸从彘，皆取其聲，以是明之。）凡豕之屬皆从豕。𢑷，古文。

　　《段注》：……此與後蹏廢故謂之彘，相對成文，於其音求其義也。《立部》曰："竭者，負舉也。"豕怒而豎其尾則謂之豕。

　　桂馥《義證》：馥謂當云："按：今世字誤以豕為彘，以彘為豕，何以明之？為啄、琢从豕，蟸从彘，皆取其聲。以是明之。"此非許公之文，蓋後人因辨俗體加之。从豕者俗多从豕，《漢書》蟸吾疾作蠡。

　　謹按：豕，甲文作𢑷等形，像大口，肥腹，垂尾，四腿（因作側立之形，衹見二腿)之形,足端有蹄甲(或無)。以形與音求之,當是"豛"之同義字,即今母豬也。豛之特徵,許解爲"後蹄廢,"即後腿殘廢,素謂軟癱(產褥麻痹),其本字當是(亥)。俗讀如豕亥(ke),鄉人呼爲㺢孩。母豬產子後,多有患後腿軟癱者。甲文另有字作 _豕,腹下著勢,即"豭"字初文,公豬也。又有字作 _豕,勢與腹離,學者多混爲 _豕,恐非。此蓋閹豕也。畫勢離腹,以示閹割之義,疑即"豮"之本字。並列 _豕(豕)、_豕(亥)、_豕(豭)、_豕(豮)四文而比較之,其相異之處極爲明顯,可以推知"豕"之本義爲母豬,後發展爲豬之通稱。"豬"即"豕"之加聲字。

又許解"竭其尾古謂之豕",與下文"而後有尾"重複,前尾字似有誤。"竭尾"與豕音義俱無聯繫也。疑前尾字當作喙。小篆豕像舉喙之形,鳥禽伸喙取食謂喙。喙、豬古音通,因有"竭其喙,故謂之豕"之解。據文推論,錄以待證。

【希】　　羊至切　　今讀 yì

許解:脩豪獸。一曰:河內名豕也。从彑,下象毛、足。凡希之屬皆从希。讀若弟。𢑷,籀文。𢑹,古文。

《段注》:《毛詩·六月》《韓奕》傳曰:"脩,長也。"周秦之文,攸訓爲長,其後乃叚脩爲攸而訓爲長矣。豪,豕鬣如筆管者,因之凡毛鬣皆曰豪。《釋獸》曰:"狶,脩豪",希者正字,狶者俗字。或作肆者,叚借字者。按:此言獸,與下文 _彙 豕非一物。顏氏注《漢書》曰:"豪豬一名希",非也。

謹按:希,甲文有字作 _希,_希,金文作 _希,_希,亦有單作 _希 者。學者隸定爲狶,爲希,或雙或單,當是一字。古音讀如第或剔,蓋河內呼豕爲希,不知今日尚有遺音否?

◁▶《說文》部首集注箋證

彑【彑】　　居例切　　今讀 jì

　　許釋：豕之頭。象其銳，而上見也。凡彑之屬皆从彑。讀若罽。

　　《段注》：……罽者，籀文銳，故音相通也。

　　《徐箋》：彑，即象字之頭，因彘、彖等字从彑，遂立爲部首而自爲一字。其實象从豕彑，象形；彘亦从象省耳。

　　謹按：古文字無獨用"彑"字之例。"彑"只是"象"字之頭，因"彘""彖""彖"等字皆从希省，故取之以立部首。徐說甚是。

豚【豚】　　徒魂切　　今讀 tún

　　許解：小豕也，从豕省。象形。从又持肉，以給祠祀。凡豚之屬皆从豚。㹠，篆文从肉、豕。

　　《段注》：《方言》"豬，其子或謂之豚，或謂之豯。"……凡祭宗廟之禮，豕曰剛鬣，豚曰腯肥。又，手也。

　　謹按：豚，甲文作等形，从豕从肉，不从又。金文作等，始加又。因知金文亦當从豚又，非从又持肉也。豚是小豬，从肉，蓋表示腯肥之義。今人謂嬰兒胖，仍說"胖腯腯"，並非珍貴之物。古人常用以饋贈或用於小祀。《易·中孚》"豚魚吉。"孔疏："豚，獸之微賤者，"《論語》"陽貨歸於孔子豚"，即用以饋贈。《史記·滑稽列傳》"豚蹄穰田"故事，即用以祭祀。又《國語·越語》"生女子二壺酒一豚"，即表示微賤之義。

豸【豸】　　池爾切　　今讀 zhì

　　許解：獸長脊行豸豸然，欲有所司殺形。凡豸之屬皆从豸。

　　《段注》：總言其義其形，故不更言象形也。或曰："此下當有象形二字。"司，今之伺字。許書無伺。凡獸欲有所伺殺，則行步詳宷，其脊若加

· 212 ·

長。豸豸然，長兒。文象其形也。

王筠《句讀》：形，《釋文》引作"也"。貍之將攫也，必伏，所以擬度之，欲其發而必中也。即伏則脊加長，不敢疾行，故曰豸豸然也。池爾切。司殺，讀若伺候之伺。

謹按：豸，甲文作𧴙，大頭，張口，露牙，蓋像猛獸之形。甲文虎、象等之頭作皆作𧴙形，"豸"當是猛獸之總稱。

𤉢【𤉢】　　徐姊切　　今讀 sì

許解：如野牛而青。象形。與禽、离頭同。凡𤉢之屬皆从𤉢。𠔼，古文从几。

《段注》：《釋獸》曰："兕，似牛。"許云"如野牛"者，其義一也。野牛卽今水牛，與黃牛別，古謂之野牛。《爾雅》云："似牛"者，似此也……《内部》禽下亦曰："禽、离、𤉢頭相似。"今人作楷，𤉢作凹，禽、离作凶，其頭不同矣。篆法古當同。

謹按：兕，甲文作𧱓等形，像牛有獨角。郭注《山海經》說："兕亦似水牛，青色一角，重三千斤。"

易【易】　　羊益切　　今讀 yì

許解：蜥易、蝘蜓，守宮也。象形。《祕書》說："日月爲易，象陰陽也。"一曰：从勿。凡易之屬皆从易。

《段注》：《虫部》蜥下曰："蜥易也。"蝘下曰："在壁曰蝘蜓，在艸曰蜥易。"《釋魚》曰："榮螈，蜥蜴；蜥蜴，蝘蜓；蝘蜓，守宮也。"郭云："轉相解，博異語，別四名也。"《方言》曰："守宮，秦晉西夏謂之守宮，或謂之蠦𧉗，或謂之蜥蜴，其在澤中者謂之易蜴，南楚謂之蛇醫，或謂之蠑螈……"按：許舉其三者，略也。易本蜥易，語言假借而難易之義出焉。鄭氏贊

《易》曰："易之爲名也,一言而函三義:簡易一也,變易二也,不易三也。"按:易、象二字皆古以語言假借立名,如象即像似之像也。故許先言本義,而後引祕書說。云祕書者,明其未必然也。……祕書谓緯書。《目部》亦云:"祕書瞑从戍。"按:《參同契》曰:"日月爲易,剛柔相當。"陸氏德明引虞翻注《參同契》云:"字从日下月。"

謹按:易,甲文作♁等形,金文作♙等,像日出云隙。彡是日光,顯示天氣變化之義。古人說:"易以道陰陽。"當與字形有關。小篆易,顯系由金文♙演變而來。

象【象】　　徐兩切　　今讀 xiàng

許解:長鼻、牙,南越大獸。三年一乳,象耳牙四足之形。凡象之屬皆从象。

《段注》:……按:古書多假象爲像。《人部》曰:"像者,似也;似者,像也。"像从人,象聲。許書一曰指事,二曰象形,當作像形。全書凡言象某形者,其字皆當作像。而今本皆从省作象,則學者不能通矣。《周易·繫辭》曰:"象也者,像也。"此謂古《周易》象字即像字之假借。韓非曰:"人希見生象……而案其圖以想其生,故諸人之所以意想者皆謂之象。"似古有象無像,然像字未製以前,想像之義已起,故《周易》用象爲想像之義。如用易爲簡易、變易之義,皆於聲得義,非於字形得義也。韓非說同俚語,而非本無其字依聲托事之恉。

謹按:象,甲文作♙等形,但見長鼻及足、尾,不見耳、牙之形,許氏恐參照實物立說耳。

卷　　十

【馬】　　莫下切　　今讀 mǎ

許解：怒也，武也。象馬頭髦尾四足之形。凡馬之屬皆从馬。，古文。，籀文馬與影同，有髦。

《段注》：以疊韻爲訓。亦門、聞也，戶、護也之例也。《釋名》曰："大司馬，馬，武也。大摠武事也。"

王筠《句讀》：馬古音姆，怒、武皆疊韻。高誘讀怒如彊弩之弩。《急就篇》："騏騮馳驟怒步超。"《夏官·司馬》，鄭注云："馬者，武也。言爲武者也。"宋呼司馬爲司武，見《左·襄六年》傳："頭髦者，小篆之髦連于頭，古籀文皆髦離于頭也。"尾四足者，《漢書·石奮傳》："石建曰，書馬者，與尾而五，今廼四，不足一，獲譴死矣。"《史頌敦》作，是五足也，知鐘鼎亦不盡足據。

張舜徽《約注》：武字聲在微紐，古讀歸明，與馬雙聲，故古人即以武訓馬。《周禮·夏官·司馬》鄭注亦云："馬者武也。"

謹按：馬，甲文作等形，金文作等，整體象形。金文，即小篆字的初形。

◁▶《說文》部首集注箋證

薦【廌】　　宅買切　　今讀 zhì

許解：解廌，獸也，似山牛，一角。古者決訟，令觸不直。象形。从豸省。凡廌之屬皆从廌。

《段注》：四字一句。各本皆作"似山牛"，今刪正。《玉篇》《廣韻》及《太平御覽》所引皆無"山"也。下者字依《玉篇》補。《神異經》曰："東北荒中有獸，見人鬥則觸不直，聞人論則咋不正，名曰獬豸。"《論衡》曰："獬豸者，一角之羊，性識有罪，皋陶治獄，有罪者令羊觸之。"按：古有此神獸，非必皋陶賴之聽獄也。《廣韻》曰："《字林》《字樣》作解廌。《廣雅》作貈㹮，陸作獬豸，陸謂陸法言《切韻》也。廌與解疊韻，與豸同音通用。廌能止不直，故古訓為解。《左傳·宣十七年》："庶有廌乎。"杜注："廌，解也。"《釋文》本作廌，《正義》本作豸。陸云："廌解之訓見《方言》。"孔云："豸，解也。"《方言》文。今《方言》卷十二："瘛，解也。"瘛必廌之誤字，既誤後乃反以胡計耳。

王筠《句讀》：依《玉篇》引刪補。《隋書·禮儀志》引蔡邕曰："解豸如麟一角。"《神異經》曰："如牛。"又曰："一名任法獸。"董巴《輿服志》謂之神羊。《論衡》謂之觟䚦。……既云象形，則通體象形矣。安得云下半从豸省，況字之上半似鹿，張揖又謂其獸似鹿，何不云從鹿省乎？此由借豸為廌者多，校者支綴其詞也。

謹按：廌，甲文作 ⿱ 、⿱ ，整體象形，非从豸省，王筠所說甚是。但甲文皆作雙角，許解一角，當系依小篆字形立說。然薦字頭與鹿字頭相同，亦非一角之形。

鹿【鹿】　　盧谷切　　今讀 lù

許解：獸也，象頭角四足之形。鳥鹿足相似，从匕。凡鹿之屬皆

· 216 ·

从鹿。

《段注》：鹿字今補，三字句。《韻會》作山獸……依《韻會》訂，說从比之意也。上言从象其足矣，此當有"一曰"二字。鳥鹿皆二足相距密，不同他獸相距寬，故鳥从匕，鹿从比。比，密也。古匕與比通用，故槩之曰从比。

王筠《句讀》：小徐《類聚篇》作鹿，與《石鼓文》鹿相似，是也。上象兩角兩耳，今本蓋以隸書改之，鹿非一角獸也。

桂馥《義證》：鳥當爲龟形誤，本書云："龟足與鹿同。"又云："麤，從二比，與鹿足同。"

謹按：鹿，甲文作等形，金文作等，整體象形，因系側視，故作二足形。與鳥足不同。桂氏說法不合理。

麤【麤】　　倉胡切　　今讀 cū

許解：行超遠也。从三鹿。凡麤之屬皆从麤。

《段注》：鹿善驚躍，故从三鹿。引伸之爲鹵莽之偁。《篇韻》云："不精也、大也、疏也，皆今義也，俗作觕。"今人槩用粗，粗行而麤廢矣。粗音徂古切。三鹿齊跳，行超遠之意。《字統》云："警防也。鹿之性，相背而食，慮人獸之害也，故从三鹿。"楊氏與許乖異如此。

王筠《句讀》：……依《公羊》《釋文》引補。

張舜徽《約注》：《釋名·釋言語》云："麤，錯也，相遠之言也。"麤、錯以雙聲爲訓。古人言錯，猶今人言差耳。隱公元年《公羊傳》《釋文》引《說文》："麤，大也。"蓋許書原有一曰義，而今本脫佚矣。麤、粗二字，古雖通用，析言仍自有別。麤謂麤細，粗謂精粗，義固稍異，故古人亦有連舉二字者。《春秋繁露·俞序篇》云："始於麤粗，終於精微。"是麤粗固可連言矣。

217

謹按:麤,甲文从二鹿。許解:"行超遠也"甚是,謂鹿蹦跳之行,甚疾速也。鹿行極速,故常能避猛獸之害。以音求之,古當讀如"鼠","麤""鼠"雙聲,陰陽對轉。今人謂膽怯驚逃曰竄。"麤"從三鹿,"毚"從三兔,"猋"從三犬,"犇"從三牛,皆訓疾走之義,蓋以數量表質量也。古人造字匠心可謂巧矣。

【兔】　　丑略切　　今讀 chuò

許解:獸也。似兔,青色而大。象形。頭與兔同,足與鹿同。凡兔之屬皆从兔。𠑹,篆文。

《段注》:兔字今補,三字句。《中山經》:"綸山其獸多閭麈麢奠。"郭注:"奠,似兔而鹿腳,青色。音綽。"按:奠乃兔之俗體耳。《集韻》別爲兩字,非也。……合二形爲一形也。丑略切。按:《言部》曰:"訬讀若兔",則古音在二部。

謹按:兔字無甲文、金文可供參考。以音求之,丑略切,當讀如趯,與"躇"同。《公羊傳·宣六年》:"躇階而走。"注:"躇,猶超遽不順以次。"又:"躇,丑略反……一本作趯。"當即今之"跳"字,兔獸即跳獸,兔屬不能步,行則跳躍,猶蚤行必跳,俗名跳蚤也。

【兔】　　湯故切　　今讀 tù

許解:獸名。象踞,後其尾形。兔頭與兔頭同。凡兔之屬皆从兔。

《段注》:各本作獸名。今正,三字句。兔字今補,踞俗字也。當作居……其字象兔之蹲,後露其尾之形也。

王筠《句讀》:後,去聲。兔好蹲踞,與犬同性,故二字皆兩足,並四爲二也。兔尾短,故曰踞後其尾,謂蹲踞之時,其足後於其尾也。

張舜徽《約注》:兔之言挩也,謂其善自解挩也。兔走甚迅,忽焉不見,所謂動如脫兔也,故引申有免義。本書無免篆,錢大昕謂:"兔、免當爲一字,古音本讀兔如勉,漢人作隸,誤分之耳。"其說是也。段氏注本,於本部之末擅補免篆,非是。

謹按:兔,甲文作🐇等形,整體象形。許解"後其尾",當解作"後,其尾",即後者其尾也。"後"作主語,指🐇字後邊一畫。段、王二氏所說均覺未安。古語"靜如處女,動如狡兔","兔"與"女"諧韻。《古艷歌》:"煢煢白兔,東西兩顧。衣不如新,人不如故。""兔""顧""故"諧韻,與"免"相距甚遠,錢說亦可疑。蓋兔亦以其行動之貌得名,兔者突也。《方言》:"江湘謂卒相見曰突。"《說文》:"犬從穴中暫出也。"兔在田野,往往突然竄出,其行亦向前突進,以其動相名之,故曰兔。

莧【莧】　　胡官切　　今讀 huán

許解:山羊細角者。从兔足,𦣻聲。凡莧之屬皆从莧。讀若丸。寬字从此。

《段注》:《𦣻部》下曰:"从丫,从目,莧从𦣻。胡官切。十四部,𦣻在十五部。合音最近。俗作羦。"

王筠《句讀》:孟喜《易》:"莧,山羊也。"徐鉉曰:"𦣻,徒結切,非聲,疑象形。"筠案:丫其角也。目其首也,𫠔則足與尾也,似通體象形。《論語》:"夫子莞爾而笑。"《釋文》莞作莧。《易》:"莧陸夬夬。"虞翻曰:"莧如夫子莧爾而笑之莧。胡官切。"《繫傳》曰:"俗作羦。"

張舜徽《約注》:莧之言環也,謂其角卷曲如盤環也。許讀若丸,亦即此意。《爾雅·釋獸》:"羦如羊。"郭注云:"羦羊似吳羊而大角,角橢,出西方。"蓋羦即莧之異體。郭云角橢,亦謂其形圓耳。

謹按:段注謂"莧"之俗字作"羦"。《爾雅·釋獸》:"羦如羊。"注:"羦羊似吳羊而大角,角橢,出西方。""莧""丸"古音全同,故許解"讀若丸。"肖非聲，"髡"乃整體象形，王說是也。

【犬】　　苦泫切　　今讀 quǎn

許解：狗之有縣蹏者也。象形。孔子曰："視犬之字，如畫狗也。"凡犬之屬皆从犬。

《段注》：有縣蹏謂之犬，叩氣吠謂之狗，皆於音得義。此與後蹏廢謂之麀，三毛聚居謂之豬，竭尾謂之豕，同明一物異名之所由也。《莊子》曰："狗非犬。"司馬彪曰："同實異名。"夫異名必由實異，君子必貴遊藝也。……又曰："牛羊之字以形聲。"今牛羊犬小篆即孔子時古文也。觀孔子言，犬即狗矣。渾言之也。

王筠《句讀》：桂氏曰："縣蹏在前足上，《廣志》：'狗有縣蹄短尾之號。'傅元《走狗賦》：'縣足鉤爪。'甯戚《相牛經》：'縣蹄欲得如八字。'"

桂馥《義證》：通而言之狗犬通名，若分而言之則大者爲犬，小者爲狗。故《月令》皆爲犬，而《周禮》有犬人職，無狗人職也。

《徐箋》：犬爲凡犬獵犬之通名。小者謂之狗，鄭仲師注《周禮·小宗伯》云："司寇主犬。"蓋犬用於獵，故司寇主焉。而庖人六牲，亦謂之犬，故知犬爲通名也。《爾雅·釋畜》："未成豪、狗。"是小者乃謂之狗也。渾言則狗亦爲通名矣。縣蹏，蓋指獵犬言，南海曾氏釗云："相犬之法，必先驗其蹏，凡犬蹏四趾，惟獵犬足上有一趾不履地，此所謂縣蹏歟？"灝按：⽝象形，橫視之絕肖，故曰視犬之字如畫狗也。

謹按：犬，甲文作 等形，金文作 等，整體象形。其特徵爲張口、削腹、翹尾，與"豕"近似而有區別。"豕"作張口、肥腹、垂尾狀，在甲文幾無例外。此亦古人造字之匠心，所謂區矣別矣。我們稱此種有含義的筆劃爲筆意。

【狀】　語斤切　　今讀 yín

許解：兩犬相齧也。从二犬。凡狀之屬皆从狀。

《段注》：……義見於形也。

《徐箋》：犬性不喜羣，兩犬相遇，往往相齧，故从二犬。

張舜徽《約注》：犬鬥必有聲，因謂之狀，猶兩虎爭聲謂之虤也。虤、狀並與齧雙聲，義又通矣。《犬部》狠、㹽、狋、狘諸字，均與狀雙聲，悉一語之轉耳。

謹按：狀，甲文作𣏋，犬性不喜群，故亦从犬表義。語斤切，古音當讀如（héng）或（hang），乃兩犬廝鬥之聲也，鄉人謂之"狗撕皮"。

【鼠】　書呂切　　今讀 shǔ

許解：穴蟲之總名也。象形。凡鼠之屬皆从鼠。

《段注》：其類不同而皆謂之鼠。引伸之為病也。見《釋詁》。《毛詩·正月》作瘋。《雨無正》作鼠，實一字也。上象首，下象足尾。

王筠《句讀》：此謂凡穴居者皆通名鼠，猶今俗言貂鼠貛鼠也，不但指本部而言。《繫傳》：上象齒，下象腹、爪、尾，鼠好齧傷物，故象齒。

桂馥《義證》：穴蟲之總名也者，猶隹為鳥之短尾總名，鳥為長尾禽總名。

張舜徽《約注》：鼠字象形，橫看極肖，鼠以尾長為異，故古人即稱尾為鼠，如云"首鼠兩端"，首鼠，謂首尾也。

謹按："鼠"是穴蟲之總名，所謂象形，當指穴蟲之總體而言，今則成為倉鼠之專稱矣。

【能】　奴登切　　今讀 néng

許解：熊屬。足似鹿，从肉，㠯聲。能獸堅中，故稱賢能；而彊壯，稱能傑也。凡能之屬皆从能。

《段注》：《左傳》《國語》皆云："晉侯夢黃能入於寢門。"韋注曰："能似熊。"凡《左傳》《國語》能作熊者，皆淺人所改也，故皆从比也。鼂足黿足亦同。

王筠《句讀》：《左傳》《釋文》昭七年：黃能，云亦作熊。《述異記》："黃能即黃熊也，陸居曰熊，水居曰能。"《晉語》："今夢黃能入於寢門。"韋注："能似熊。"不言從比者，本非從比也，且目以象其頭，肉以象其胃。此字與身字一類，兼會意形聲以爲形，乃象形之別一類。桂氏曰："能與台、耐聲相近。"《樂記》："故人不耐無樂。"鄭注："耐，古書能字也。"《漢書·鼂錯傳》："揚粵之人能暑。"顏注："能讀曰耐。"《天官書》："三能即三台。"《釋魚》："鼈三足，能。"竝讀奴來切。《離騷》能與佩爲韻，東方朔《畫贊》能與才爲韻，陸機《挽歌》能與思離爲韻。奴登切。以下發明假借。《繫傳》曰："堅中，骨節實也。"郭注《爾雅》："貘，白豹。"曰："骨節強直，中實少髓。"

謹按：能，金文作𧟰等形，整體象形。厶像耳（非聲符），𠃑像頭（與甲文虎、象之頭同，不是肉），比像足。"能"與"耐"音義皆通。《漢書·鼂錯傳》："胡貊之人性格能寒，揚粵之人性格能暑。"注："能"讀曰耐，耐寒即經受得起嚴寒的侵襲之意，音轉爲（nài），今關中即謂經受不住曰"耐不起"，而"耐得"意即有能力。能獸皮實肉厚，能耐嚴寒，故名曰能。

𤊾【熊】　　羽弓切　　今讀 xióng

許解：獸，似豕。山居，冬蟄。从能，炎省聲。凡熊之屬皆从熊。

《段注》：……按：炎省聲則當在古音八部，今音羽弓切。《雒誥》："火始燄燄。"《漢書》作庸庸，《淮南書》："東北曰炎風，一作融風。"皆古音之證。《左傳正義》曰："張叔《反論》云：'賓爵下革，田鼠上騰，牛哀虎變,鯀化爲熊,久血爲燐,積灰生蠅。"或疑熊當爲能。王劭曰:"古人讀雄與熊皆于陵反,張叔用舊音。"傅玄《潛通賦》與終韻,用新音也。玉裁謂,熊不妨古反于陵,要之《反論》必是能字。《春秋左氏》敬嬴,《公》《穀》作頃熊,蓋炎、熊、嬴三字雙聲。

王筠《句讀》:《詩·斯干》箋:"熊羆在山。"《易通卦驗》:"小雪陰寒,熊羆入穴。"

桂馥《義證》:《本草圖經》:"熊形類大豕。"《史記正義》:"熊犬身人足黑色。"馥謂犬身當爲豕身。

張舜徽《約注》:熊有形似豕者,即俗所稱豬熊;有形似犬者,即俗所稱狗熊,本不限於一耳。熊之言引也,謂熊自引其身,直立如人也。他獸能此者鮮矣。凡稱火光爲熊熊,乃焱之借字,众,火華也,與熊雙聲,故得通假。

謹按:熊無甲、金文可供參考,就字形分析,當从火能聲,表示火光。《山海經·西山經》:"槐江之山,南望崑崙,其光熊熊。"注:"熊熊,光氣炎盛相耀之貌。"假借爲能字。《左傳·昭七年》:"其神化爲黃能。"《釋文》:"能亦作熊。"蓋因"能"字被借義所專表示才能、能耐等義,遂借熊爲獸名,後人不察,遂分"能""熊"爲二獸。

火【火】　　呼果切　　今讀 huǒ

許解:燬也。南方之行,炎而上。象形。凡火之屬皆从火。

《段注》:焜,各本作燬,今正。下文曰焜,火也,爲轉注。與木曰東方之行,金曰西方之行,水曰北方之行,相儷成文。

王筠《句讀》:此後人既增燬字,因改此文也。《玉篇》:火,焜也。蓋本之《說文》焜下出燬字,云"同上"。《方言》:"煤,火也。楚轉語也。猶齊言焜,火也。"郭注:"煤呼隗反。"焜音毀,《釋言》:"燬,火也。"郭注:

"《詩》曰:'王室如燬'"。燬,齊人語,夫《方言》言焜,即不復出燬,《釋言》言燬,即不復出焜,其爲一字兩體,已曉然可見。

張舜徽《約注》:金文中从火之字多作山,甲文多作山,皆半圓形,象火之上銳下闊,旁有火星迸出也。《考工記》:"火以圜。"先鄭云:"爲圜形似火。"後鄭云:"形如半環。"蓋皆就火字古形立説,自篆體作火,而圜形不可見矣。

謹按:火,甲文作山等形,用作字底如炎,亦有在火旁加點者,像煙上升之形,山字與金文山(山)字甚相似,異物同形,容易混淆。火,蓋因聲得名,今人仍謂火旺爲"火著得呼呼地","呼""火"雙聲。

炎【炎】　　于廉切　　今讀 yán

許解:火光上也。从重火。凡炎之屬皆从炎。

《段注》:《洪範》曰:"火曰炎上,其本義也。"《雲漢》傳曰:"炎炎,熱氣也。"《大田》傳曰:"炎,火盛陽也。"皆引伸之義也。

王筠《句讀》:《字林》:"炎,火光也。"蓋本之《說文》,炎與上異義。《洪範》:"火曰炎上。"王肅云:"火之性,炎盛而升上。"是也。《詩·雲漢》傳曰:"炎炎,熱氣也。"《六韜》:"熒熒不救,炎炎奈何?"《苔賓戲》注引云:"炎,火也,謂光照也。"疑今本合許說庾注而一之,又譌照爲上也。附記之以俟再詳。

張舜徽《約注》:炎之言爆也,謂火光盛烈也。凡光烈則熱气甚,二義實相成耳。

謹按:炎,甲文作炎等形,金文作炎等,均从重火,表示火苗上升上義,與小篆棗从重束意同。

黑【黑】　　呼北切　　今讀 hēi

許解:火所熏之色也。从炎,上出囪。囪,古窗字。凡黑之屬皆从黑。

《段注》:四字各本無,依青赤白三部下云東方色,南方色,西方色,黃下亦云地之色,則當有此四字明矣。今補。薰者,火煙上出也。此語爲從炎起本會意。囱古文囪字,在屋曰囪。大徐本此下增囱古窗字,許本無之。

王筠《句讀》:韓康伯曰:"黑,北方陰色。"許君不然者,由字形立義也。從炎不可謂之北方色。

桂馥《義證》:"囱,古窗字者。"徐鍇本無此文,諧《繫傳》語也。

张舜徽《約注》:本書《中部》:"熏,火煙上出也。"熏、黑雙聲義通。推之日冥爲昏,月盡爲晦,皆與黑雙聲,義並相近也。

謹按:黑,金文作𤋱,像火煙上出於囱之形。黑之概念,不易象形,亦不易指事,故用煙出於囱所熏之色以表之。煙出於囱,乃黑色形成之景象。

囪【囱】　　楚江切　　今讀 chuāng

許解:在牆曰牖,在屋曰囪。象形。凡囪之屬皆从囪。窗,或从穴。囱,古文。

《段注》:《片部》曰:"牖,穿壁以木爲交窗也。"屋在上者也。此皆以交木爲之,故象其交木之形,外域之也。

王筠《句讀》:《三蒼解詁》:"窗,正牖也。牖,旁窗也,所以助明者也。案:窗在上,故曰正。《考工記》注:'每室四戶八窗。'此窗即牖,散文通也。牖夾戶,故曰旁,或借蔥字。《左·定九年》傳:'蔥靈。'賈逵注:'蔥靈',衣車也,有蔥有靈。外其匡也。內其櫺也。上出之筆,乃起筆處耳,故古文無之。"

謹按:甲文,金文均無囪字,古文囱當是初形,即今日鄉村房上之煙囪,故許解"在屋曰囪"。屋即室上蓋也,俗呼房頂。口語讀倉紅切,音(cong),音轉如窗。

焱【焱】　　以冉切　　今讀 yàn

許解:火華也。从三火。凡焱之屬皆从焱。

《段注》:古書焱與猋二字多互譌,如曹植《七啟》:"風厲猋舉",當做"焱舉"。班固《東都賦》:"焱焱炎炎",當做"猋猋炎炎"。王逸曰:"猋,去疾皃也。"李善注幾不別二字。凡物盛則三之。

王筠《句讀》:《字林》:"火光也。"則與炎同義。《文選‧七啟》:"風厲焱舉。"《思玄賦》:"焱回回其揚靈。"《楚詞‧九章》:"陽焱焱而復顧。"

謹按:甲文有字,學者隸定爲"焱",(燮)字从之。許解"火華也",當理解爲火花迸散之意。以冉切,《廣韻》屬喻紐豔韻,古讀如點。火華即火光點點,京郊謂煙火爲放華,正取其火華點點之意。煙火本當作焱火。

炙【炙】　　之石切　　今讀 zhì

許解:炮肉也。从肉在火上。凡炙之屬皆从炙。𤈯,籀文。

《段注》:炙肉各本作炮肉,今依《楚茨》傳正。《小雅‧楚茨》傳曰:"炙,炙肉也。"《瓠葉》傳曰:"炕火曰炙。"《正義》云:"炕,舉也,謂以物貫之而舉於火上以炙之。"按:炕者俗字,古當作抗。《手部》曰:"抗,扞也。"《方言》曰:"抗,縣也。"是也。《瓠葉》言炮、言燔、言炙,《傳》云:"毛曰炮,加火曰燔,抗火曰炙,燔炙不必毛也。抗火不同加火之逼近也,此毛意也。"《箋》云:"凡治兔之首宜,鮮者毛炮之,柔者炙之,乾者燔之。"此伸毛意也。然則《鳧鷖》《楚茨》《行葦》燔炙並言,皆必異義。

《生民》傳曰:"傅火曰燔,貫之加於火曰烈。"貫之加於火,即抗火也。《生民》之烈,即炙也。《禮運》注曰:"炮,裹燒之也。燔,加於火上也。炙,貫之火上也。"三者正與《瓠葉》傳相合,然則炙與炮之別異又可知矣。許宗毛義,故炙下云"炙肉也"。用《楚茨》傳爲文,即《瓠葉》傳之抗火曰炙也。不用《瓠葉》而用《楚茨》者,其字从肉,故取炙肉之文也。《火部》曰:"熹,炙也。""炮,毛炙肉也。""褒,炮炙也。""䰞,置魚筒中炙也。"皆是。其引伸之義爲逼近熏炙。如《桑柔》傳曰:"赫,炙也。"是。有弗貫之加火上也。此可以得抗火之意。

王筠《句讀》:《家語‧問禮篇》注曰:"炮之曰炙。"……《正義》解"柔者炙之",曰:"若割截而柔者,則籤貫而炙之,若今炙肉也。"然則毛分炮、炙爲二義,而許君說炮曰:"毛炙肉也。"又說炙曰:"炮肉也。"交互說之,謂其事同也。炮說重毛,謂全物也。炙說重肉,謂籤割也。與毛不異。

《徐箋》:許云:"炙,炮肉也。""炮,毛炙肉也。"二字互訓。又云:"褒,炮炙也。"蓋炮與炙對文則異,散文則通。

張舜徽《約注》:炮謂連毛包裹而熟燒之也;炙謂去毛以肉加于火上令熟也。炙與炮皆不用釜,故从肉在火上。二者析言有別,許君炮、炙互訓,渾言之耳。

謹按:"炙"不見甲、金文,許錄籀文𤆊,另加形符朿,像以木枝串肉之形。本書《七卷》𣎴篆,亦像花朵成串之意,則此字疑即"串"之初形。

赤【赤】　昌石切　今讀 chì

許解:南方色也。从大,从火。凡赤之屬皆从赤。烾,古文从炎土。

《段注》:《爾雅》:"一染謂之縓,再染謂之䞓,三染謂之纁。"鄭注《士冠禮》云:"朱則四入與?"按:是四者皆赤類也。鄭注《易》曰:"朱深於赤。"按：赤色至明。引伸之，凡洞然昭著皆曰赤，如赤體謂不衣也，赤地謂不毛也。火者，南方之行，故赤爲南方之色。从大者，言大明也。

戴侗《六書故》：大火之色也，从大从火，會意也。

謹按：赤，甲文作🔥、🔥，金文作🔥等，赤从大火會意，火大則色赤，遠望尤顯。

大【大】　　徒蓋切　　今讀 dà

許解：天大，地大，人亦大。故大象人形。古文大也。凡大之屬皆从大。

《段注》：《老子》曰："道大、天大、地大、人亦大。人法地，地法天，天法道。"按：天之文从一大，則先造大字也。儿、人之文但象臂脛，大文則首手足皆具，而可以參天地，是爲大。

王筠《句讀》：《易·繫辭》："《易》之爲書也，廣大悉備，有天道焉，有人道焉，有地道焉。"《大戴禮·曾子大孝》篇："天之所生，地之所養，人爲大矣"。

《說文釋例》：天地之大，無由象之以作字，故象人之形，以作大字，非謂大字即是人也。故部中奎、夾二字指人，以下則皆大小之大矣。它部從大義者，凡二十六字，惟亦矢、夭、交、允、夫六字取人義，餘亦大小之大或用爲器之蓋矣，兩臂侈張在人無此禮體，惟取其大而已。

謹按：大，甲文作大、大，金文作大等，像人張開四肢之形。今人謂兩足分張曰叉開兩腳，兩手伸開曰叉著兩手，恐即"叉"由大字音轉而成，故大有開張之義。凡物開張則大，天、地、人皆如是也。

亦【亦】　　羊益切　　今讀 yì

許解：人之臂亦也。从大，象兩亦之形。凡亦之屬皆从亦。

《段注》：《玉篇》今作掖。按：《手部》掖者，以手持人臂投地也。一曰臂下也。一曰臂下之語，蓋淺人據俗字增之耳。徐鉉等曰："亦今別作腋。"按：《廣韻》肘腋作此字，俗用亦爲語詞，乃別造此。《肉部》曰："胳，亦下也。""肤，亦下也。"今《禮記》"深衣袼之高下"，注云："袼，衣袂當腋之縫。"袼腋乃皆俗字。……謂左右兩直，所以象無形之形。

王筠《句讀》：《手部》："掖，臂下也。"卽亦之孳育字。《有司徹》："司馬朼羊亦。"注云："亦著脊脅，皆一骨也。"董斯張曰："蜀夾江縣酒官碑云：'南由市入爲閨，北抵湖出爲厽。'"楊用修僅引《廣韻》："厽卽亦字。"而未詳其義。按：《說文》："人之臂亦也。"卽掖門也。程氏曰："《書》：'亦行有九德。'"謂以九德扶掖其行也。此象人形之大，非大小之大。《周頌・噫嘻》，已見《𠈮部》奕下。此象形之變爲指事者也。亦在臂下曲隈之處，非如兩䏣之自生一骨，兩乳之突起一肉，豈可以點象其形。蓋以點記兩臂之下，謂亦在是耳。

謹按："亦"無古文字形可資參證。王筠說解可取，但謂"此象形之變爲指事者"則不妥。按：許解慣例，凡指事字中不成字之筆劃說解時多不見（象形字則不然），以此暗示其爲指事字。如三卷"刃"字，解爲"象刀有刃之形"，"刃"上一點，說解未出現，亦字許解正合此例。

六【矢】　　阻力切　　今讀 zè

許解：傾頭也。从大。象形。凡矢之屬皆从矢。

《段注》：《人部》曰："傾者，矢也。"矢象頭傾，因以爲凡傾之偁。象頭不直也。

王筠《句讀》：《玉篇》："矢，今竝作側。"《厂部》仄："側傾也。"籒文𠕂從矢。《人部》傾、側轉注，皆不言頭，此則緣字形而言頭也。以《夭部》說象形不申也推之，此當云象形不正也。蓋矢、夭、交、尢四部，皆從大而

229

小變之,故曰象交形,曰象偏曲之形,知此亦不得直云象形。然矢是左右傾側,非謂頭傾于左,猶尤之偏曲,不得以字屈右足,遂謂左足跛者不曰尤也。

《徐箋》:傾頭者,㚒㚒之病也。从大而屈其首,與勹从人而曲之同例。

謹按:矢,甲文作𣢐、𣢫,金文作𠂹等,像人頭左右傾側之形。今關中口語謂傾頭爲側(ceī)棱著頭,謂傾膀爲側棱著膀子,初形當即此字。京郊則讀如(zhǎi)。

𣦵【夭】 於兆切　今讀 yāo

許解:屈也。从大。象形。凡夭之屬皆从夭。

《段注》:象首夭屈之形也。《隰有萇楚》傳曰:"夭,少也。"《桃夭》傳曰:"夭夭,桃之少壯也。"《凱風》傳曰:"夭夭,盛兒也。"《月令》注曰:"少長曰夭。"此皆謂物初長可觀也。物初長者尚屈而未申,叚令不成遂,則終於夭而已矣。故《左傳》《國語》注曰:"短折曰夭。"《國語》注又曰:"不終曰夭。"又曰:"夭,折也。"孟康注《五行志》曰:"用人不以次弟爲夭。"皆其引伸之義也。《論語》"子之燕居,申申如也。夭夭如也。"上句謂其申,下句謂其屈,不屈不申之閒,其斯爲聖人之容乎?

王筠《句讀》:屈謂前後,字無前後,故向右屈之,然非反矢爲夭。

謹按:夭,甲文作𠂷、𠂺,金文作𠂻,像人擺動兩臂,速跑之形。人跑身必前屈,與"矢"之頭左右傾者無關。王筠之說甚妥。

𠩺【交】 古肴切　今讀 jiāo

許解:交脛也。从大,象交形。凡交之屬皆从交。

《段注》:交脛謂之交,引伸之爲凡交之偁。故爻下曰:"交也。"炆下曰："交木然也。"㪰下曰："交灼木也。"㮰下曰："木参交以枝炊篝者也。"衿下曰："交衽也。"凡兩者相合曰交，皆此義之引伸叚借耳。《楚茨》傳："東西曰交，邪行曰邅。"这邅字之叚借也。《小雅》："交交桑扈。"箋云："交交猶佼佼，飛往來兒。"而《黃鳥》《小宛》傳皆曰："交交，小兒"，則與本義不同，蓋方語有謂小交交者。謂从大而象其交脛之形也。

王筠《句讀》：《交州記》："南定縣人，足骨無節，臥者更相扶，始得起。"故《山海經》云："交脛人國，脚脛曲戾相交，所以謂之交趾。"矢夨變大字之首，交尣變大字之足，皆以會意爲指事。

張舜徽《約注》：交合之義，取象於交脛，猶右助之義，取象於手與口合，皆所謂近取諸身也。今人稱坐時交脛爲交腿，讀交如高，乃本音也。

謹按：交，甲文作 , 金文作 , 均像交脛之形。交脛當是一種生理病態，人所共曉，造字時取以爲象。今人把兩腿交疊坐在椅子上，叫蹺著二郎腿，亦"交"字之一種姿勢。"交""蹺"古音同。

【尣】　　烏光切　　今讀 wāng

許解：𬼊，曲脛也。从大，象偏曲之形。凡尣之屬皆从尣。𡯁，古文从㞢。

《段注》：各本少也字，遂不可讀，今補。𬼊者，蹇也，尣本曲脛之偁，引伸之爲曲脊之偁。故《人部》僂下曰："尣也。"人字依《九經字樣》補𬼊者多由曲脛，故言此爲下象偏曲張本。謂从大而象一脛偏曲之形也。

王筠《句讀》：以𬼊釋尣，廣二名也，曲脛則其訓義也。《九經字樣》："大字象人形，屈其右足爲尣。"

謹按：尣，金文作 , 像人屈一足，以示跛蹇之意。許解："尣，𬼊。"段、王二氏所見不同，似王說爲長，許解無諧聲，亦無讀若，疑尣、𬼊古今字，猶《卷二》"釆、辨"之例。"皮"爲後加聲符，从皮得聲的字如"波"

"頗""玻""駊""坡""破"皆讀(po)，皷《廣韻》亦作帮果切，可證。烏光切，蓋後人就古文㞷字推理爲之，此說近妄，錄以待正。允，亦作"尢""㞷"。隸變作"尪"。

壺【壺】　　戶吳切　　今讀 hú

許解：昆吾圜器也。象形。从大，象其蓋也。凡壺之屬皆从壺。

《段注》：《缶部》曰："古者昆吾作匋。"壺者，昆吾始爲之。《聘禮》注曰："壺，酒尊也。"《公羊傳》注曰："壺，禮器。腹方口圓曰壺，反之曰方壺。有爵飾。"又《喪大記》："狄人出壺。"大小《戴記》："投壺"，皆壺之屬也。

王筠《句讀》：《缶部》云："昆吾作匋。"則所作豈但一壺。昆吾蓋壺之別名也，而未詳所出。惟近人陳斌《小海唱》云："昆吾不如壺。"亦未審所用何典。……云象形，則通體象形矣。又言從大，特爲部分系聯言也。不然者，象人形之大，大小之大，皆不可以爲蓋。

張舜徽《約注》：此篆說解，始以昆吾釋壺，所以廣異名，然後以圜器爲訓也。蓋急言曰壺，緩言則曰昆吾耳。昔人多以昆吾爲人名，或謂爲夏桀之臣，或謂爲商紂之臣，皆非也。壺之形制，乃原於瓠。太古惟知以瓠之乾者盛飲食，故即謂瓠爲壺。《詩·豳風·七月》篇："八月斷壺。"毛傳云："壺，瓠也。"《楚辭·招魂篇》："元鑪若壺。"王注云："壺，乾瓠也。"是已。凡匋器、銅器之壺，皆依仿瓠之形狀以制作者也。此篆大象壺蓋，壺象壺體，證之金文、甲文，其形大同。

謹按：壺，甲文作壺等形，金文作壺等，均整體象形。許解無諧聲，無讀若，蓋"昆吾"即讀若。以連語釋合音詞，即以緩言釋疾言也。張舜徽所說，是也。

壺【壹】　　於悉切　　今讀 yī

許解：專壹也。从壺，吉聲。凡壹之屬皆从壹。

徐鍇《繫傳》：从壺。取其不泄也。

《段注》：嫥各本作專，今正。嫥下云："壹也。"與此爲轉注。

王筠《句讀》：桂氏、段氏皆曰："專當作嫥。"非也。且果是轉注，則當云嫥也。

《徐箋》：壹之本義爲壹壺，聲轉爲抑鬱，閉塞之義也。古通作一。

張舜徽《約注》：壹本爲物在壺中閉塞之名，閉塞則不分散，故引申爲專壹之稱。本从吉聲，而今作壹者，沿隸變也。气在壺中不得出，謂之壹。猶艸木在土中寃曲不得申謂之乙耳。壹、乙雙聲，語原同也。

謹按："壹"字無古文可以參證。徐灝之說蓋是，"壹壺"即"抑鬱"，亦即"絪縕"，皆閉塞、壓抑之意，如熱水之處壺中。吉、凶皆當是聲符。

𡴆【𡴆】　　尼輒切　　今讀 niè

許解：所以驚人也。从大从羊。一曰大聲也。凡𡴆之屬皆从𡴆。一曰讀若瓠。一曰俗語以盜不止爲𡴆，𡴆讀若籋。

《段注》：各本作从羊。《五經文字》曰："《說文》从大从丫，丫音干。今依《漢石經》作幸。"又曰："執者，《說文》𡴆者，經典相承，凡報之類同是。"則張氏所據《說文》與今本迥異如是。今隸用《石經》體，且改《說文》此部皆作幸，非也，今皆正。干者，犯也。其人有大干犯而觸罪，故其義曰："所以驚人。"其形从大、干會意。

王筠《句讀》：《五經文字》："𡴆，所以犯驚人也"。……此又謂是形聲也。嚴氏曰："驚、摯等字皆音至，是大聲也。"桂氏曰："大當爲羊。《集韻》引作笑，笑爲羊之譌。"……桂氏曰："當云讀若瓠讘，謂𡴆聲如讘

◁▶《說文》部首集注箋證

也。"本書譶下云:"河東有狐讘縣。"《漢書·功臣傳表》:瓡讘矦扞者,顏注:"瓡,讀與狐同。"《王子侯年表》:"城陽項王子劉息,封瓡矦。"顏云:"瓡即瓠字,是瓠讘即狐讘。"嚴氏曰:"姚云:'瓠疑作執。'《地理志》:'北海郡瓠縣。'師古曰:'瓡即執字。'如姚此說,《漢志》當作瓡,从爪。爪,丮也。故瓡即執之變。"

《徐箋》:幸之本義,蓋謂拘攝罪人,故所屬之字,多捕𠚖訊囚之類。"一曰大聲"者,謂一說用大爲聲,蓋大有他達切之音,可諧也,讀若瓠,當是瓡之譌。

張舜徽《約注》:幸字在甲文作🔲或作🔲,象刑具,所以梏制罪人兩手者。執、圉諸字皆从之,蓋初形爲🔲,後乃變而爲🔲,篆體離其上下而爲🔲,遂以爲从大从羊,以會意說之矣。此原意所以全失也。兩手所就謂之"幸",猶兩足所覆謂之𡴞,二字音同,語原一耳。

謹按:甲文🔲、🔲字,隸定爲"幸",像拘囚之木枷。"執"字从之作🔲,像人兩手被拘於幸中之形,可見"幸"當是桎梏之類。引申爲拘捕犯人之行爲,與扼其喉之扼,音轉爲"拿",後世謂拘捕犯人爲"捉拿",或單稱"拿"。

奢【奢】　　式車切　　今讀 shē

許解:張也。从大,者聲。凡奢之屬皆从奢。奓,籒文。

段注:張者,施弓弦也。引伸爲凡充庠之偁。侈下曰:"一曰奢也。"……按:籒會意,篆形聲。《西京賦》:"有馮虛公子者,心奓體泰。"薛注:"言公子生於貴戚,心志奓溢,體安驕泰也。"未嘗云奓即侈字。李善引《聲類》云:"奓,侈字也。"疑李登始爲此說,初非許意。平子文章用籒文奢也。《廣韻》讀陟加切。

王筠《句讀》:依《御覽》引補。

张舜徽《約注》：奢字从大，大象人形。許以張訓奢，當以手足開張爲本義。湘湖間稱手足開張皆曰奢開，乃本義也。因引申爲一切開張之名。

謹按：奢，金文作𡘾，从大者聲，依《廣韻》"陟加切"，當讀(zhà)，京郊謂人于勞動時，張著兩手不操作，曰"乾(zhà)著兩手"，當即奢字的古音義。今京郊教嬰兒學步，漫張兩腿移動曰(zhà)，其本字當亦是"奢"。

亢【亢】　　古郎切　　今讀 gāng

許解：人頸也。从大省，象頸脈形。凡亢之屬皆从亢。頏，亢或从頁。

《段注》：《史》《漢》《張耳列傳》："乃仰絕亢而死。"韋昭曰："亢，咽也。"蘇林云："肮，頸大脈也，俗所謂胡脈。"《婁敬傳》："搤其亢。"張晏曰："亢，喉嚨也。"按：《釋鳥》曰："亢，鳥嚨。"此以人頸之偁爲鳥頸之偁也。亢之引伸爲高也、舉也、當也。

王筠《句讀》：大徐新加標目作亢，夢英同，當從之。言人者，爲從大張本，與《目部》"人眼也"不同意。《漢書·婁敬傳》"夫與人鬭，不搤其亢拊其背，未能全勝。"張晏曰："亢，喉嚨也。"《釋鳥》："亢，鳥嚨。"郭注："亢即咽。"亢訛作亢之後，俗人加省字也。諸部中從亢之字，大徐有迒、笐、邟、伉、沆、魧、抗、䬅八字。小徐《韻譜》加以犺、炕、姎、忼四字，從亢者甚少，惟本部則二徐本皆從亢，然則從大者，謂亢也。下文象頸脈形，指中央一橫也，與交允二部從大云云，文法一律，若作亢，則以上半爲大省，尚有牵作𡗜、赦作𢼜可證，下半則不象頸脈矣。

张舜徽《約注》：頸、亢雙聲，一語之轉，亢之轉爲頸猶剛之轉爲勁耳。亢之或體从頁，則爲人頸專字矣。人自頭以下肩以上謂之頸，猶艸木榦謂之莖也。頸亦謂之亢，猶竹列謂之笐也，皆取其直耳。故亢之引申又有直義。

　　謹按：兀，今讀如鯁，取其直立不曲也。故人剛正曰骾直，或作耿直。用之於植物則寫作"梗"，如豆梗、花梗，用之於魚，則作"鯁"，如"骨鯁在喉，不得不吐"。

夲【夲】　　土刀切　　今讀 tāo

　　許解：進趣也。从大从十。大十，猶兼十人也。凡夲之屬皆从夲。讀若滔。

　　《段注》：趣者，疾也。……說从大十之意，言其進之疾，如兼十人之能也。

　　王筠《句讀》：莊氏述祖曰："柳宗元《陸文通墓表》：'後之學者，窮老盡氣，左視右顧，莫得而夲。'音土刀切，人或誤讀爲本末之本。"

　　謹按：夲，無古文字可資參證。从夲之字如𠦪(hū)、暴(bào)、𡘹(奏)等皆有疾速前進之意，疑與後出跑字有關。跑本讀(páo)，關中謂雞爪掘地覓食曰跑，犬、牛以爪、蹄掘土亦曰跑。《廣韻》薄交切，《集韻》薄交切，皆謂"足跑地也"，無疾進之義。疑本當是"跑"的本字，"跑"則是"夲"的借字，"夲""跑"迭韻。杭州虎跑泉傳說乃虎以爪掘地所出之泉，仍用"跑"字本義。

夰【夰】　　古老切　　今讀 gǎo

　　許解：放也。从大而八分也。凡夰之屬皆从夰。

　　《段注》：放者，逐也。……各本从大而八分也，今正。夰者，大分之意也。

　　王筠《句讀》：《玉篇》："放，散也。"案：夰與夲義近，故相聯。特夲者直言之，夰者橫言之，部中字各如其首。

《徐箋》：夼者，放縱輕脫之貌，故从夼之字，其義爲驚㝵，爲傲嫚，爲往來也。

張舜徽《約注》：夼字訓放，與敠字从放同意，謂出游也。人閒散無事則出游，手足舒散，行步安緩，故許云："从大而八分也。"今俗稱人之游散緩步者曰大搖大擺，擺即八之語轉耳。疑夼、敠本爲一字，今讀敠爲五牢切，則由見紐轉入疑紐矣。

謹按：段注語意不明，不如張說近理。"夼"與"翱"音義皆近，鳥自在飛旋曰翱翔，人自在散步，亦可曰夼。以形求之，大當指人，川指兩足分開之形。今人仍謂自在散步曰"邁著八字步"也。

介【大】　　他達切　　今讀 dà

許解：籀文大，改古文。亦象人形。凡大之屬皆从大。

《段注》：謂古文作大，籀文乃改作介也。本是一字，而凡字偏旁或从古、或从籀不一，許爲字書乃不得不析爲二部，猶人儿本一字，必析爲二部也。顧野王《玉篇》乃用隸法合二部爲一部，遂使古籀之分不可攷矣。亦者，亦古文也。大象人形，此亦象人形，其字同，則其音同也。而大徐本云大徒蓋切、介他達切，分別殊誤。古去入不分，凡今去聲之字，古皆入聲。大讀入聲者，今惟有會稽大末縣，獨存古語耳。實則凡大皆可入，非古文去，籀文入之謂。

王筠《句讀》：……亦者，承古文象人形而言，他達切。大徐新加標目，介下注以夼字，與篆體合，且與大隸作大有別。則此兩大字，及部中从大諸大字，皆當作夼。然《大部》說曰："古文大也。"但注之曰："他達切。"而不作夼，《集韻》十二曷，收此籀文大，亦不作夼，未敢改之。又案：六字，鐘鼎文皆作介，秦器猶然。新莽權乃有大字，蓋漢人改之，以與介字相避也。筠清館周《父癸角》𣍘即奭字，平安館《大彝》作奭。又金文立、位二字皆作立，均从大而不从夰，惟从夰之夽，《繹山碑》同，又是小篆而非籀文也。

张舜徽《約注》：古文作大，籀文作夰，實一形而稍變。此與人、儿分部之例不同。以从人者，人多在左，从儿者，儿多在下，不可混而爲一也。大、夰二部，雖似从大之字，大多在上，从夰之字，夰多在下。然若契篆已入大部，則奕、奘、臭、奚、奧、奰、䕫諸篆，又何必別自爲部耶？戴侗謂："古文，籀文，特字勢少差，許氏一字而分二部，已非；孫氏又別其音尤非。"其說是也。《玉篇》合爲一部，殆亦未可厚非。

謹按："大"（徒蓋切，後世作太）、"大"（他達切），甲文原是一字，如"夾"从大（徒蓋切），甲文作夾。"奚"从大，甲文作奚，兩大字形全同，至字音是相同，原可考。後世分讀，以資區別，亦無不可。

夫【夫】　　甫無切　　今讀 fū

許解：丈夫也。从大，一以象簪也。周制以八寸爲尺，十尺爲丈。人長八尺，故曰丈夫。凡夫之屬皆从夫。

《段注》：从一大則爲天，从大一則爲夫，於此見人與天同也。天之一，冒大上，爲會意。夫之一，毌大首，爲象形，亦爲會意。先，首笄也，俗作簪。依《御覽》宜補"冠而後簪，人二十而冠，成人也"十二字，此說以一象簪之意。

王筠《句讀》：《大戴禮·本命篇》："丈者，長也。夫者，扶也。言長扶萬物也。"……《御覽》引云："從一，大象人形也，一象簪形，冠而既簪，人二十而冠，成人也。故成人曰丈夫。"

《徐箋》：丈夫者，男子已冠之偁也，故一象其簪。

林義光《文源》：古作夫或以大爲之，秦刻石大夫作夫=，蓋夫與大初皆作大，象人正立形，其後分爲兩音兩義乃加一爲夫。以別於大。古女或作㓁,母或作㓁,則一非象丈夫之簪也。

謹按:夫,甲文作㐲,與㝎通用。夫甲即大甲,金文作㐲,夫,亦有作㝎者。"夫""大"皆像成人之形,今仍稱成人爲大人,稱父或與父平輩之人曰爹(dā)。"一"非簪形,林説蓋是。古音當讀如 bā。《論語》:"吾已矣夫!""惟我與爾有是夫?"句末之語氣詞,皆相當今字"吧"。古文字中有用加畫表示假借一法,如甲文㈆(白)中加一㇏作㈆,借作"百"。甲文㇏(人),下加一横作㇏,借爲"千",等等。"大""夫"二字,甲文、金文常通用,古音又同韻,所以夫字有可能是由甲文㐲(大)上加一横所構成的假借字。

【立】　力入切　今讀 lì

許解:住也。从大,立一之上。凡立之屬皆从立。

《段注》:侸,各本作住,今正。《人部》曰:"侸者,立也。"與此爲互訓。淺人易爲住字,亦許書之所無。在,各本作立,今正。鉉曰:"大,人也。""一,地也。會意。"

王筠《句讀》:《説文》無住字,侸、尌下皆云立也。《集韻·十遇》以尌、侸爲一字,厨遇切,但不與住同字。徐鉉曰:"大,人也。一,地也"。案:立當作在,立是本篆,不當以之屬詞。

張舜徽《約注》:許書雖無住篆,而説解中不嫌采用當時俗體,其大例然也。段氏注本必改住爲侸,泥矣。《釋名·釋姿容》云:"立,林也,如林木森然各駐其所也。"此解甚精,明立、林二字聲義同原,推之地蕈叢生田中爲㐲,禾之稀疏適歷爲秝,皆一語之轉。立、林、㐲、秝同在來紐,雖字各異形,而義無二趣。故雙聲之理明,而後文字孳乳變化之跡可得而言也。古立、位同字。

謹按:立,甲文作㐱,金文作㐱,均像一大人立于一之上。一當是所立之位置。段《注》謂《說文》無"住"字，故改"住"爲"侸"，恐有未安。《說文》無"住"字，但有"駐"字。許解"馬立也"，疑本當作"駐也"。後人改從人旁也。《釋名·釋姿容》："立，……如林木森然各駐其所也。"可供參證。古者"立""位"同字。《石經春秋》"公即位。"作"公即立"。故知立下之"一"非"一"也，乃所立之位置。

血【竝】　蒲迥切　今讀 bìng

許解：併也。从二立。凡竝之屬皆从竝。

《段注》：《人部》併下曰："竝也。"二篆爲轉注。鄭注《禮經》古文竝，今文多作併，是二字音義皆同之故也。古書亦多用爲傍字者，傍，附也。

張舜徽《約注》：傍者近也，謂二人相密近也。竝與傍、扶雙聲，皆一語之轉。竝从二立，猶扶从二夫耳。

謹按：竝，甲文作𠓜，金文作𠓜，均像二人並立一處之形，後世所謂"並蒂""並頭蓮"之並，猶存本義。

囟【囟】　息進切　今讀 xìn

許解：頭會，腦蓋也。象形。凡囟之屬皆从囟。𦞤，或从肉、宰。𠙹，古文囟字。

《段注》：首之會合處，頭髓之覆蓋。玄應引蓋下有"頷空"二字。"頷空"，謂頷腔也。《內則》注曰："夾囟曰角。"《內則·正義》引此云："囟，其字象小兒腦不合也。"按：《人部》兒下亦云："从儿，上象小兒頭腦未合也。"《九經字樣》曰："《說文》作囟，隸變作囟，䰠、腦等字从之，細、思等字亦从之"。攷夢英書偏傍石刻作囟，宋刻書本皆作囟。今人楷字譌囟。又改篆體作囟，所謂象小兒腦不合者，不可見矣。

王筠《句讀》:當依《嶧山碑》❀字作囟。頭之會、腦之蓋也,會者合也。《家語·本命解》:"三年顖合,然後能言。"顖即俗囟字。《方書》:"頂中央旋毛中爲百會,百會前一寸半爲前頂,百會前三寸即囟門"。依元應引補,謂囟又名頟空也。空,古腔字。《內則》:"男角女羈。"注云:"夾囟曰角。"《正義》云:"囟是首腦之上縫,故《說文》云:'十其字,象小兒腦不合也。'"案:此說與兒下說合。云十其字,固由✕非字而然。然許說象形字,無此文法,蓋陽冰說也。

張舜徽《約注》:囟猶析也,謂其頭頂之骨尚析離未會合也。今驗小兒三歲以前,頭頂前中處,常跳動不已,此即頭骨未合之徵。囟、析雙聲,語同原也。

謹按:囟,甲文作⊗,金文作△。今稱囟門,在小兒頂,微下陷,✕表示未合或中空,"囟""陷"音近、義近。

❀【思】　　息茲切　　今讀 sī

許解:容也。从心,囟聲。凡思之屬皆从思。

《段注》:睿也,各本作容也。或以伏生《尚書》"思心曰容"說之,今正。"皃曰恭,言曰從,視曰明,聽曰聰,思心曰睿",謂五者之德,非可以恭釋皃。以從釋言,以明聰釋視聽也。《谷部》曰,"睿者,深通川也"。……引伸之,凡深通皆曰睿。思與睿雙聲,此亦門,捫也,戶,護也,髮,拔也之例。謂之思者,以其能深通也。

王筠《釋例》:思下云囟聲,竊兼取其義。人之能記在腦,故有遺忘,則仰而思之,俗謂之問腦。

《徐箋》:人之精髓在腦,腦主記識,故思从囟,兼用爲聲,囟思一聲之轉也。

謹按:思,無古文字可資考證。解此者以爲"思"出於"囟",不免以今釋古之嫌。《孟子》:"心之官則思。"《荀子》:"心者,形之君也,而神

241

明之主也。"《大學》疏:"總包萬慮謂之心。"古人蓋皆以心爲思索器官,許解"从心,囟聲"不誤。

【心】　　息林切　　今讀 xīn

許解:人心,土藏,在身之中。象形。博士說以爲火藏。凡心之屬皆从心。

王筠《釋例》:心於五藏,獨象形,尊心也。其字蓋本作心,中象心形,猶恐不足顯著之也,故外兼象心包絡。今篆曳長一筆,趁姿媚耳。

謹按:心,甲文作等形,金文作等,整體象形。《釋名·釋形體》:"心,纖也,所識纖微,無不貫也。""心"與"思",雙聲,陰陽對轉,蓋就其形言曰心,就其用言曰思,二字音義皆通。

【惢】　　桑果切　　今讀 suǒ

許解:心疑也。从三心。凡惢之屬皆从惢。讀若《易》"旅瑣瑣"。

徐鍇《繫傳》:疑慮不一也,故從三心。會意。

《段注》:《魏都賦》曰:"神惢形茹。"今俗謂疑爲多心。會意。今花蘂字當作此。蘂、蕊皆俗字也。

王筠《句讀》:……《易》曰:"三則疑也。"《戰國策》曰:"一心可以事百君,而二心不可以事一君。"

張舜徽《約注》:此即今語所稱三心二意也,謂意念游移不定,心事散亂也。心亂謂之惢,猶物之分離謂之槭耳。惢、槭固雙聲也。當依《玉篇》《廣韻》讀桑果切。

謹按:惢,乃後出之字。以其形和義求之,今讀(lái)或(léi)。《廣韻》即作才棵切,猜、疑二字每連用也。字从三心,會意。心只有一,不可能有三。此乃以量表質之法,謂其性質如此也。"晶"从三日,"聶"从三耳,"品"从四口,皆此類也。

卷 十 一

〖水〗　　式軌切　　今讀 shuǐ

　　許解：準也。北方之行，象眾水並流，中有微陽之氣也。凡水之屬皆从水。

　　《段注》：準，古音追，上聲。此以疊韻爲訓。如戶護、尾微之例。《釋名》曰："水，準也。""準，平也"。天下莫平於水，故匠人建國必水地。

　　王筠《句讀》：《集韻》："準，數軌切。"水，準疊韻。《白虎通》："水之爲言準也。"《尚書·大傳》："非水無以準萬里之平。"《考工記·輈人》："輈注則利準。"注云："故書準作水。"又《栗氏》："爲量權之然後準之。"注云："準，故書或作水。"

　　《徐箋》：此字古篆蓋作≈，象形，易橫爲直，以與偏旁相配也。

　　謹按：水，甲文作𣲑等形，金文作𣱽等，整體象形，作水波流動之狀，中像波峰，兩旁爲波谷。

〖沝〗　　之壘切　　今讀 zhuǐ

　　許解：二水也。闕。凡沝之屬皆从沝。

《段注》:即形而義在焉。此謂闕其聲也,其讀若不傳,今之壘切者,以意爲之。

王筠《句讀》:既釋以二水也,而又云闕者,蓋沝即水之異文,許君未得確據,故不質言之,而與𠙴亦自字麻與林同異文也。《集韻》曰:"閩人謂水曰沝,則謂水沝爲兩字。"安康王玉樹松亭曰:"鄺氏《易》:'坎爲水,水作沝。'"郭忠恕《佩觿集》:"音義一而體別,水爲沝,火爲炛,是水與沝音義竝同。"筠案:此說最精。凡疊二成文者,如㸚、㸚、从、棘……等字,皆當與本字無異,惟沝之即水有據,故於此發之。《唐韻》之壘切,未可據也。說詳《釋例》。

張舜徽《約注》:……證以本部所收二文,𤁕之篆文作𣶒,𣥿之篆文作𣥿,此外若𠕲之籀文作𠕲,則𣳅爲𣳅之籀文明矣。籀文好重疊,其字體然也。

謹按:《說文》併合兩個相同之字爲一字者,如"祘""珏""吅""炏""林"……皆有音有義,與單一字不同,"沝"字似不能例外。以字形求之,《沝部》所屬有"流""涉"二字。𤁕(流)像"子"在水中順流而下。𣥿(涉)像人在水涉渡。人在水之中爲涉,與人在衣中𧘇(依)同意。但"衣"字可分開寫,如"裏""衷""裹"等,而"水"字分寫不類,故重之,此一分爲二之法也。隸楷求簡,故省一水。以此論之,則"水""沝"本一字,疑許氏因"流""涉"篆文从二水,故取之以立部首。"涉"字甲文作𣥿等形,後二字中之𣲙、𣱱,亦像水一分爲二、爲三之形,恐亦古人化整爲零之法也。

𠙴【瀕】　符真切　今讀 pín

許解:水厓。人所賓附,頻蹙不前而止。从頁从涉。凡頻之屬皆从頻。

《段注》：匚，今之涯字。附當作駂。《馬部》曰："駂，近也。"瀕、賓以疊韻爲訓，瀕今字作濱。《召旻》傳曰："瀕，匚也。"《采蘋》《北山》傳皆曰："濱，匚也。"今字用頻訓數，攷《桑柔》傳曰："頻，急也。"《廣雅》曰："頻頻，比也。"此從附近之義引伸之，本無二字二音，而今字妄爲分別，積習生常矣。"顰戚"各本作"頻戚"，今正。此以顰戚釋從頁之意也。將涉者，或因水深，顰眉蹙頞而止，故字從涉頁。

王筠《句讀》：元應引《字林》："濱水，崖也。"知呂氏已收濱字。頻、賓疊韻。《大雅》："池之竭矣，不云自頻。"傳云："頻，匚也。"箋云："頻，當作濱，匚猶外也。"《釋文》云："張揖《字詁》云：'瀕，今濱。'則瀕是古濱字。"《禹貢》："海濱廣斥，泗濱浮磬。"《漢志》作瀕，師古注："瀕，水涯也。音頻。又音賓。"頻有頻匚、頻蹙二義，許君牽連說之："人所賓附。"伸水匚之義，欲涉必至其瀕也。頻蹙不前，又伸賓附之義，或深涉，或寒涉，故既已賓附而又頻蹙也。

謹按：瀕，金文作 ，像一人在水邊瞪目、竦髮、踟躕不前之形。類似古書所言"戰戰兢兢，如臨深淵"。"頻蹙"，亦有畏縮之意，猶今人謂畏難退縮，曰"皺眉頭"也。

〔 く 〕　　姑泫切　　今讀 quǎn

許解：水小流也。《周禮》："匠人爲溝洫，耜廣五寸，二耜爲耦。一耦之伐，廣尺、深尺謂之く。倍く謂之遂，倍遂曰溝，倍溝曰洫，倍洫曰巜。"凡く之屬皆从く。，古文く，从田，从川。，篆文く，从田，犬聲。六畎爲一畝。

《段注》：《水部》曰："甽，小流也。"く與甽音義同。《釋名》曰："山下根之受霤處曰甽。甽，吮也，吮得山之肥潤也。"按：此爲《禹貢》"羽畎""岱畎"之說解，亦即小流之義。

王筠《句讀》:《詩·節南山》正義引此而申之曰:"言水小不能自通,須人甽引之,則甽是壟中小水名。"筠案:〈字,省巜之外四筆,獨存中一筆,故云水小流,與省木爲不、爲片同例。不言從水省,似有闕文。

張舜徽《約注》:〈即甽之初文也。〈、巜、巛三文相次,〈獨一〈而止,象其流之狹,故云水小流也。此乃田間小流,故或體甽、畎皆从田,甲文中已有畎字,知其所起已早。畎字雖較晚出,而經傳多用之,畎行而〈廢矣。

謹按:〈,古文作巜,像水行田中之形。巛非"川"字,蓋引水入壟之細流也。段氏以甽解之,固通,然不如解作"灌田"之"灌"本字爲尤貼切。

巜【巜】　　古外切　　今讀kuài

許解:水流澮澮也。方百里爲巜,廣二尋,深二仞。凡巜之屬皆从巜。

《段注》:澮澮當作浯浯。《毛傳》曰:"浯浯,流也。"《水部》曰:"浯浯,水流聲也。"古昏聲、會聲多通用,水流涓涓然曰〈,浯浯然則曰巜,巜大於〈矣。此字之本義也。因以名井田之制。

王筠《句讀》:言水流者,承〈水小流也而言。巜倍于〈,其流大也。言澮澮者,澮爲水名之專字,而不借用巜,巜爲田閒之溝之專字,而通用澮,故以澮說巜也。《地官·稻人》:"以澮寫水。"注云:"澮田尾去水大溝。"《釋名》:"注溝曰澮,澮,會也,小溝之所聚會也。"

謹按:"巜"形倍於"〈",當系田間引水之水渠,開其埂即入壟爲〈,閉其埂則在田中通行,今京郊澆麥仍用此法。古外切,當讀作(gài),即"灌溉"之"溉"本字。"〈""巜"本水之通道,名詞也。以其作用言,則爲動詞,〈、巜連言之即今日所謂灌溉也。此專就田間者言之,擴而充之,則凡水之小而須人力疏導皆可謂〈、〈〈矣。

〕〕〕【川】　　昌緣切　　今讀 chuān

　　許解:貫穿通流水也。《虞書》曰:"濬〈、〈〈,距川。"言深〈、〈〈之水會爲川也。凡川之屬皆从川。

　　《段注》:毌,各本作貫。毌,穿物持之也。穿,通也。〈〈〈則毌穿通流,又大於〈〈矣。水有始出謂川者,如《爾雅》"水注川曰谿",許云"泉出通川爲谷"是也。有絕大乃謂川者,如《皋陶謨》"〈、〈〈距川",《攷工記》"澮達於川"是也。本小水之名,因以爲大水之名。

　　王筠《句讀》:又承〈〈而言,其流愈大,故增〈〈爲〈〈〈也。川、貫疊韻,川、穿同音。桂氏段氏皆謂貫當作毌,不知隸字但用貫也。李巡注《爾雅》:"水流而分,交錯相穿,故曰川也。"

　　張舜徽《約注》:此等字皆當橫看,象水流之形,其流愈厚者,則其大可知也。

　　謹按:甲文作〳〳、〳〳〳等形,像水行兩岸之間。金文作〳〳〳,把水形省爲〳,當系由甲文〳〳〳演變而來者。以此可知"川"字非由"〈〈"字增畫而成者。王氏"增〈〈"與段氏"大〈〈"之說,似皆失據。"川"字早出,"〈""〈〈"後出,謂"〈""〈〈"乃"減川","小川"斯可矣。

〕〕〕【泉】　　疾緣切　　今讀 quán

　　許解:水原也。象水流出成川形。凡泉之屬皆从泉。

　　《段注》:《釋水》曰:"濫泉正出。"正出,涌出也。"沃泉縣出","縣出,下出也"。"氿泉穴出",穴出,仄出也。《毛傳》亦云:"檻泉正出,側出曰氿泉。"許作濫泉,厬泉。《召旻》曰:"泉之竭矣,不云自中。"傳曰:"泉水從中以益者也。"

247

王筠《句讀》：水者，指《水部》自氾至海凡水名字而言。發源注海者固有泉，首尾不出一縣者亦必有泉。許君之意，不謂趵突泉、珍珠泉之類也。故說字形曰："象水流出成川形。"上半象泉，下半似川字，要是全體象形，非從川也。

張舜徽《約注》：古金文原字从𠂢，見散氏盤，與甲文中泉字作 𠂢、𠂢 者相似，皆象水从巖穴中滴出之形。蓋泉之言荐也，謂由此不復停滯，行進不止也。泉有流通義，故古人謂貨幣爲泉。

謹按：泉，甲文作 𠂢 等形，像水自山坳流出之形。𠂢 像山坳形，與 𠂢（牢）所以極似。𠂢 像水形，簡化爲丁，許解"水原"也，不誤。蓋水原皆出於山崖，古籍所載如是。如《禹貢》"導淮自桐柏""導洛自熊耳"等。但謂"象水流出成川形"，顯系就小篆 𠂢 字下半立說，與甲文不合，亦與"水原"之解矛盾，王筠說"非从川也"確有見地。

𠱿【灥】　　詳遵切　　今讀 xún

許解：三泉也。闕。凡灥之屬皆从灥。

《段注》：凡積三爲一者，皆謂其多也。不言从三泉者，不待言也。此爲讀若未詳，闕其音也。

張舜徽《約注》：多泉會合，則其流盛矣。灥之言循也，循水行之道而進也。凡疊三成形之字，未有不與本字異音異義者，故灥與泉音義皆殊。論者多據部屬厵字从灥，而重文作原从泉，輒謂灥、泉一字，疑未然也。

謹按："灥"字讀音，許解从闕，是東漢已失其音讀矣。《廣韻》詳遵切，當有所承。疑古音當讀如（hun）。《孟子》："源泉混混，不舍晝夜。"混混狀水盛流急貌，猶今言滾滾流動也。凡積三爲一之字，不僅言其量多，亦言其勢盛也，如"森""淼""焱""麤""犇""羴""猋""轟"等等。

·248·

【永】　　于憬切　　今讀 yǒng

許解：長也。象水巠理之長。《詩》曰："江之永矣。"凡永之屬皆从永。

《段注》：引伸之，凡長皆曰永。《釋詁》《毛傳》曰："永，長也。"《方言》曰："施於眾長謂之永。"巠者，水脈；理者，水文。

王筠《句讀》：……許君加水者，兼說字形也。永篆與水篆相似，但屈曲引長之耳。且𠂢下亦云水長也，又同引一詩，但殊其音以爲別，而後永、𠂢二字之古合今分，源流了然矣。

謹按：永，甲文作𣲘等形，金文作𣱵等。字形無水字之跡，像人行大路(行)之中，以示路途之長。今人仍謂遠行曰走長路，或長途跋涉。許解"水長也"，與所屬𠂢字同，恐涉下文，傳寫者誤增一水字耳，今大徐本即無水字。

【𠂢】　　匹卦切　　今讀 pài

許解：水之衺流別也。从反永。凡𠂢之屬皆从𠂢。讀若稗縣。

《段注》：流別者，一水歧分之謂。《禹貢》曰："漾東流爲漢，沇東流爲泲，江東別爲沱。"此言流別之始。《釋水》詳之："自河出爲灉，濟爲濋已下是也。"流別則其勢必衺行，故曰"衺流別"。𠂢與《水部》派音義皆同，派蓋後出耳。"衺流別"，則正流之長者較短而巠理同也，故其字从反永。

王筠《句讀》：《釋水》曰："水自河出爲灉，濟爲濋，汶爲灛，洛爲波，漢爲潛，淮爲滸，江爲沱，過爲洵，潁爲沙，汝爲濆。"凡此皆所謂別也，出於大水而別流也。謂之衺流者，如河之正流爲正，灉之自河出者，視河爲衺，非謂河流必正東正西，灉流必傾衺也。既已別出，即是分𠂢，猶之別

249

子爲祖矣。衁、覎二字，說皆曰衺，故不入《血部》《見部》。言反猶言衺也。徐鍇曰："永，長流也。"反即分辰也。匹卦切。辰字見金刻者，皆即永字，古文不論反正也。

張舜徽《約注》：別者分也，水別謂之辰，猶禾別謂之秭，故許即讀辰爲秭。《禾部》秭下云："琅邪有秭縣。"此云："讀若秭縣。"即言讀若秭縣之秭耳。

謹按：辰，金文與"永"不分。蓋甲文字形反正多不拘，金文較有不定向，然亦有不拘反正者，非若小篆之涇渭判然，此正小篆之優越處。許慎讀若秭，《廣韻》屬滂紐怪韻，與"別"字（並紐薛韻）雙聲。疑許解當作"辰別，水之衺流也。""辰""別"雙聲，韻亦相近，後人抄寫亂之耳。今人仍謂枝梗从幹上旁出曰別出，腰上斜插刀具，曰："腰間別著刀具。"別著，即邪出之意。

𧮫【谷】 　　古祿切　　今讀 gǔ 𧮫

許解：泉出通川爲谷。从水半見，出於口。凡谷之屬皆从谷。

《段注》：《釋水》曰："水注川曰谿，注谿曰谷。"許不言谿者，許以谿專係之山瀆無所通也。川者，毌穿通流之水也，兩山之閒必有川焉。《詩》："進退維谷"，叚谷爲鞫，毛《傳》曰："谷，窮也。"即《邶風》傳之"鞫，窮也"。

王筠《句讀》：案：當作𧮫，小徐部首作𧮫，而部中字皆從𧮫，大徐亦有三字從𧮫，是也。元應引作"水之通川者曰谷"。《釋水》："水注川曰谿。"注："谿曰谷。"邢《疏》曰："水注川曰谿，是澗谿之水注於川也。注谿曰谷，謂山谷中水注入澗谿也。"案：此說與許合，《詩》有"空大谷"，"在彼空谷"，則谷是山澗。故此文云出，下文云半見也。

《徐箋》：从水半見，謂𧮫與𠔾"从水敗皃"同意。从口指事，水所從出也。

张舜徽《約注》：泉出通川爲谷，猶水瀆謂之溝耳。谷、溝雙聲，義相通也。

謹按：谷，甲文作𠔌，金文作𠔌等形，整體象形。凵、口，山間爲雨水沖刷之水溝也，爲水出山之處。𠔌爲山坡低窪，水流經過之處。許解"水從半見"不確。"谷"又讀如峪，今人仍有稱山谷爲峪者。

仌【仌】　　筆陵切　　今讀 bīn

許解：凍也。象水凝之形。凡仌之屬皆从仌。

徐鍇《繫傳》：冰初凝，文理如此也。

《段注》：仌、凍二篆爲轉注，絫評之曰"仌凍"，如《月令》"冰凍消釋"是也。"冰"各本作凝，今正，謂象水初凝之文理也。

王筠《句讀》：通之也。《月令·孟冬》："一候水始冰，二候地始凍。"《孟春》："一候東風解凍，三候猶曰魚上冰。"《夏小正》則云："魚陟負冰。"是仌屬水，凍屬地。初結之時，仌先而凍後。消釋之時，凍先而仌後，地氣煖水氣寒故也。

謹按：仌，金文作仌，與小篆同，皆像水遇冷初凝之形。仌是冷的象徵，故从仌之字皆有寒冷之意。

雨【雨】　　王矩切　　今讀 yǔ

許解：水從雲下也。一象天，冂象雲，水霝其間也。凡雨之屬皆从雨。𩂣，古文。

桂馥《義證》：冂象雲者，垂覆之象。水霝其間者，氺即水也。

王筠《句讀》：《初學記》引《釋名》："雨，水從雲下也。雨者輔也，言輔時生養。"與今本《釋名》不同。董仲舒《雨雹對》"二氣之初蒸也，若有

· 251 ·

若無,若虛若實,若方若圓,攢聚相合,其體稍重,故雨乘虛而墜。"桂氏曰:"氺,水也。"《石鼓文》作兩,丨不出冂。

謹按:雨,甲文作帀、帀等形,金文作兩等,小篆似緣金文而訛,上面爲一橫是後加的。許解甲文一、金文冂像雲,:::、氺像水(非指水字),均不誤。徐注王矩切,《廣韻》屬云紐虞韻,古音似讀如(hua),今京郊小兒每謂下雨爲下 hua, hua,溺尿,爲溺 hua, hua,疑即古音之遺響,蓋取其聲也。

雲【雲】　　王分切　　今讀 yún

許解:山川气也。从雨,云象雲回轉形。凡雲之屬皆从雲。云,古文省雨。ᓂ,亦古文雲。

《段注》:(云象回轉之形)回上各本有雲字,今刪。古文衹作云。小篆加雨於上,遂爲半體會意,半體象形之字矣。云象回轉形,此釋下古文雲爲象形也。

王筠《句讀》:《繫傳》《禮》曰:"山川出雲。"《呂氏春秋》:"山雲草莽,水雲魚鱗。"……本書"沄,轉流也","囩　,囬也"。《詩》:"昏姻孔云。"《傳》曰:"云,旋也。"《釋名》:"雲猶云云,眾盛意也。又言運也,運行也。"

《徐箋》:《釋名》云:"雲,運也。運,行也。"古文云、ᓂ並象雲气回轉之形,云借爲語詞,故小篆增雨。

張舜徽《約注》:此文當以ᓂ爲最初古文,象山川气起,自下回轉而上之形,變爲云而意漸失,益以雨而形義晦矣。運、雲雙聲,故《釋名》以運訓雲。

謹按:云,甲文作ᓂ、ᓂ,像云氣回轉之形。段注謂云氣上頭二字爲上,與甲文暗合,二、ᓂ像云氣已升高空之象也。

魚【魚】　　語居切　　今讀 yú

許解：水蟲也。象形。魚尾與燕尾相似。凡魚之屬皆从魚。

徐鍇《繫傳》：下从象尾而已。非水火之火字。

《段注》：其尾皆枝，故象枝形，非从火也。

張舜徽《約注》：許云魚尾與燕尾相似，明其爲純象形字也。此與燕下所云"枝尾"，角下所云"角與刀魚相似"可互相發。

謹按：魚，甲文作等形，金文作等，整體象形。

䲆【䲆】　　語居切　　今讀 yú

許解：二魚也。凡䲆之屬皆从䲆。

《段注》：此即形爲義，故不言从二魚。二魚重而不竝，《易》所謂貫魚也，魚行必相隨也。……从二魚與从三魚不同，三魚謂不變其新，二魚謂連行可觀。

張舜徽《約注》：《考工記·梓人》鄭《注》云："連行，魚屬。"是魚固以連行爲常者也。下文灖，篆文作漁，則此䲆當即魚之籀文。魚與䲆，非二字也。

謹按：金文作"灖"字，無"䲆"字，經傳中亦無用例，張説是也。

燕【燕】　　於甸切　　今讀 yàn

許解：玄鳥也。籋口、布翄、枝尾。象形。凡燕之屬皆从燕。

徐鍇《繫傳》：籋音聶，小鉗也。

《段注》：各本無燕燕二字，今補。乙下曰："燕燕也，齊魯謂之乙。"《隹部》雒下曰："雒周者，燕也。"《邶風》傳曰："燕燕，乙也。"……故以廿像之。故以北像之。與魚尾同，故以火像之。

戴侗《六書故》：燕乙意而皆因其聲而命之，玄則以其色也。

王筠《句讀》：《月令》："仲春之月，玄鳥至，仲秋之月，玄鳥歸。"

張舜徽《約注》：燕、乙一物，故同訓玄鳥，以其背色黑也。燕象正面之形，乙象孔飛之形。乙下云："齊魯謂之乙"，是由方音而殊讀耳。經傳多燕燕二字疊用，即乙下所云："取其鳴自呼"之意也。此爲候鳥，《禮記·月令》云："仲春之月，玄鳥至；仲秋之月，玄鳥歸。"《淮南子·墜形篇》云："燕，雁代飛，著其能也。"是已。

謹按：燕乃常見之鳥，且與人習。玄鳥、燕燕又早見於《詩經》，而甲文、金文皆無其字，是亦可異也。有人認爲甲文"寅"字有作⊕等形者，疑爲"燕"之初文，亦無確證。

【龍】　　力鐘切　　今讀 lóng

許解：鱗蟲之長，能幽能明，能細能巨，能短能長，春分而登天，秋分而潛淵。从肉，飛之形，童省聲。凡龍之屬皆从龍。

《段注》：……與能从肉同。㐱、肉二字依《韻會》補，無此則文理不完。《六書故》所見唐本作"从肉从飛及童省"，按："从飛"，謂㐱，飛省也。从及，謂⺄，反古文及也。此篆从飛，故下文受之以飛部。

桂馥《義證》：王君念孫曰："古龍字當作㐱，上象其角，下象其飛騰之形。"

王筠《句讀》：《論衡》傳言："鱗蟲三百，龍爲之長。"……二句一韻，潛淵或引作入川入池者，皆避唐諱也。賈誼《書》："龍之神也，能與細細，能與巨巨，能與高高，能與下下，吾故曰龍變無常，能幽能章。"《後漢書·張衡傳》："夫元龍，迎夏則凌雲而奮鱗，樂時也，涉冬則淈泥而潛蟠，避害也。謂㐱也。《韻會》引作"從肉，㐱肉飛之形"。《六書故》引作"從肉從飛及童省"，皆謬也。

张舜徽《約注》：龍篆从肉，與能篆从肉同意。說解"飛之形"上，當有象字，今大徐本誤奪矣。象飛之形，正謂㲋也。此物以有鱗爲異，因謂之龍。龍與鱗雙聲，直一語耳。古人以鱗、鳳、龜、龍爲四靈，惟龜體小壽長，而處卑下，故其類至今不絕。其他三物，體大而生存者稀，上世已不多見，故先民偶一言及，咸誇飾其神異。許君所言"能幽能明"云云，即所以神之之說也。《說苑·辨物篇》已云："神龍能爲高，能爲下；能爲大；能爲小；能爲幽，能爲明；能爲短，能爲長。"是漢世已盛行此說，故許書亦稱及之。

謹按：龍，甲文作⿱等形，金文作⿱等，皆整體象形。⿱像其冠（即所謂童省），⿱像其頭，張口，巨齒，或有⿱（即所謂肉）；⿱像其尾（即所謂飛）。小篆訛變割裂爲三，故說解不通。王筠能辨其誤，惜不全面耳。

【飛】　甫微切　今讀 fēi

許解：鳥翥也。象形。凡飛之屬皆从飛。

《段注》：《羽部》曰："翥者，飛舉也。"古或叚蜚爲飛。象舒頸展翅之狀。

王筠《句讀》：……案：此指事字也。徐鍇曰："上旁飞者，象鳥頭頸長毛"。《卂部》云："從飛而羽不見，則⿱者羽字兩向書之也。字象直刺上飛之形。"

桂馥《義證》：卂從飛而羽不見，是飛之左右皆象羽。

張舜徽《約注》：本書《羽部》："翥，飛舉也。"故許即以鳥翥訓飛。鳥飛舉則甚速，故引申爲凡速之稱。今語恒稱人行事捷速曰飛快。

謹按：飛，許解象形不誤。伸頸、張翅正像鳥高飛之形。甫微切，古音可讀爲"培"，轉陽聲爲"憑"。《莊子·逍遙遊》："而後乃今培風。"注：培風即憑風。鳥飛即鳥憑風而行也。

兆【非】　　甫微切　　今讀 fēi

　　許解：違也。从飛下翄，取其相背。凡非之屬皆从非。

　　《段注》：韋，各本作違，今正。違者，離也。韋者，相背也。自違行韋廢，盡改韋爲違，此其一也。非以相背爲義，不以離爲義。謂从飛省而下其翄。翄垂則有相背之象，故曰非，韋也。

　　王筠《句讀》：依《袪妄篇》補，下同。以背說非者，與《北部》說云："從二人相背"同意。北、非兩篆之形，皆左右相背也。違字乃正解之。《左傳》："非相違也，而相從也。"與此違字同意。飛篆之形，羽皆向上，非字則上二筆向上，下二筆向下，故曰："下兩翄。"此翄不指全翼言也。此又謂上下相背，與上文左右相背亦異。

　　戴侗《六書故》：飛與非一字而兩用，猶烏、於之爲一字也，借義既博，故判爲二字。

　　張舜徽《約注》：戴說是也。三體《石經》非字古文作兆，《毛公鼎》作兆，象鳥張翄飛舉之形。自篆變爲勻整之兆，而原意失矣。鳥飛舉則兩翄必相背，因引申爲凡違背之稱。

　　謹按：非，甲文作兆，金文作兆，均像鳥兩翼相背之形。古音亦當讀如"背"，"非"是"飛"之初文。因爲借義所專，故又造飛字以代之。

卂【卂】　　息晉切　　今讀 xùn

　　許解：疾飛也。从飛而羽不見。凡卂之屬皆从卂。

　　《段注》：飛而羽不見者，疾之甚也。

　　王筠《句讀》：與省木爲朩爲片同例。

　　張舜徽《約注》：从飛而羽不見，而疾飛之意出矣。此所謂省形以見意也。

謹按：卂，金文作㇐，金文無"非"字，可見"非"从飛省。疑與"从"字有關。从，甲文有作㇐等形者，與"卂"極似。蓋像旌旗臨風飄動之形，其勢甚疾也。未敢輒信，存以待正。

卷 十 二

⺃【乚】　　烏轄切　　今讀 yà

　　許解：玄鳥也。齊魯謂之乙，取其鳴自呼。象形。凡乙之屬皆从乙。鳦，乙或从鳥。

　　《段注》：……《山海經》說鳥獸多云"其名自號"，燕之鳴如云乙。燕、乙雙聲。《莊子》謂之鷾鴯，鷾亦雙聲也。既得其聲，而像其形，則為乙。燕篆像其籋口、布翄、枝尾；全體之形；乙篆像其于飛之形。故二篆皆曰像形也。⺃象翅開首竦，橫看之乃得，本與甲乙字異，俗人恐與甲乙亂，加鳥旁為鳦，則贅矣。

　　王筠《句讀》：……《釋鳥》："巂周"，"燕燕，鳦"。《隹部》："巂，周燕也。"是以上三字為一物也。此云燕乙，是以下兩字為一物也。

　　謹按：王說甚是。《廣韻‧質部》鳦下注曰："燕也，《說文》本作乙。燕、乙，玄鳥也。齊魯謂之乙，取其鳴自呼。象形。"可見《廣韻》所引《說文》，與今本不同。以《說文》解說條例衡之，"乙"燕當是古今字。

不【不】　　方久切　　今讀 fǒu

　　許解：鳥飛上翔，不下來也。从一，一猶天也。象形。凡不之屬皆

· 258 ·

从不。

《段注》：凡云不然者，皆於此義引伸叚借。其音古在一部，讀如德韻之北。音轉入尤，有韻，讀甫鳩，甫九切，與弗字音義皆殊。音之殊，則弗在十五部也；義之殊，則"不"輕、"弗"重。如"嘉肴弗食，不知其旨""至道弗學，不知其善"之類可見。《公羊傳》曰："弗者，不之深也。"俗韻書謂不同弗，非是。又《詩》"鄂不韡韡"，《箋》云："'不'，當作'柎'。柎，鄂足也。古聲'不''柎'同。"

王筠《句讀》：……一引無猶字，非也。一，不可謂之天地，但在上則象天，在下則象地耳。《詩》："有鳥高飛，亦傅于天"。

謹按：不，甲文作等形，金文作等，小篆上溯金文，作，字跡演變形跡尤顯。不似"鳥飛上翔"之形。學者多以爲胚之初文，即《說文》之胚字。許解："胚，婦孕一月也。从月不聲。""不"是初文，肉是後加形符。以甲文字形推之，"不"當是植物種子已發芽生根之形。今植物學即名爲胚，包括胚芽、胚根等部分。作爲動物胚胎，顯系引申之義。後假借爲否定詞，本義遂失。

【至】　脂利切　今讀 zhì

許解：鳥飛从高下至地也。从一，一猶地也。象形。不，上去；而至，下來也。凡至之屬皆从至。，古文至。

《段注》：凡云來至者，皆於此義引伸叚借。引伸之爲懇至，爲極至。許云："到，至也"。"臻，至也"。"徦，至也。"此本義之引伸也。又云："親，至也。""竀，至也。"此餘義之引伸也。

王筠《句讀》：不、至二字之義，許君特據字形說之，於經無徵，故復合二字以爲說也。言不、至二字正相顛倒：不字之形向上而去，至字之形向下而來也。

◁▶《說文》部首集注箋證

謹按：至，甲文作🔽，金文作🔽，小篆訛〰爲凵，甲文、金文之🔽，當是倒寫的"矢"（夨）字。"一"當是矢所射中之"的"，非地也。此字橫看⤫則易解。脂利切，《廣韻》屬章紐至韻，古音正可讀如"的"。从至得聲之字，如："輊""窒""絰""垤""咥"，今讀仍與"的"近。"的"本訓"明也"，"解明也"。《荀子·勸學篇》："質的張而弓矢至焉。"注："質，射矦也；的，正鵠也。"《漢書·晁錯傳》："矢道同的。"注："射之準臬也。"蓋皆假的爲至。矢中"的"，與人之行抵目的地意同，故引申爲到達之意。🔽不像鳥，許解恐誤。

🔽【西】　　先稽切　　今讀 xī

許解：鳥在巢上。象形。日在西方而鳥棲，故因以爲東西之西。凡西之屬皆从西。棲，西或从木、妻。🔽，古文西。🔽，籀文西。

《段注》：下象巢，上象鳥。會意。上下皆非字也，故不曰會意而曰象形。鳥在巢上者，此篆之本義。今音先稽切，古音讀如詵，讀如僊，如西施亦作先施。《漢書》曰："西，遷也"。……此說六書叚借之例。叚借者，本無其字，依聲託事。古本無東西之西，寄託於鳥在巢上之西字爲之。凡許言"以爲"者類此。

張舜徽《約注》：……西本鳥在巢上之名，假借以名鳥歸巢時日落所在之方，西之本義既廢，而或體棲乃引申爲凡居止之稱矣。

謹按：西，甲文作🔽等形，金文作🔽等，像巢形，但上無鳥。蓋鳥類之巢，乃鳥類歸息之處，古讀如西，後人仍謂雞窩爲雞棲，可證。古人"日出而作，日入而息"，故呼日入之處爲西方。西方之"西"無本字，故借鳥"西"（棲）之字爲之。

🔽【鹵】　　郎古切　　今讀 lǔ

許解：西方鹹地也。从西省，象鹽形。安定有鹵縣。東方謂之㡿，西方謂之鹵。凡鹵之屬皆从鹵。

《段注》:大徐本無口,小徐譌作囟。凡既从某而又象其形,謂之合體之象形,多不成字,其成字者則會意也。轉寫者以其不成字而刪之,致文理不可讀,皆當依此補之。合體象形,有半成字,半不成字者,如鹵从卥,而又以口象之是也。有兩不成字者,如舄,以弓象鳥,以⊗象巢是也。

謹按:鹵,金文作囟,即由金文囟字内加四點構成。段注所加之"口"應改作※。與"糞"字"胄"字所以从之※同意,像鹽粒形,凸蓋鹽井鹽坑之形。故許氏解爲鹹地。鹽坑與鳥棲形或相似,許氏爲"西"字所囿,故解爲西方鹹地,似不妥。

【鹽】　　余廉切　　今讀 yán

許解:鹹也。从鹵,監聲。古者宿沙初作煑海鹽。凡鹽之屬皆从鹽。

《段注》:十字各本作"鹹也"二字,今正。鹽之味鹹,鹽不訓爲鹹。玄應書三引《說文》:"天生曰鹵,人生曰鹽。"當在此處。上冠以"鹵也"二字,則渾言、析言者備矣。

王筠《句讀》:以疊韻說之者。鹹乃鹽之味,猶之酸下云:"酢也。"酢乃酸之質,盡人所知,不待質言。與"門,聞也","戶,護也"同爲說解之變例,不可改也。

謹按:甲文、金文均無"鹽"字。"鹽"字从皿作,顯系專指調味之鹽。許解:"鹽,鹹也",是以其味說其物,與"酸,酢也"意近。王氏駁段,是也。

【戶】　　侯古切　　今讀 hù

許解:護也。半門曰戶。象形。凡戶之屬皆从戶。扉,古文戶,从木。

《段注》:……从木而象其形。按:此當是籀文加木,惟古文作戶,故

261

此部文九皆从户也。

　　王筠《句讀》:字不須說,故以叠韻說之。《左傳》曰:"勇夫重閉",則戶者所以防盜也。故引伸其義爲止,《左·宣二十一年傳》:"屈蕩戶之。"杜注:"戶,止也。"……半門曰戶,是字從半門會意也。又曰象形,豈騎牆之見乎?與門下云:從二戶,象形,合而讀之,自知其意。字書:"一扉曰戶,兩扉曰門。"

　　謹按:戶,甲文日,整體象形,即後世所謂的"單扇門",而門則是"雙扇門"。戶之總面積等於雙扇門的面積。許解"半門爲戶",意謂"戶"字之字形像"門"字之形的一半,非謂戶之爲物是門之一半也。戶大都施於內室,今俗稱守門,即守護之意也。

門【門】　　莫奔切　　今讀 mén

　　許解:聞也。从二戶。象形。凡門之屬皆从門。

　　《段注》:以叠韻爲訓。聞者謂外可聞於內,內可聞於外也。

　　王筠《句讀》:竹君本如此,是也。顧氏本改爲門,以應"從二戶"之說。不知鐘鼎文從戶之字,固作日也。小篆既戶、門異體,不須改歸一律。

　　謹按:門,甲文作門等形,金文作門等,整體象形。許解"从二戶",謂小篆"門"字之字形,像兩個"戶"字之字形,非謂門之爲物由二戶而成矣。故曰象形,不以爲會意。"从二戶"說與"象形"說亦不矛盾。

目【耳】　　而止切　　今讀 ěr

　　許解:主聽也。象形。凡耳之屬皆从耳。

　　《段注》:者字今補。凡語云而已者,急言之曰耳,在古音一部。凡云如此者,急言之曰爾,在古音十五部。如《世說》云:"聊復爾耳。"謂且如此而已是也。二字音義,絕不容相混。

王筠《句讀》：當增者字，顏注《急就篇》：“耳，主聽者也。”顏氏主《說文》，蓋所據者完本也。

謹按：耳，甲文作等形，金文作等，整體象形，包括耳輪、耳竅、耳根等部分。徐注而止切，《廣韻》屬日紐止韻，故讀如 nǐ；或轉明紐，如弭（綿婢切），如麛（莫兮切），如渳、葞、㥝（綿婢切）。本書《弓部》弭篆下許解：“从弓耳聲。”是則“耳”古音亦當作綿婢切。日語“耳”字即讀みみ，似與古音有關。《詩・魯頌・閟宮》：“六轡耳耳。”朱注“耳耳，柔從也。”轉陽聲爲綿綿，今謂小兒或小動物柔順曰“綿綿兒”，即成語所謂“俯首貼耳”也。故耳之得名當以柔順爲原。

【𦣝】　　與之切　　今讀 yí

許解：顫也。象形。凡𦣝之屬皆从𦣝。，篆文𦣝。，籀文从首。

《段注》：《頁部》曰：“顫，頤也。”二篆爲轉注。𦣝者，古文頤也。鄭《易》注曰：頤、中、口車，輔之名也。震動於下，艮止於上，口車動而上，因輔嚼物以養人，故謂之頤。頤，養也。按：鄭意謂口下爲車，口上爲輔，合口、車、輔三者爲頤。左氏云：“輔車相依。”《車部》云：“輔，人頰車也。”《序卦》傳曰：“頤者，養也。”……此文當横視之。横視之，則口上、口下、口中之形俱見矣。

張舜徽《約注》：……頤與養雙聲，古人多以養訓頤。《釋名・釋形體》云：“頤，養也。動於下，止於上，上下咀物以養人也。”是其義也。

謹按：𦣝，本是整體象形。段謂當横看，即寫作，上像輔，下像車，中“一”即口。《易經》以艮上震下爲頤，即取上静（艮爲山）下動（震爲雷）之象。可見，𦣝解爲輔車合稱，由來久矣。于省吾《甲骨文字解詁・釋𦣝》據甲文“姬”字从𦣝作，“嬰”字从𦣝作。又據《甲文》：“，取蟣比也”，因解“𦣝”爲篦，今稱篦子。可資參考。

ᐊ▶《說文》部首集注箋證

ψ【手】　　書九切　　今讀 shǒu

許解：拳也。象形。凡手之屬皆从手。乎，古文手。

《段注》：今人舒之爲手，卷之爲拳，其實一也，故以手與拳二篆互訓。

張舜徽《約注》：手之言收也，謂以收取持握爲用也。因之以手持物亦曰手，莊公十二年《公羊傳》："手劍而比之。"是已。

謹按：手，甲文作㇏，即又字，金文作乎，整體象形。許解"手，拳也"，蓋取異名同物之意，非如段氏所謂"今人舒之爲手"也。張舜徽之說蓋是。

芈【丫】　　古懷切　　今讀 guāi

許解：背呂也。象脅肋也。凡丫之屬皆从丫。

《段注》：呂下曰："脊骨也。"脊兼骨肉言之，呂則其骨。析言之如是，渾言之，則統曰背呂，猶俗云背脊也。脅者，兩膀也。肋者，脅骨也。此四字當作："象形，从从象脅肋也"七字。象形謂丨象背脊居中而直，一象人要，从从則象背左右脅肋之形也。古懷切。《玉篇》云："俗作乖。"按：俗作乖，當在《个部》乖字注中。

張舜徽《約注》：丫之言个也，謂脅肋左右分布而形曲，與羊角相似也。丫、个雙聲，語之轉耳。

謹按：古文字無例。徐注古懷切，與《个部》乖篆同，故張舜徽謂"丫之言个也。"古懷切，今讀如拐。手杖曲頭，俗謂拐杖。牆隅曲轉，今曰拐彎。許解"乖，戾也"，是其本義。从个者，亦取其曲折也。今人脊骨，垂直無戾狀，與个、乖意不相關，疑"乖"即"垂"字，甲文作垂、䧟等形，小篆作"芈"與"乖"相肖，只多一橫。蓋假"芈"爲"乖"（脊骨），加一橫表示

264

與乑義有別,此漢字加標誌假借法也。今人謂脊骨爲脊椎骨,"乑"當是"椎"之本字,其形如長椎,故名脊椎。

【女】　尼呂切　　今讀 nǚ

許解:婦人也。象形,王育說。凡女之屬皆从女。

《段注》:男,丈夫也;女,婦人也。立文相對。《喪服經》每以丈夫、婦人連文。渾言之女亦婦人,析言之適人乃曰婦人也。……不得其居六書何等,而惟王育說是象形也。蓋象其撿斂自守之狀。

王筠《句讀》:《大戴禮·本命篇》:"女者,如也。女子者,言如男子之教而長其義理者也,故謂之婦人。"

謹按:女,甲文作 ,或 等形,金文作 或 ,均像一人長跽,兩手前伸撿斂之形,婦人操作每作此態。或謂像女俘,前械兩手(男俘則後械兩手)。但甲文"母"字,"姓"字均从女,何必專取女俘之象,而爲"母""姓"諸字邪？

【毋】　武扶切　　今讀 wú

許解:止之也。从女,有奸之者。凡毋之屬皆从毋。

《段注》:"詞",依《禮記》釋文補。詞者,意內而言外也。其意禁止,其言曰毋。古通用無,《詩》、《書》皆用無。《士昏禮》"夙夜毋違命",《注》曰:"古文毋爲無"。是古文《禮》作無,今文禮作毋也。漢人多用毋,故小戴《禮記》、今文《尚書》皆用毋,《史記》則竟用毋爲有無字。又按:《詩》"毋教猱升木",字作毋,鄭《箋》:"毋,禁辭"。

張舜徽《約注》:……毋字在金文中作 ,作 ,即母字也。小篆變而从一者,蓋自借爲禁止之詞以後,爲有別於父母之母,乃稍變其筆畫及音讀耳。古人言"毋",猶今語俚"莫"。此種語詞,古無專字,大率借實字以爲之。母音近莫，故即借爲禁止之詞也。禁止之詞，經傳亦多借用無字勿字，皆雙聲相轉耳。

謹按："毋"即"母"字，甲文多作𣎼，間有作𣎽者，金文作𣎾。借"母"爲禁止之詞，後世爲與"母"字有別，故連𣎾字中兩點爲"一"，張說是也。

民【民】　　彌鄰切　　今讀 mín

許解：眾萌也。从古文之象。凡民之屬皆从民。𣎼，古文民。

《段注》：古謂民曰萌，漢人所用，不可枚數。今《周禮》"以興耡利甿"，許《耒部》引"以興耡利萌"。愚謂鄭本亦作萌，故《注》云："變民言萌，異外内也。萌猶懵懵無知皃也。"鄭本亦斷非甿字。

《徐箋》：古文𣎼，疑象艸木萌牙之形。

謹按：民，金文作𣎼等形，稍晚作𣎽等，像種子萌芽、生根之形。蓋以艸木出土之際蓬勃叢生借喻人民眾多之形。人民，無論何時何地總是多數，故稱"眾萌"，或稱"蒸民"，或稱芸芸"眾生"，或稱"民眾"。

丿【丿】　　房密切　　今讀 piě

許解：右戾也。象左引之形。凡丿之屬皆从丿。

《段注》：……戾者，曲也。右戾者，自右而曲於左也，故其字象自左方引之。丿，音義略同擎，書家八法謂之掠。

王筠《句讀》：自右而曲於左也。謂向左引之也。徐鍇曰："其爲文舉首而申體也。"

張舜徽《約注》：古人云丿，猶今語稱偏。

謹按：丿，乃是筆劃，本不成字，文獻中更無獨用之例。以有从之者，故許立爲部首。今俗稱撇，與房密切古音相合。

∫【厂】　　余制切　　今讀 yì

許解：抴也，明也，象抴引之形。凡厂之屬皆从厂。虒字从此。

《段注》：抴者，捈也。捈者，臥引也。臥引者，橫引之。此義未聞。依此則"明也"當爲衍文。

王筠《句讀》：厂，蓋抴之古文，故以抴說之。抴，捈也。捈，臥引也。爭從厂，引也。犮從犬而厂之，曳其足則刺犮也。弟、曳、竝從厂，曳亦厂之絫增字。

《徐箋》：抴與曳同。抴引者，曳而申之也。物之曲者，申之使直，故曳从申，厂象抴引之形。

謹按："厂""曳""抴"本一字。厂之義，即《孟子》："棄甲曳兵而走"之曳義，段氏"臥引"之說甚是。今俗曰拖，許氏以"抴"釋"厂"，是以今字釋古字，如王氏所說。以許書之例，"也"字當刪。

┐【乁】　　弋支切　　今讀 yí

許解：流也，从反厂。讀若移。凡乁之屬皆从乁。

王筠《句讀》：……竊疑器之嘴謂之流。乁似象形字。

張舜徽《約注》：……此乃移動、遷移之初文，故許云："讀若移。"今借用移而乁廢矣。

謹按：乁，古籍中未見專用，當即加形字"匜"之本字。古銅器匜，用以盛水洗手，亦可用以盛酒漿。器有流可以傾注，即王氏所謂"嘴"。今人仍稱爲嘴，如壺嘴。乁蓋像匜嘴之形。殷周銅器卣、盉、匜皆有流，西安人稱漏子亦曰流子，流讀去聲。本書"匜"移尔切，與"弋"支切古音同，蓋讀若滴也。"滴"與"流"義近，今稱簷流亦曰滴水。

氒【氏】　　承旨切　　今讀 shì

　　許解：巴蜀山名岸脅之旁箸欲落墮者曰氏。氏崩，聞數百里。象形，乀聲。凡氏之屬皆从氏。楊雄賦："響若氏隤。"

　　《段注》：十六字爲一句。此謂巴蜀方語也。自大徐無，小徐作堆，俗字耳，今正。自，小𨸏也。箸，直略切。小𨸏之旁箸於山岸脅，而狀欲落墮者曰氏。其字亦作坁，亦作阺。《𨸏部》曰："秦謂陵阪曰阺。"阺與氏音義皆同。

　　《徐箋》：名，名之也。山岸脅之旁箸欲落墮者，巴蜀名之曰氏。《繫傳》本"堆"字，贅。既曰山岸脅，則不必復言堆矣。

　　王筠《句讀》：《說文》無堆字，段氏改爲自，是也。自，小阜也。山之岸脅有小阜在旁附箸之，將欲落墮，巴蜀方語謂之氏也。

　　謹按：大徐作"山名"，誤；小徐本作"名山……"，是也。名，謂也。大徐無"自"字；小徐有"堆"字，段、王二氏均據小徐而增補，贅，且不通。"者"當爲特別指代詞。許意：巴蜀方言謂附著于山崖半腰之中的將要墜落而又未落的土石曰氏。故此種勢態亦可稱爲氏，今作"勢"字，如"勢能"之勢。"氏"字甲文作 𝆄，金文作 𝆅 等形，小篆"氏"當是由金文 𝆅 字演變而來。依甲文字形觀測，像一人手提重物之形，山崖之中附著的搖搖欲墜之土石與其形其勢相同，因以名之。

氐【氐】　　丁礼切　　今讀 dǐ

　　許解：至也。从氏下箸一。一，地也。凡氐之屬皆从氐。

　　《段注》：氐之言抵也。凡言大氐猶大都也。小徐本有此二字。氏爲本，故氐以會意。《國語》曰："天根見而水涸。"韋曰："天根，亢氐之間。"箸，直略切，會意也。許書無低字。底，一曰下也。而昏解云："从曰,氏省。氏者,下也。"是許說氏爲高低字也。

王筠《句讀》:小徐有此句,而在"至也"句下;《韻會》引在"至也"句上,是也。《釋訓》:"柢,本也。"《釋天》:"天根,氐也。"《眾經音義》《爾雅音義》:"天根,爲天下萬物作根也。"孫叔然曰:"角亢下繫于氐,若木之有根也。"《詩·節南山》:"維周之氐。"《傳》云:"氐,本,或借邸。"《釋器》:"邸謂之柢。"《周禮·典瑞》:"四圭有邸。"鄭司農云:"《爾雅》曰:'邸,本也。'"

謹按:甲文、金文有"氒"無"氐","氐"是由"氒"分化的後出字,二字古音相同。"氒"像"氐"著地之形,即"抵"之本字。引申爲抵觸,字又作"牴""觝"。以足頓地亦曰跢。氐著地,斯在下矣,故凡器之下部皆曰底。以高度言之,在下者則低矣。

【戈】　　古禾切　　今讀 gē

許解:平頭戟也。从弋,一橫之。象形。凡戈之屬皆从戈。

《段注》:……戈、戟皆句兵,矛刺兵,殳毆兵。殳專於毆者也,矛專於刺者也。戟者兼刺與句者也。戈者兼句與毆者也。用其橫刃則爲句兵,用橫刃之喙以啄人則爲毆兵。毆與句相因爲用,故左氏多言戈擊。

王筠《句讀》:……此後人所增也。《厂部》:"弋,橜也。"《木部》:"梱,門橛也。"皆短木也。《考工記》:"廬人爲廬器,戈柲六尺有六寸。"安得目爲弋乎?若謂一橫之指平頭而言,則何以橫於弋之中,而不橫於上?且此從弋從一,則會意矣;下文又云象形,則騎牆矣。鐘鼎文有作者,其本形也。《華嚴經音義》曰:"戈形旁出一刃也,戟形旁出兩刃也。"是也。許君特以戈形似弋,系聯於此,後人遂增此蘁言。

謹按:戈,甲文作、,間有作戈者,金文作或。戈爲殷周時代的主要兵器,其形制見《周禮·考工記》。可參段注。《辭源》戈部示意圖作蓋戈頭之形。因知字爲整體象形，王氏所見甚是。

【戉】　　王伐切　　今讀 yuè

　　許解：戉，斧也。从戈，乚聲。《司馬法》曰："夏執玄戉，殷執白戚，周左杖黃戉，右秉白髦。"凡戉之屬皆从戉。

　　《段注》：一本奪大字非。斧所以斫也。

　　《徐箋》：戉、鉞古今字。《六韜・軍用篇》云："大柯斧，刃長八寸，重八斤，柄長五尺以上，一名天鉞"。《詩・大雅・公劉》篇："干戈戚揚"，毛《傳》："揚，鉞也"。按：揚、鉞雙聲。《牧誓》："王左杖黃鉞，右秉白髦以麾"，《傳》曰："鉞，以黃金飾斧"。《釋文》云："鉞，本又作戉"。許引《司馬法》，今本無此文。阮氏《鐘鼎款識》立戉尊有字，蓋古文从弋，象斧刃之形，與戈同例。今从乚者，小篆之變體耳。

　　謹按："戉"字甲文作 、 ，間有作 者，金文作 、 ，爲整體象形。作 者，已與小篆相近， 當是大斧之形，戈當是所加類符。

【我】　　五可切　　今讀 wǒ

　　許解：施身自謂也。或說：我，頃頓也。从戈从手。手，或說古垂字；一曰古殺字。凡我之屬皆从我。𢦢，古文我。

　　《段注》：……《釋詁》曰："卬、吾、台、予、朕、身、甫、余、言，我也。"又曰："朕、予、躬，身也。"又曰："台、朕、賚、畀、卜、陽，予也。"或以賚、畀、卜、予不同義。愚謂有我則必及人，故賚、畀、卜亦在施身自謂之內也。《口部》曰："吾、我，自稱也。"《女部》曰："姎，女人自稱姎，我也。"《毛詩》傳曰："言，我也。卬，我也。"《論語》二句而我、吾互用。《毛詩》一句而卬、我襍稱，蓋同一我義而語音輕重緩急不同，施之于文若自其口出。

王筠《句讀》：言施之已身而自偶也。此謂俄者，我之絫增字也。……"一曰"下當有"我"字，非謂厾是古殺字。《泰誓》："我伐用張。"《孟子》引作殺。

謹按：我，甲文多作𢦓，左旁三出，亦有作無出者，如𢦏，其本身之形當作𢦏，極似今日鬆土之杷，戈則爲所加類符，表示𢦏屬於戈類。古代蓋用以擊殺勾取。後世與勾並稱，謂之撓勾，蓋以形曲得名。撓有曲意，《集韻》音鐃，解爲抓也、搔也。《孟子》："不膚撓。"解爲曲也。从木之橈訓曲木，《周禮·考工記》："畏也者，必橈。"橈亦訓曲。"撓"屬泥紐，"我"屬疑紐，鼻音因可互轉也。今老人用以瘙癢之具亦曰癢癢撓，其形即作杷狀。鄉間爲騾馬理毛之具，俗稱撓子，形亦如杷，惟體形小耳，大小固不妨同名也。訓自稱之義，當是借義。

∫【亅】　　衢月切　　今讀jué

許解：鉤逆者謂之亅。象形。凡亅之屬皆从亅。讀若橜。

《段注》：鉤者，曲金也。《司馬相如列傳》："猶時有銜橜之變。"《集解》引徐廣云："鉤逆者謂之橜。"《索隱》引周遷《輿服志》云："鉤逆者爲橜。"皆謂橜爲亅之叚借字也。清道而行，中路而馳，斷無枯木朽株之難，故知必謂鉤也。象鉤自下逆上之形。

王筠《句讀》：鉤則鉤耳。謂之逆者，蓋倒鬚鉤也，鉤魚用之。逆者，隸字，屰乃本字。

謹按：本書《句部》之"句"，甲文作𠳓，金文作𠳓，像兩鉤相勾之形。小篆譌作𠳓，口當是聲符。同部之"鉤"，金文作𠳓，亦像兩鉤相互勾之形，因知"勾""鉤"古本一字。其鉤有在下者，亦有在上者，則段氏之說似失據，王說或是。當解作："亅，鉤，逆者謂之橜。"意即鉤之逆者曰橜也。惟王氏解爲倒鬚勾，亦無確據。前《厂部》"弋"篆下許解："橜也，象折木銳衺著形。从厂,象物掛之也。"本書《木部》"橜"篆下許解:"弋也。"弋橜當指同物。今亅讀若橜,則亅與弋亦當形似。弋,甲文作㇀,金文作㇀,均像鍥橜於地中之形,用以縻牲口,京郊謂之縻驢橜子。上端歧枝,所以防繩索脫落也。鄉人多折灌木或樹枝爲之。疑許氏所謂"鉤逆",即指歧枝而言,即其鉤逆出也,如甲文㇀之狀。

琴【琴】　　巨今切　　今讀 qín

許解:禁也。神農所作。洞越,練朱五弦,周加二弦。象形。凡珡之屬皆从珡。𤫚,古文珡,从金。

《段注》:禁者,吉凶之忌也,引伸爲禁止。《白虎通》曰:"琴,禁也。以禁止淫邪,正人心也。"此疊韻爲訓。……洞當作迵。迵者,通達也;越謂琴瑟底之孔。迵孔者,琴腹中空而爲二孔通達也。越音活,或作趏。練朱五絃者。《虞書》傳曰:"古者帝王升歌清廟之樂,大琴練弦。"蓋練者其質,朱者其色。鄭注《樂記》:"清廟之瑟朱弦"云:"練,朱弦也。"練則聲濁。五者,初制琴之弦數。

張舜徽《約注》:……顧漢人說此,多傅會於守正禁邪之義,非作器造字者所逮知。琴之所以得名,抑別有在矣。蓋琴之爲言緊也,謂其弦絲急也。弦急而後聲起,故琴由此得名焉。

謹按:琴乃古代之撥絃樂器,蓋以音得名。樂器以音得名者甚多,如鐘、磬、笙、瑟、籈皆是。參《爾雅·釋器》。許引《白虎通》解作"禁也",蓋後儒傅會之說。

乚【乚】　　於謹切　　今讀 yǐn

許解:匿也。象迟曲隱蔽形。凡乚之屬皆从乚。讀若隱。

《段注》:迟曲,見《辵部》。隱蔽,見《阜部》。象逃亡者自藏之狀也。

桂馥《義證》：《廣韻》："匸，隱也。"隱，乚古今字。

謹按：乚無獨用例。"直""凵"二字从之。"直"字見於金文，作𥃲，甲文只作𥃡，像目光直視之形。除刀切，古音可讀如(dǔ)，疑即"睹"之本字。"慝"字从之，似是聲兼義。金文加乚，蓋示目光所及之隱蔽處也。乚，像隱蔽邪曲之形，猶今人所謂角落。

𠃊【亾】　　武方切　　今讀 wáng

許解：逃也。从入从乚。凡亡之屬皆从亡。

《段注》：逃者，亡也，二篆爲轉注。亡之本義爲逃，今人但謂亡爲死，非也。引伸之，則謂失爲亡，亦謂死爲亡。孝子不忍死其親，但疑親之出亡耳。故喪篆从哭、亡。亦叚爲有無之無，雙聲相借也。會意。謂人于迂曲隱蔽之處也。

謹按：亡，甲文作𠃊、𠃋等，金文作𠃌、𠃍等，均从入。武方切，《廣韻》屬微紐陽韻，古讀如"無"，陰陽對轉故也。後出字作"逋"，本書《辵部》"逋"篆下許解："逋，亡也。"二字古今互訓。引申而有死亡，亡失義。有無之無義，亦屬引申，非假借也。與"莫"之否定義爲"莫"（暮）之引申義同。

𠃊【匸】　　胡礼切　　今讀 xì

許解：衺徯，有所俠藏也。从乚，上有一覆之。凡匸之屬皆从匸。讀與傒同。

《段注》：夾，各本作俠，今正。衺者，𠫗也。徯者，待也。夾者，盜竊褱物也。迆衺相待，有所竊藏，故其字从乚，而上復有一覆之。

王筠《句讀》：此俠藏之名目也。俠，《玉篇》作挾。《釋言》："挾，藏也。"然《說文》屢以俠爲挾。匸，與囗相似，囗，私取物，縮藏之。夫挾之脅下而藏匿之,則所挾之物必斜向矣,故名之曰衺徯。乚者,隱蔽之所也,再以一覆之,則藏矣。一,蓋肱象也,挾之脅下而以肱掩之也。

謹按:匸,甲文、金文等古文均無獨用例。但有从匸之"醫""區""匽""匿"諸字。医,甲文作医、医。區,甲文作品,戰國文字作區。匽,金文作匽、區。匿,金文作匿。則知匸非从乚从一,而爲整體形。或作乚或作匸,意同。胡礼切,當讀如(xì),與"徯"同音。《禮記·月令》"塞徯徑",《疏》曰:"細小狹路也。""匸""徯"蓋古今字。衺徯即邪匸,猶今所謂"邪道也"。京郊謂偷竊爲"走邪道",正與"匸"篆意合。走邪道則躲躲藏藏不敢見人,故从匸之字,如"區""匿""医""匽"等皆含躲藏義。

匚【匚】　府良切　　今讀 fāng

許解:受物之器。象形。凡匚之屬皆从匚。讀若方。匚,籀文匚。

《段注》:此其器蓋正方。文如此作者,橫視之耳,直者其底,橫者其四圍,右其口也。《廣韻》曰:"或曰受一斗曰匚。"按:《口部》云:"圓,規也。"今人皆作圜,作圓。方,本無正字,故自古叚方爲之。依字,匚有榘形,固可叚作方也。

王筠《句讀》:《廣韻》:"受一斗曰匚。"《聘禮》:"夫人使下大夫勞,以二竹簠方。"《注》云:"竹簠方者,器名也。以竹爲之,狀如簠而方也。如今寒具筥,筥者圜,此方也。"

呂思勉《文字學四種》:此蓋方圓之方之正字。

謹按:甲文匚多作匚、匚、匚,間有省作匚者,金文亦作匚、匚,當爲方形盛器,類似今日之筐。疑即"筐"之本字,以有四框而得名也。今俗仍稱匚爲三道框,蓋古音也。"匸""匚"小篆尚有區別,楷書則混而爲一矣。

曲【曲】　丘玉切　　今讀 qū

許解:象器曲受物之形。或說:曲,蠶薄也。凡曲之屬皆从曲。曲,

274

古文曲。

《段注》：匚象方器受物之形，側視之。㘢象圍其中受物之形，正視之。引伸之，爲凡委曲之稱。

王筠《句讀》：……句首蓋本有說義之詞，既經挩佚，遂不知曲爲何器矣。

《徐箋》："㘢，隸變作曲，北人讀若去，與△音去魚切，祗輕重之殊。蓋△、㘢本一字，猶匚之爲㔿矣。曲有圜形，亦有方體，故別作乚，見《汗簡》，丨即乚之變體。"

謹按：曲，金文作㠯，與古文《略同。許氏既解作"象器受物之形"，則其器亦必是盛器。以字形度之，當與方類似。《禮記·月令》："具曲植籧筐。"《注》："所以養蠶也。曲，薄也。直，槌也。……方曰筐，圓曰筥。"又《漢書·絳侯周勃世家》："以織薄曲爲生。"《注》："葦薄爲曲也。"或加艸为苗。《廣韻·燭部》："苗，蠶薄。"《漢書》：周勃織薄曲爲生，亦作苗。可證，曲是盛桑之器，以葦爲之。載重則曲，故引申爲委屈之稱。金文、古文皆像其受物委屈之形也。

㘖【甾】　側詞切　今讀 zī

許解：東楚名缶曰甾。象形。凡甾之屬皆从甾。㘾，古文。

戴侗《六書故》：㘖，竹器也。畚、甾、畤皆从㘖，以是知爲竹器也。

《段注》：太史公曰："自彭城以東：東海、吳、廣陵，此東楚也。缶下曰：'瓦器，所以盛酒漿，秦人鼓之以節歌。象形。'"然則缶既象形矣。㘖復象形，實一物而語言不同；且實一字而書法少異耳。《玉篇》作由，近之。若《廣韻》謂即艸部之甾字，風馬牛不相及也。甾上從一雛川，此象缶之頸少殺。安得云同字？今隸當作甾。

謹按：甾，甲文作㘴，金文作㘵，像盛物之器，上口有簪，有提手。許

275

解爲缶之地方名,不誤。甲文無从竹之字,且形聲字之意符只能表示與字義有關的意義,戴說顯然失據。"甾"同"緇",黑也。《論語》:"涅而不緇。"注曰:"至白雖涅之而不黑。"《詩經·鄭風》:"緇衣之宜也。"《傳》:"緇,黑色。"本書《糸部》緇篆下許解:"帛黑色也。"又同"淄",《史記·孔子世家》:"不曰白乎?涅而不淄。"引《論語》"緇"作"淄"。東楚謂缶曰甾,蓋以其色黑也。

【瓦】　五寡切　　今讀 wǎ

　　許解:土器已燒之總名。象形。凡瓦之屬皆从瓦。

　　《段注》:《土部》坏下曰:"一曰瓦未燒。"瓦謂已燒者也。凡土器未燒之素皆謂之坏,已燒皆謂之瓦。《毛詩·斯干》傳曰:"瓦,紡專也。"此瓦中之一也。

　　王筠《句讀》:……既是總名,形何由象?不似艸木鳥鼠之爲總名者也。《繫傳》曰:"象乙乙交相任受也。"則以𠁥字分爲兩乙字,而以屋瓦牝牡相銜說之,頗涉附會,姑存之。

　　謹按:甲文、金文皆無"瓦"字,無可參證。語曰:"秦磚漢瓦。"許氏漢人,豈有不知瓦形之理。蓋當時陶器通稱瓦器,今日仍稱瓦盆、瓦甕、瓦罐、瓦甑等,故取瓦形以爲代表耳。小篆𠁥蓋像兩行仰瓦之間,上覆半規筒瓦之形。筒瓦一端作圓形,上有文字或圖案,讀曰瓦當。⊙形蓋瓦當也,中間一點,蓋瓦當上之文字或圖案也。

【弓】　居戎切　　今讀 gōng

　　許解:以近窮遠。象形。古者揮作弓。《周禮》六弓:王弓、弧弓以射甲革甚質;夾弓、庾弓以射干侯鳥獸;唐弓、大弓以授學射者。凡弓之屬皆从弓。

《段注》:補此二字,以疊韻爲訓之例也。"者"字今補。

王筠《句讀》:依元應引補。古音弓如肱,故《小戎》《閟宮》弓與膺、縢、興、音、乘、綏、增、懲、承爲韻;《論語·堯曰篇》窮與躬、中、終爲韻;《呂部》躬下收俗躳字,從弓聲。於此又以窮說弓,然則弓之變音如躬,其在後漢乎?

謹按:許既曰:"象形",則謂字形如物也。段補爲"以近窮遠者"是也。"弓"字甲文作𦣞等形,或簡作𢎘;金文作𦣞等,正爲整體象形。惟弦有張、馳之別耳。《釋名·釋兵》:"弓,穹也,張之穹穹然也。"因形得名,似較許說爲長。

𢎗【弜】　　其兩切　　今讀 jiàng

許解:彊也。从二弓。凡弜之屬皆从弜。

《段注》:重當作緟,見糸部。重弓者,彊之意也。緟,疊之意也。《詩》:"交韔二弓。"《傳》曰:"交二弓於韔中也。"

王筠《句讀》:謂弜、彊一字也。……此是虛象,非實事。弓本彊有力。二弓則尤彊矣。於《詩》"交韔二弓"無涉。

謹按:王氏似謂"弜""彊"古今字,是也。"弜"合二弓會意,"彊"則改爲形聲矣。謂二弓爲虛像,非實事,尤屬創見。蓋漢字合兩個或三個相同之字會意,有的表量,有的表質,表質者只取其勢增强或擴大之義,而實物之量固未增加也,如"棗""炎""晶""拜"等是也,"弜"亦屬此類。今京郊人個性不易說服爲"犟",其本字疑即"弜"字。衡之事理,王說似較段說爲長。又王國維《觀堂集林·釋弜》曰:"弜乃柲之本字。《既夕禮》有柲注,'柲,弓檠馳則縛之於弓裏,備損傷,以竹爲之。'《詩》云:'竹柲緄縢。'今文柲作枈。案:今毛《詩》作閟,柲所以輔弓,形略如弓,故從二弓,其音當讀如弼。或作柲,作枈,作閟,皆同音假借也。""弜"之本義爲弓檠,引申爲輔爲重,又引申之則爲彊。又按:"弜"字甲文有作{}者。王說或是。可備一說。

【弦】　　胡田切　　今讀 xián

許解:弓弦也。从弓,象絲軫之形。凡弦之屬皆从弦。

《段注》:弓弦以絲爲之,張於弓,因之張於琴瑟者亦曰弦。俗別作絃,非也。弦有急意,故董安于性緩,佩弦以自急。《心部》曰:"惥,急也。"謂{}也,象古文絲而系於軫,軫者,系弦之處,後人謂琴系弦者曰軫。

謹按:段注言{}"象古文絲",恐非。"絲"甲文作{},金文作{},皆从二{},無單作者。疑"弦"非象形或會意,當作从弓玄聲。本書《玄部》:"{},古文玄。"略其兩點則爲{}。今"弦"字从玄,當有所本。

【系】　　胡計切　　今讀 xì

許解:繫也。从糸丿聲。凡系之屬皆从系。{},系或从毄、處。{},籀文系从爪、絲。

《段注》:縣各本作繫,非其義,今正。《県部》曰:"縣者,系也。"引伸爲凡總持之偁,故系與縣二篆爲轉注。系者,垂統於上而承於下也。系與係可通用,然經傳係多謂束縛,故係下曰:"絜束也。"其義不同。系之義引伸爲世系。《周禮·瞽矇》:"世帝繫。"《小史》:"奠繫世。"皆謂帝繫世本之屬。其字借繫爲之,當作系。《大傳》:"繫之以姓而弗別。"亦系之叚借。

王筠《句讀》:謂繫可借爲系也。……《釋名》:"系,繫也。相連繫也。"

朱駿聲《定聲》:《廣雅·釋詁》四:"系,連也。"按:垂統於上而連属于下謂之系,猶聯綴也。經傳多以繫爲之。

· 278 ·

謹按：系，甲文作🌑，金文作🌑，均像用手提著捆在一塊的兩個以上的絲束之形。所提之絲束或二或三，絕無一束者，以示上統下之意。小篆譌"爪"作〆，簡二、三束爲一束。本是會意字，許氏據小篆誤解爲形聲。"系，繫也。"當是以借字釋本字之例。段氏改爲縣，以意爲之也。王氏說較長。

卷 十 三

糸【糸】　　莫狄切　　今讀 mì

　　許解：細絲也。象束絲之形。凡糸之屬皆从糸。讀若覛。𢇃，古文糸。

　　《段注》：絲者，蠶所吐也。細者，微也。細絲曰糸，糸之言蔑也，蔑之言無也。

　　張舜徽《約注》：細絲謂之糸，猶粟實謂之米，木上謂之末，眉髮謂之毛，分枲謂之麻，艸之初生者謂之苗，皆雙聲語轉，並有細義。由此諸字而孳乳相生者，更不可勝數。形雖萬變，語歸一原。故必明於聲衍之迹，而後可操簡以馭繁也。

　　謹按：糸，甲文作𢆶、𢆶等形，金文作𢆶等，極像今日手工制做的紗框線框之形。𢆶，今口語讀批，如麻批、綫批，"批"本字作"𢆶"，非謂單股之絲也。凡从明紐之字，中多有表細小之義者，如张舜徽所舉，但不能說凡从明紐之字皆有細義，"明""茂""滿""尤"，反有大義也。故考究語源，不可漫無限制也。

卷十三

素【素】 桑故切　　今讀 sù

許解：白緻繒也。从糸、巫，取其澤也。凡素之屬皆从素。

《段注》：繒之白而細者也。致者，今之緻字。漢人作注不作緻，近人改爲緻，又於《糸部》增緻篆，皆非也。鄭注《禮記》曰："素，生帛也。"然則生帛曰素，對湅繒曰練而言。以其色白也，故爲凡白之偁。以白受采也，故凡物之質曰素，如殼下一曰"素也"是也。以質未有文也，故曰素食、曰素王。《伐檀》毛傳曰："素，空也。"澤者，光潤也。毛潤則易下巫，故从糸巫，會意。

王筠《句讀》：……巫既非聲，不得不以爲會意，故委屈說之曰："光澤者必細致，細致者必荏弱，荏弱則下巫也。"

《釋名·釋采帛》云：素，樸素也。已織則供用，不復加功飾也。又物不加飾，皆目謂之素，此色然也。

謹按：素，金文作 𧜰，上作 灬 形，與巫近似，像懸物之架；中作 8，即糸字，以 冖 束之（與"帚""束""方""帝""鬲"所從之 冂 同意，均像縶束之形）；下作 廾，雙手理之，此蓋"曝練"之形。本書《糸部》練字，許解"練，湅繒也"。段注：練繒，汰諸水中，如汰米然，《考工記》所謂湅帛也。已湅之帛曰練。又《周禮·天官·染人》"凡染、春暴練"，注："暴練，練其素而暴之。"據此故知金文之素 𧜰 是暴練之形。糸本白色，則洗湅曝曬，尤白也，故素訓白。如《論語·八佾》"素以爲絢兮"，注："素，白也。"又《管子·水地》"素也者五色之質也"，注："無色謂之素。"又《楚辭·哀時命》"含素水而蒙深兮"，注："素水，白水也。"引申之，凡不加修飾，不施文彩者皆謂之素。

絲【絲】 息茲切　　今讀 sī

許解：蠶所吐也。从二糸。凡絲之屬皆从絲。

281

《徐箋》：蠶所吐爲糸，糾合以成絲，故从二糸。引申之，凡物之類絲者皆曰絲。白色亦曰絲。如言"鬢絲"是也。

張舜徽《約注》：絲者纖細之名。《孫子算經》所云："蠶吐絲爲一忽，十忽爲絲。"是也。引申之，則凡纖細之物皆謂之絲。今語所稱雨絲、蛛絲、藕絲、鐵絲之類皆是。

謹按：絲，甲文作∦等形，金文作∦∦，皆像已繅成束之絲，非蠶所吐之絲，糾合以成絲，故从二糸。徐說有理。"絲者狀其纖細"，張說是也。

率【率】　　　所律切　　　今讀 shuài

許解：捕鳥畢也。象絲罔，上下其竿柄也。凡率之屬皆从率。

《段注》：畢者，田网也。所以捕鳥，亦名率。按：此篆本義不行。凡衛訓將衛也，達訓先導也，皆不用本字而用率。又或用帥。如《縣》傳云："率，循也。"《北山》傳云："率，循也。"其字皆當作達，是也。

張舜徽《約注》：左右四點，乃象米粒，所以誘致鳥雀者。今山村施小罔以捕鳥者，猶於罔旁播米粒也。本書口部囮下云："率鳥者繫生鳥以來之，名曰囮。"是率字引申本有誘義也。今湖湘間稱欺誘人曰率，蓋古語矣。欺誘稱率，詐騙稱囮，皆取義于捕鳥之事。

謹按：率，甲文作❀等形，金文作❀，又作❀，當是"達"本字，或簡化爲㪔。从❀在⋂中，當是捕魚之具。今鄉間有類似捕魚之具，其形如❀，前有滑車，後有長柄，漁人在水中推之前進，用以捕蝦、螺、名曰篩網，因其形似篩也。"率""篩"音極近。鄉間也有用篩捕鳥者，置篩院中，正面朝大門，前以小木棍撐起，棍之下端繫長繩，人在屋內以牽之，篩上置磚、石塊壓之，篩下置米粒，鳥入篩覓食，人急拉繩，篩即覆，鳥盡叩其下，篩底似網，有細眼。"率"究用以捕鳥乎？捕魚乎？或二用乎？未知其詳。

· 282 ·

【虫】　　許偉切　　今讀 huǐ

許解：一名蝮，博三寸，首大如擘指。象其臥形。物之微細，或行，或毛，或蠃，或介，或鱗，以虫爲象。凡虫之屬皆从虫。

《段注》：《爾雅·釋魚》"蝮，虺。"今本虫作虺。《釋魚》文："擘指，大指也。"郭云："此自一種蛇，人自名爲蝮虺。今蝮蛇細頸，大頭，焦尾，色如艾綬文，文閒有毛似豬鬣，鼻上有鍼。大者長七八尺，一名反鼻，非虺之類。此足以明此自一種蛇。"按：此注見《斯干》正義及小顏《田儋傳》注。郭意《爾雅》之蝮今無此物，今之蝮蛇非《爾雅》之蝮蛇也。……按：以爲象，言以爲象形也。从虫之字多左形右聲，左皆用虫爲象形也。《月令》："春，其蟲鱗。夏，其蟲羽。中央，其蟲倮，虎豹之屬，恆淺毛也。秋，其蟲毛。冬，其蟲介。"許云或飛者，羽也。古虫、蟲不分，故以蟲諧聲之字多省作虫。如融、赨是也。鱗介以虫爲形，如螭、蚪、蠡、蚌是也。飛者以虫爲形，如蝙蝠是也。毛蠃以虫爲形，如猨、蜼是也。

張舜徽《約注》：虫一名蝮，乃別義；其本義則能動之物皆稱虫也。或謂虫、蚰、蟲，實即一字，此殊不然。非特造字有先後，且聲義亦各異原。是猶屮、艸、茻三字，義有相通，爲用自別。蓋古文或以虫爲蟲，亦猶古文或以屮爲艸耳。不得謂虫即蟲字，屮即艸字也。《詩·草蟲》《釋文》：蟲，本或作虫；《爾雅·釋蟲》《釋文》：蟲，本亦作虫；是皆古人以虫爲蟲之證。物之微細者，恆叢聚不散，因謂之虫；猶雜艸繁生謂之卉耳。虫、卉同音許偉切，聲義固同原也。引申之，虫爲蟲之總名，亦猶卉爲艸之總名矣。

謹按：虫，甲文作 𧈢、𧈢，金文作 𧈢 等，整體象形。頭大，似三角形，體短，蓋毒蛇也，極似鄉人所謂七寸子。

【蚰】　　古魂切　　今讀 kūn

許解：蟲之總名也。从二虫。凡蚰之屬皆从蚰。讀若昆。

《段注》：蟲之總名偁蚰。凡經傳言昆蟲，即蚰蟲也。《日部》曰："昆，同也。"《夏小正》："昆，小蟲。"傳曰："昆者，眾也，猶蒐蒐也。蒐蒐者，動也，小蟲動也。"《月令》："昆蟲未蟄。"鄭曰："昆，明也。"許意與《小正》傳同。

王筠注"讀若昆"曰："所以關經典借昆爲蚰也。固是聲借。"然昆下曰"同也"。小蟲之蚑行蠕動，其類大同，故借之。《月令》"昆蟲未蟄"，鄭注："昆，明也。"與許義異。

謹按：蚰，甲文作等，象二虫相傍之形。从"林"从二木、"甡"从二生、"賏"从二貝、"瓜瓜"从二瓜、"夫夫"从二夫等推之，"蚰"當爲眾蟲之意，即昆蟲之"昆"的本字，故許氏解爲蟲之總名也。蚰用形符，表類。

【蟲】　　直弓切　　今讀 chóng

許解：有足謂之蟲，無足謂之豸。从三虫。凡蟲之屬皆从蟲。

《段注》：有舉渾言以包析言者，有舉析言以包渾言者，此蟲、豸析言以包渾言也。蟲者，蠕動之總名。前文既詳之矣，故祇只引《爾雅·釋蟲》之文。豸者，獸長脊行豸豸然欲有所伺殺形也。本謂有足之蟲，因凡蟲無足者，其行但見長脊豸豸然，故得叚借豸名。今人俗語云蟲豸。

張舜徽《約注》：蟲之言動也，凡生物之能動者古皆謂之蟲也。《大戴記·易本命篇》有所謂羽蟲、毛蟲、甲蟲、鱗蟲、倮蟲，是蟲者固動物之通名。故人者，即所謂倮蟲也。今音蟲在澄紐，古讀歸定，固與"動"雙聲也。《賈子》言"器無蟲鏤"，《揚子》言"彫蟲篆刻"，皆以雙聲借蟲爲彫耳。

謹按：甲文、金文皆無"蟲"字。即从蟲之"蠢"字，甲文亦只作🜚，或🜛，無从蟲者，"蟲"是後出字甚明。疑"蟲"與"蠢"字同字。許解："蠢，動也。从蚰春聲。"蟲从三虫，言虫多聚處則蠢蠢然動也，借爲一切動物之稱。禽爲羽蟲，獸爲毛蟲，龜爲甲蟲，魚爲鱗蟲，人爲倮蟲。蟲，直弓切，古讀屬定紐。春秋鄭地名蟲牢(見《左傳·成公五年》)，"冬，同盟於蟲牢"。《後漢書·郡國志·兗州》引作"桐牢"，可以爲證。又"蝨"《廣韻》都作徒冬切，亦古音之遺也。又按：張舜徽說："蟲之言動。"是也。但謂"雕蟲刻篆"借蟲爲彤，則恐不妥。《周禮·考工記·梓人》"謂之小蟲之屬，以爲雕琢"，蓋"雕蟲"一語之所出。後世所謂"雕蟲篆"，亦以其蟲細長而得名，皆不得以"彤"代之。

【風】　方戎切　今讀 fēng

許解：八風也。東方曰明庶風，東南曰清明風，南方曰景風，西南曰涼風，西方曰閶闔風，西北曰不周風，北方曰廣莫風，東北曰融風。風動蟲生，故蟲八日而化。从虫凡聲。凡風之屬皆从風。🜚，古文風。

《段注》：《樂記》："八風從律而不姦。"鄭曰："八風從律，應節至也。"《左氏傳》："夫舞所以節八音而行八風。"服注："八卦之風也。"

謹按：風無形可像。甲文亦用假借法，借🜚(凡，即"盤"本字)，或借🜛(🜚即"鳳"字)爲之，取其蓬蓬吹蕩之音也。小篆从虫凡聲，顯系後出字。《釋名·釋天》："風，兗、豫、司、冀橫脣合口言之。風，泛也，其氣博泛而動物也；青、徐言風，踧口開脣，推氣言之。風，放也。氣放散也。"以聲爲訓，似較許解爲長。

【它】　託何切　今讀 tā

許解：虫也。从虫而長，象冤曲垂尾形。上古艸居患它，故相問無它乎。凡它之屬皆从它。󰀀，它或从虫。

《段注》：……宛曲者，其體；垂尾者，其末。󰀀象其臥形，故詘尾而短。󰀀象其上宛曲而下垂尾，故長。詘尾謂之虫，垂尾謂之它。它與巾古音同也。《詩》："維虺維蛇，女子之祥。"《吳語》："爲虺弗摧，爲蛇將若何？"虺皆虫之叚借，皆謂或臥或垂尾耳。臥者較易制，曳尾而行者難制。故曰："爲虺弗摧，爲蛇將若何也。"

王筠《句讀》：言小時名虫，大則名蛇也。此虫亦借用虺，而非復一名蝮之虫矣。《吳語》："爲虺弗摧，爲蛇將若何？"韋注："虺小，蛇大也。"案：虺即此虫，蛇即此它。

謹按：它，甲文多作󰀀、󰀀等形，金文作󰀀、󰀀，甲文从止，表示人行草地，蛇出咬腳耳。今作山林勘探工作者，仍持械裹腿，以防蛇害。蓋會意字也。小篆改爲󰀀，整體象形。王筠引《吳語》韋注"虺小蛇大"爲據，謂"小時名虺，大則名蛇也"，顯系誤解。韋意本謂虺形小，蛇形大。小則易制，大則難敵也。虺、蛇本二物也。

󰀀【龜】　　居追切　　今讀 guī

許解：舊也。外骨內肉者也。从它，龜頭與它頭同。天地之性，廣肩無雄；龜鼈之類，以它爲雄。象足甲尾之形。凡龜之屬皆从龜。󰀀，古文龜。

《段注》：此以疊韻爲訓，門、聞、戶、護之例。龜古音姬，亦音鳩。舊古音臼。亦音忌。舊本鴟舊字，叚借爲故舊，即久字也。劉向曰："蓍之言耆，龜之言久。龜千歲而靈；蓍百年而神，以其長久故能辨吉凶。"《白虎通》語略同。

王筠《句讀》：二字疊韻。《漢書·地理志》："龜茲。"應劭音邱。《廣韻》："龜，居求切。"《書·無逸》："舊爲小人。"《史記》作"久"。《五行傳》云:"龜之言久也。"《論衡》引孔子曰:"龜之爲言舊也。"

謹按:龜,甲文作&等形,整體象形,古讀如久。以龜得聲"闕",即讀居求切,音或轉爲求。陝西罵人語每用之,以其形似也。

黽【黽】　　莫杏切　　今讀 měng

許解:鼃黽也。从它,象形。黽頭與它頭同。凡黽之屬皆从黽。𪓑,籀文黽。

《段注》:《周禮·蟈氏》"掌去鼃黽",鄭司農云:"蟈,蝦蟇也。《月令》曰:'螻蟈鳴,鼃黽,蝦蟇屬。'《書》或爲掌去蝦蟇。"玄謂"蟈,今御所食蛙也。齊魯之間謂鼃爲蟈。黽,耿黽也。蟈與耿黽尤怒鳴,爲聒人耳,故去之。"按:鼃即黽字,依大鄭說則鼃黽二字爲一物,依後鄭說則鼃即蟈,爲一物。黽乃耿黽,爲一物。依許黽下曰鼃黽也,似同大鄭說。然有當辯者,許果合二字爲一物。則黽篆下當云"鼃黽,蝦蟆也";鼃下云"鼃,黽也",乃合全書之例。而蝦蟆篆居《虫部》,此則單舉黽篆,釋曰"蝦蟆",黽篆下則曰"鼃黽"也,是許意鼃黽爲一物,黽爲一物。凡兩字爲名一字與他物同者,不可與他物牽混。知鼃黽非黽也。許之鼃黽即鄭之耿黽,鼃古音圭,與耿雙聲,故得爲一字。絫評曰鼃黽耿黽,單評曰黽。《爾雅》:"鼁𪓰、蟾蜍在水者黽。"是則詹諸之類,而以在水中爲別也。許、鄭之單言黽,即本艸所謂"黽一名長股"。陶云:"俗名土鴨。"南人名蛤子善鳴者。寇宗奭曰:"其色青、腹細,後腳長,善躍,大其聲曰蛙,小其聲曰蛤。"此黽與鼃黽之別,皆在水中而善鳴,故《周禮》設官去之。黽之叚借爲僶勉。

王筠《句讀》:許既以鼃黽說黽,則鼃黽非兩物矣。《秋官·蟈氏》:"掌去鼃黽。"先鄭曰:"鼃黽,蝦蟇屬。《書》或爲掌去蝦蟇。"是許君所本也。《廣雅》"黽、蟈,長股也",亦不別爲兩種。

《徐箋》：黽無尾，則非从它也，蓋立文偶相似耳。假借爲黽勉之僶。

謹按：黽，甲文作 䖵、𢁅 等形，似蜘蛛，蓋像𪓰𪓷之形。《集韻·先部》："𪓰𪓷，黽類，似蜘蛛，出遼東，土人食之。"今音譌爲"田雞"矣。

又按：黽，似青蛙而小，善鳴，居陸地之積水或水邊，呈土色。甲骨文之 𢁅，酷似其蹲居之形。因甲文線條細，故不甚形象，江淮一帶特多。小滿夏季雨後，其鳴甚響，頗令人厭煩，故周俗稱之爲 wái 子，時有掌去黽黽之官。蛙(wái)與蛙(wā)乃聲之轉，江淮方言把蛙也叫 wái 子。又，今吳方言稱青蛙爲"田雞"。

𘀀【卵】　　盧管切　　今讀 luǎn

許解：凡物無乳者卵生。象形。凡卵之屬皆从卵。

《段注》：《乙部》曰："人及鳥生子曰乳，獸曰產。"此云凡物無乳者卵生。按：此乳字與乙部乳字義少異，此乳謂乳汁也。惟人及四足之獸有之，故其子胎生。羽蟲、鱗蟲、介蟲及一切昆蟲皆無乳汁，其子卵生，故曰凡物無乳者卵生。

王筠《句讀》：《莊子·知北遊》："九竅者胎生，八竅者卵生。"《呂覽·本味篇》："流沙之西，丹山之南，有鳳之丸。"注："丸，古卵字也，謂二處有鳳皇之卵。"

《徐箋》：卵之言欒欒然也。蓋本作 ⊕，象形。二之者，卵生不一也。今篆中畫逗出者，取字形茂美耳。

謹按："卵"是整體象形。段注許解"象形"說："此蒙上黽象形言之。卵未生則腹大。卵陰陽所合，天地之襐也。故象其分合之形。"《系部》縊下曰"讀若雞卵"。蓋古卵讀若管也，段謂卵古讀如管是也。但解像陰陽分合之形則不妥，與徐灝之誤同。

《禮記·內則》"濡魚卵醬實蓼"，注"卵讀爲鯤。鯤，魚子也"。

"卵"依注音鯤,古門反。魚子當指已排出之子,多產于水濱,成堆,有粘液連之,子子相連,其中之點是子也。

又按:"卵"字以字形而論,乃指雄性之睾丸也,中點乃其核也。以方言證之,今許多方言中,仍把睾丸稱之爲卵。由此引申之,鳥類,蟲類之子也叫卵。蓋許慎所解乃引申義也。

二【二】　　而至切　　今讀 èr

許解:地之數也。从偶。凡二之屬皆从二。弍,古文。

《段注》:……耦,各本作偶,誤,今正。偶者,桐人也。凡云"偶爾"用之。耦者,二人竝耕之偁,故凡奇耦字用之。古書或不拘,許必從其朔也。大徐本無"一"字,非。耦一者,兩其一也。兩畫當均長,今人上短下長便是古文上字。三篆亦三畫均長。

王筠《句讀》:……偶當作耦。小徐從偶一,非也。一爲陽,二爲陰,合兩陽不能爲一陰也。且一二即是卦爻之單坼,在卦則作一,在字則爲二,皆同意也。《繫辭》曰:"陽卦奇,陰卦耦。"故云從偶,三部曰"從三數",不曰從三一,亦同意。許君蓋謂一二三皆獨體之文。

謹按:二,甲文作二等,金文類此。像二畫並列之形,有齊有不齊者。小篆改爲二畫等長,實較前者進步,有別於古文上下二字。"从耦"之解,當以王氏爲長。

土【土】　　它魯切　　今讀 tǔ

許解:地之吐生物者也。二象地之下、地之中,物出形也。凡土之屬皆从土。

《段注》:吐、土疊韵。《釋名》曰:"土,吐也,吐萬物也。"

桂馥《義證》:當云:"二象地之下,地之上,中物出形也。中謂直畫。"

　　謹按：土，甲文多作⊙，也有作⊙者。金文作●，填實，象築土成阜（社）之初文。本書《示部》社篆下許解："社，地主也。"地主者，猶後世所謂土地爺也。社，古音本讀土，土是初文，示是後加形符。《左傳·閔公二年》"閒於兩社，爲公室輔"。《漢書·敘傳》"布歷燕齊，叔亦相桐魯，民思其政，或金或社"。《太平御覽·禮儀部》："里老爲之誦曰：邴君行仁，落邑無虎。邴君行廉，路樹成社。"又《尚書·甘誓》"用命，賞于祖。不用命，戮於社"。皆社讀如土之證。"土"本社神之祠，引用爲土壤之字。土，吐也，蓋釋其音和義，非解其形也。

垚【垚】　　吾聊切　　今讀 yáo

　　許解：土高也。从三土。凡垚之屬皆从垚。

　　《段注》：依《韻會》所據本，與《廣韻》合。

　　王筠《句讀》：《韻會》：垚，積累而上，象高形。

　　謹按：垚與堯音義皆同。堯，甲文作𡊹，上从二土，下从人。本書堯篆許解："堯，高也。从垚在兀上。高遠也。"又本書《儿部》"兀"篆許解："高而上平也，从一在儿上。"解者多謂"垚""堯"本一字，"堯"是"垚"的後出加形字，但甲文、金文皆無"垚"字，甲文卻有"堯"字。而古文亦作𡋰，从土从人，"堯"字似在"垚"前。以形求之，"堯"似指燒窰之人，肩負之土，蓋所燒之物也（磚之類）。"垚"則累土而成，高起地面，頗以後世之磚窰也。

堇【堇】　　巨斤切　　今讀 qín

　　許解：黏土也。从土，从黃省。凡堇之屬皆从堇。𡏳、𡍣皆古文堇。

　　《段注》：《內則》："塗之以謹塗。"鄭曰："謹當爲墐，聲之誤也。墐塗,塗有穰草也。"按:鄭注,墐當爲堇,轉寫者誤加土耳。《玉篇》引《禮》'堇塗',是希馮時不誤也。鄭謂土帶穰曰堇。許說不尒,蓋土性黏者,與墐異字同義也。从黃者,黃土多黏也。

謹按:堇,甲文作𦰩等形,金文作𡎸等,字底多从火,字頭作口,蓋像器物之坯。字中㷭像置坯之架,全字像燒窰之形。器物之坯,必用粘土爲之,輾轉說明粘土之意。今京郊稱泥土爲澆泥,"澆""堇"雙聲,陰陽對轉,"堇"蓋"澆"之本字。此土有時自成一層,存於不粘之土中間,其色偏赭,並不甚黃,故甲文、金文均不从黃也。黃,甲文作黃等形,金文作黃等,與㷭並不同。

里【里】　　良止切　　今讀lǐ

許解:居也。从田从土。凡里之屬皆从里。

《段注》:《鄭風》"無踰我里"。《傳》曰:"里,居也。二十五家爲里。"《周禮》:"載師廛里。"鄭云:"廛里者,若今云邑居矣。里,居也。""縣師郊里。"鄭云:"郊里,郊所居也。""遺人鄉里",鄭云:"鄉里,鄉所居也。"《遂人》曰:"五家爲鄰,五鄰爲里。"《穀梁傳》曰:"古者三百步爲里。"……有田有土而可居矣。

王筠《句讀》:……方里而井,民居皆在公田之中,故其立字如此。

謹按:里,金文作里,字頭與金文田字相同。《爾雅·釋言》:"里,邑也。"注"謂邑居"。又"土,田也",疏:"《釋名》云:'土已耕者曰田。田,填也。五稼填滿其中也。'……《釋名》云:'土,主吐,含萬物上,之爲言吐也。'"然則土爲田之大名,田爲已耕之土。對文則別,散文則通也。又《漢書·刑法志》"在野曰廬,在邑曰里"。以上諸說之,里之本義當爲群居之住所。故《風俗通》載:"五家爲軌,十軌爲里。里者止也,五十家共居止也。"今都市街巷仍有以名某某里者,蓋古制之遺也。

⊞【田】　　待季切　　今讀 tián

許解:陳也。樹穀曰田。象四口。十,阡陌之制也。凡田之屬皆从田。

《段注》:各本作陳,今正。敶者,列也。田與敶古皆音陳,故以疊韻爲訓,取其敶列之整齊謂之田。凡言田田者,即陳陳相因也。陳陳當作敶敶。陳敬仲之後爲田氏。田即陳字,叚田爲陳也。……此說象形之恉,謂口與十合之,所以象阡陌之一縱一橫也。各本作阡陌,《𨸏部》無此二字,今正。

王筠《句讀》:……阡陌者,隸字也,不得謂篆文無之,即爲許君所不用也。《史記·商君傳》有"阡陌"字,《漢書·地理志》作仟佰,人部亦有佰無仟也。段氏改爲千百。雖違許君篆籀從古,說解用隸之旨,然自與鄭君合。《周禮·肆師》注:"貊,讀爲十百之百。"《釋文》"貊,鄭音陌"。據陸氏說,則注本是千百之百,即是阡陌之陌,故曰音陌也。

謹按:田,甲文作田等形,金文作田。以甲文觀之,田字固不必从口、十也。田中之縱橫筆劃,蓋像《周禮·遂人》所載之溝、洫、澮、川也。"田""敶"古音同,"敶"是後出字。後又簡化爲"陳",分化出"陣",古本同義,皆表縱橫布列之意。

㗊【畕】　　居良切　　今讀 jiāng

許解:比田也。从二田。凡畕之屬皆从畕。

《段注》:比,密也。二人爲从,反从爲比。比田者,兩田密近也。

王筠《句讀》:疑畕是古文。畺、疆皆其絫增字。顏注《急就篇》:"疆,比田之界也。"

張舜徽《約注》:二田相比,則見疆界之意;猶之兩邑相比,則見巷道之意；兩阜相比，則見深邃之意耳。顔注《急就篇》云："彊，比田之界也。"是已。

謹按：畕，甲文作󰀀，金文作󰀀。"彊"字，甲文作󰀀，金文作󰀀，一从弓，一不从弓，二者自非一字。本書《弓部》"彊"篆許解爲"弓有力也"。引申爲强壯、倔强等義。"畕"是兩田相接，中必有界，界，防也，即兩兩相接之義。相接之處即名畕，猶會之所謂界限也。後又加三横，以示界之所在，故字又作"畺"，後又借"彊"爲界，"畕""畺"二字遂皆廢。又因"彊"字本有强力之義，無疆界之象，故又加土，遂爲後起之加形字"疆"，專表本義"畕"矣。

黃【黃】　　乎光切　　今讀 huáng

許解：地之色也。从田从炗，炗亦聲。炗，古文光。凡黃之屬皆从黃。󰀀，古文黃。

《段注》：玄者，幽遠也。則爲天之色可知。《易》曰："夫玄黃者，天地之襍也，天玄而地黃。"

王筠《句讀》：《易·文言》："天元而地黃。"《禹貢》："雍州厥土惟黃壤。厥田惟上上。"林之奇曰："物得其常性者最貴。土色本黃，故黃壤爲田之上上。"

謹按：黃，甲文作󰀀等形，金文作󰀀等。本書《火部》光篆，古文"光"作炗，與金文所从兊近似，則許解从光之説，不爲無據。《釋名·釋彩帛》"黃，晃也，猶晃晃象日光色也"。以聲釋之，亦近理。今人謂黃色晃眼，亦此意也，以其晃眼，故名其色曰黃色也。(huáng)這個音，常含"大"意，或"鮮明"之意。如"荒""謊""皇""煌""蝗""凰""晃""幌"……黃色亦名金色，俗語常説"金光閃閃""耀眼金光"亦晃眼之意也。

𤰔【男】　　那含切　　今讀 nán

　　許解:丈夫也。从田从力。言男用力於田也。凡男之屬皆从男。

　　《段注》:周制八寸爲尺,十尺爲丈。人長一丈,故曰丈夫。《白虎通》曰:"男,任也,任,功業也。"古男與任同音,故公侯伯子男,王莽男作任。

　　《徐箋》:《禹貢》"二百里男邦",《史記·夏本紀》作"二百里任",蓋其聲曰任,其義爲力田也。

　　謹按:男,甲文多作𤰔,間有作𤰇者,金文作𤰔等形,像用𠃌治田之形。徐灝說近是。"男"古讀如任。《詩·大雅·思齊》"大姒嗣徽音,則百斯男"。"男"與"音"叶。《詩·邶風·燕燕》"燕燕於飛,上下其音。之子於歸,遠送于南。瞻望弗及,實勞我心"。"音""南""心"同叶。《詩·秦風·小戎》"虎韔鏤膺,交韔二弓,竹閉緄縢,言念君子,載寢載興,厭厭良人,秩秩德音"。"音"與"膺""弓""縢""興""人"叶。以此推之,則男、南、任、人、興、膺、縢、弓,古皆同韻。又《詩·小雅·蓼蕭》"蓼彼蕭斯,零露濃濃。既見君子,鞗革衝衝。和鸞雝雝,萬福攸同"。"濃"與"同""雝""沖"同叶。查《廣韻》沖、弓、同,皆屬一東。農屬二東,濃、雝屬三鐘。東、冬、鐘古音本相通。以上例推之,則男也可讀如農。耒田者爲農,而從事農作者以男子爲主,故引申爲男子之稱。《詩·小雅·甫田》皆有"以其婦子,饁彼南畝"之語,均可證婦、子不任耕作也。而"男耕女織"傳之已久之成語,亦可爲旁證也。

𠠲【力】　　林直切　　今讀 lì

　　許解:筋也。象人筋之形。治功曰力,能圉大災。凡力之屬皆从力。

　　《段注》:"筋"下曰:"肉之力也。"二篆爲轉注。筋者其體,力者其用也,非有二物。引伸之,凡精神所勝任皆曰力。

張舜徽《約注》：《毛公鼎》勒字偏旁作𠂇，《繹山碑》勤字功字偏旁俱作𠂇，皆象奮臂下手作力之形。人身之力，見於外者莫如手臂，故古人取象焉。

謹按：力，甲文作𠂇，金文作𠂇、𠂇，皆與"男"字之形符同，因知古"耒""力"本一字。"男"篆許解"从力田"。說："言男用力於田也。"耒田，勞動量大，須用力氣，故引申爲力氣之力。"耒""力"雙聲，古音極近。所以不取段、張之說者，以甲文無"手"字，皆以𠂇（又）字當之，金文手多作𠂇、𠂇之形故也。而金文之𠂇，尤難定其爲手形也。本書《來部》"耒"篆許解爲"手耕曲木也"，則正像曲木之形。

【劦】　　胡頰切　　今讀 xié

許解：同力也。从三力。《山海經》曰："惟號之山，其風若劦。"凡劦之屬皆从劦。

《段注》：會意。胡頰切。按：此字本音戾。力制切。十五部。淺人妄謂與恊、勰、協同音，而不知三字皆以劦會意，非以形聲也。惟不以劦爲聲，故三字皆在八部。而劦聲之荔、珕則皆力制切，在十五部。

張舜徽《約注》：劦本音力制切，而訓同力，謂其力之強也。同力謂之劦，因引申爲凡力強之名。故急風亦謂之劦，猶風雨暴疾謂之颲耳，雙聲相轉也。許所引《山海經》，今本《北山經》作"雞號之山，其風如颲"。郭注云："颲，急風貌。音戾。或云，飄風也。"是其義已。劦本音戾，而从劦聲之字有讀胡頰切者，此猶翩、礏並从鬲聲，讀下革切，皆自來紐轉入匣紐之例，不足怪也。

謹按：劦，甲文作𠂇、𠂇，金文作𠂇，像三力同耕之形。三，眾多也。《詩·周頌·噫嘻》"亦服爾耕，十千維耦"，蓋萬人爲耦而並耕也。引申爲同心協力之協，十是後加形符。

卷 十 四

金【金】 　　居音切　　今讀 jīn

　　許解：五色金也。黃爲之長。久薶不生衣，百鍊不輕，从革不違。西方之行。生於土，从土；左右注，象金在土中形；今聲。凡金之屬皆从金。釡，古文金。

　　《段注》：凡有五色，皆謂之金也。下文白金、青金、赤金、黑金、合黃金爲五色。……舊作違，今正。韋，背也。從革，見《鴻範》。謂順人之意以變更成器，雖屢改易而無傷也。五金皆然。

　　謹按："金"字甲文未見，即表金屬器之字亦不从金，如鼎（鼎）等。金文作金，或省作金。許解"左右注，像金在土中形"是也。左右注，即左右兩笔，亦即金文丷等。字頭作人，中作土，當作人聲。"今"字亦假人爲之。

开【开】 　　古賢切　　今讀 jiān

　　許解：平也。象二干對構，上平也。凡开之屬皆从开。

　　徐鍇曰：开但象物平，無音義也。

《段注》：凡岐頭兩平曰开。开字，古書罕見。《禹貢》："道岍及岐。"許書無岍字，蓋古衹名开山，後人加之山旁，必岐頭平起之山也。

王筠《句讀》：《廣韻》引無"象"字，非也。本句解字形，不可不言象，且干篆作屮，不作干。此則謂干戈之干，故不言從而言象也。又引構作舉，蓋是。兩干平列，未嘗交構，且言對即不當言構。

謹按：王筠謂开像兩干而並，非干字，確有見地。开當是笄之本字，竹字頭是後加形符。本書《竹部》笄篆下許解："笄，簪也。从竹开聲。"《詩·鄘風·君子偕老》："副笄六珈。"毛傳："副者，后、夫人之首飾，編髮爲之。笄，衡笄也。"朱熹注："笄，衡笈也，垂於副之兩旁當耳。其下以紞懸瑱。"《左傳·桓公二年》："衡紞紘綖。"《疏》："紞者懸瑱之繩，垂於冠之兩旁，若今之絛繩。"本書《糸部》"紞"篆下許解"冠冕塞耳者"。由上諸說可知，开稱衡笄，蓋取其平衡、等長之意。开如倒寫則作屮，其形畢肖矣。开蓋平視之形也。

勺【勺】　之若切　今讀 zhuó

許解：挹取也。象形。中有實，與包同意。凡勺之屬皆从勺。

《段注》：二字依玄應書卷四補。《木部》枓下云："勺也。"此云"勺，枓也"，是爲轉注，考、老之例也。《考工記》："勺一升。"注曰："勺，尊斗也。"斗同枓，謂挹以注於尊之枓也。《士冠禮》注亦云："尊斗，所以斟酒也。"今皆譌尊升，不可通矣。《詩》："酌以大斗。"毛云："長三尺。"謂其柄。

王筠《句讀》：(與包同意。)謂包之巳象子在胞中形，與勺之一象酒在勺中形，均非字也。竊謂與甘同意。勺、曰之中，皆非一、二之一，衹是其中有物耳。

謹按：許解"勺"爲象形，當是合一與勹而言，自當讀酌，動詞。"一"

非一、二之一，蓋以勺酌取之水漿等物也。王說蓋是。

几【几】　　居履切　　今讀 jī

　　許解：踞几也。象形。《周禮》五几：玉几、雕几、彤几、鬃几、素几。凡几之屬皆从几。

　　《段注》：尻，各本作踞，今正。尻几者，謂人所尻之几也。尻，処也；処，止也。古之尻今悉改爲居，乃改云居几，既又改爲蹲踞俗字。古人坐而凭几，蹲則未有倚几者也。几，俗作机。《左傳》："設机而不倚。"《周易》"渙奔其机"，皆俗字。象其高而上平可倚，下有足。

　　王筠《句讀》：踞几似是漢語，以今名說古名也。《急就篇》："簡札檢署槧牘家。"顏注："家，伏几也。"今謂之夾膝，其語意與本文相似，若以蹲踞之几說之，則《尸部》屍下云："從尸下丌居几。"本部尻亦從几，或亦可通。

　　謹按：《周禮·春官·司几筵》所說五几，皆憑倚之具。《尚書·顧命》："憑玉几。"《孟子·公孫丑》："隱几而臥。"《詩·大雅·行葦》："或肆之筵，或授之几。"皆釋爲憑倚之具。劉歆《西京雜記》："漢制天子玉几，冬加綈錦其上，謂之綈几。凡公侯皆竹木几，冬則細纊爲橐以憑之。"可見，漢時仍用爲憑倚之具也，不宜誤爲後世坐具如杌子、凳子等。

且【且】　　子余切　　今讀 jū　　又讀 qiě

　　許解：薦也。从几，足有二橫，一其下地也。凡且之屬皆从且。

　　《段注》：所㠯二字今補。薦當作荐。今不改者，存其舊以示人推究也。薦訓獸所食艸，荐訓薦席；薦席謂艸席也。艸席可爲藉謂之荐。故凡言藉當曰荐，而經傳薦、荐不分。凡藉義皆多用薦，實非許意。橫音光，即桄字，今俗語讀光去聲是也。合鄭《閟宮》箋、《明堂位》注言之，有虞氏斷木爲四足而已,夏后氏中足爲橫距之象,周人足閒有橫,橫下有跗,似乎堂後有房,故云大房。按:跗,許作柎,闌足也。闌足者,週圍之足空其底之下也。造字之時,象其直者四,橫者二,置於地,故以一象地。

謹按:且,甲文作🔲等形,金文作🔲等。"俎"字从之,甲文作🔲等,其上當是所薦之物。金文作🔲者,則加二足以明意,作🔲者,則又加刀以明意。故以"俎"之甲、金文推之,且當是薦物之具,類似今日所說之肉案。容庚《殷周青銅器通論》圖93-94載有俎形,略作🔲狀,與兀字形義皆近。

【斤】　舉欣切　　今讀 jīn

許解:斫木也。象形。凡斤之屬皆从斤。

《段注》:此依小徐本。凡用斫物者,皆曰斧,斫木之斧則謂之斤。橫者象斧頭,直者象柄,其下象所斫木。

王筠《句讀》:元應兩引"斫木也"。李注《長笛賦》引同。小徐作"斫木斧也"。《字鑑》引同。筠案:本作斫也,或據下文"斫,擊也",謂是動字,乃以意增木字,又有覺其不通者,乃增斧字。然斧篆下固云:"斫也。"則未增者也。斤之刃橫,斧之刃縱,其用與鋤、钁相似,不與刀鋸相似,故云"斫也"。

謹按:斤,甲文作🔲等形,正如王筠所說,像橫斤之斧,蓋即今日木匠所用之錛子也。俗稱"平斤"。"斤"去聲,"錛""斤"叠韻。

【斗】　當口切　　今讀 dǒu

許解:十升也。象形,有柄。凡斗之屬皆从斗。

《段注》:賈昌朝作升十之也。此篆叚借爲斗陗之斗,因斗形方直也,俗乃製陡字。上象斗形。下象其柄也。斗有柄者,蓋象北斗。當口切。四部。許說俗字人持十爲斗。魏晉以後作升。似升非升,似斤非斤。所謂人持十也。

王筠《句讀》:依《廣韻》引乙轉,古斗有柄。故北斗、南斗、天市垣中斗,柄雖一、二、三不等,無不有也。特言之者,蓋今斗無柄,自漢而然。

謹按:斗,甲文作?等形,金文作?等。《殷周青銅器通論》圖280所錄斗形作?狀,與甲文?之橫置形(?)極似。古時蓋以爲汲取之器,類似今之汲水之馬杓者也。後世以爲量器之專稱,其實物之形與古之斗之形制已大異,不僅在於有柄、無柄。

【矛】　　莫浮切　　今讀 máo

許解:酋矛也。建於兵車,長二丈。象形。凡矛之屬皆从矛。?,古文矛从戈。

《段注》:見《考工記》。《記》有酋矛、夷矛。酋矛常有四尺,夷矛三尋。鄭《注》:"酋、夷,長、短。酋之言遒也。酋近夷長矣。"按:許不言夷矛者,兵車所不建,不常用也。《魯頌》箋云:"兵車之法,左人持弓,右人持矛,中人御。"

謹按:矛,金文作?,今博物館陳列之矛頭多作?形,與金文相似。?即矛頭,丨爲矛柄,?則爲矛飾,即纓也。《詩·鄭風·清人》:"二矛重英。"注:"英,以羽爲矛飾也。"即纓也。

【車】　　尺遮切　　今讀 chē

許解:輿輪之總名。夏后時奚仲所造。象形。凡車之屬皆从車。?,籒文車。

《段注》:車之事多矣。獨言輿輪者,以轂、輻、牙皆統於輪;軾、較、軫、軹、轛皆統於輿，輈與軸則所以行此輿輪者也。故倉頡之制字，但象其一輿、兩輪、一軸。許君之說字，謂之輿輪之總名，言輪而軸見矣。渾言之則輿輪之總名，析言之則惟輿偁車，以人所居也，故《考工記》曰"輿人爲車"。

王筠《句讀》：篆之中央，其輿也；兩一，其輪也；丨，則屬乎輪之軸也。大車用轅，小車用輈，其制不一；且今日河南，尚多無轅車。

謹按：車，甲文作🚗等形；金文作🚗等，亦有簡作車者，則知爲整體象形。今之"車"是其省也，非謂"倉頡之制字，但象其一輿、兩輪、一軸"也。今臨潼兵馬俑出土的銅車，與"車"字之繁形近似。《詩·召南·何彼襛矣》"車"與"華"叶；《邶風·北風》"車"與"狐""烏"叶；《小雅·何人斯》"車"與"舍"叶；《大雅·卷阿》"車"與"馬"叶。"車""華"《廣韻》皆屬麻韻，"馬""舍"皆屬馬韻，"狐""烏"皆屬模韻。"馬"是"麻"的去聲，本是一韻；"模"韻古讀亦如麻。"車"又作九魚切，九屬見紐，因知車古音當讀如(ga)，後世韻變爲(ù)，故又讀如(jū)；聲變爲穿，故又讀如(cha)。"車"之反切下字《廣韻》亦屬麻韻，以諧聲求之，"狐"從瓜聲，"烏"之後起字"鴉"以牙爲聲，亦皆讀如(a)之確證。

𠂤【𠂤】　　都回切　　今讀 duī

許解：小𨸏也。象形。凡𠂤之屬皆从𠂤。

《段注》：小𨸏，𨸏之小者也。《廣雅》本之曰："𠂤，細阜也。"今譌舛不可讀矣。小𨸏曰𠂤，《國語》叚借魁字爲之。《周語》："夫高山而蕩以爲魁陵糞土"，賈逵、韋昭皆曰："小阜曰魁，即許之𠂤也。"賈逵《注》見《海賦》，其字俗作堆，堆行而𠂤廢矣。

王筠《句讀》：𠂤小於𨸏，故字形減於𨸏，俗作堆，長安有高望堆，見潘岳《西征賦》；南鄭城有漢武堆，見《梁州記》，又作坮。《益州記》："青衣神,號爲雲坉。"班固以爲離坉。或借追。《冠義》:"毋追,夏后氏之道也。"注:"毋,發聲也;追猶堆也。夏后氏質,以其形名之。"

謹按:自,甲文作 ᗫ 等形,金文作 ᗫ 等,皆像沙堆、土堆之形。橫看則爲 ♡,尤肖。今人仍稱沙土所堆積的圓錐形爲堆。語傳爲敦,如石敦;爲囤,如米囤,皆以其形似自而得名也。

【𨸏】　房九切　今讀 fù

許解:大陸,山無石者。象形。凡𨸏之屬皆从𨸏。𨸏,古文。

《段注》:也字今補。《釋地》《毛傳》皆曰:"大陸曰阜。"李巡曰:"高平曰陸。"謂土地豐正名爲陸。陸土地獨高大名曰阜;阜取大名爲陵。引伸之,爲凡厚、凡大、凡多之稱。

王筠《句讀》:……言山與邱陵之所以異名者,在於有石無石,不在大小也。《釋名》"上山曰阜"。

謹按:阜甲文作 ᗰ 等形。以形求之,與"坡""坂"音義皆通。蓋高而上平者曰陸、曰陵,自低處升陸、升陵之地曰阜、曰坂、曰坡。或用以障澤則曰壩,壩即坂也。阜則專就坡之大者言也。《史記·袁盎鼂錯列傳》:"帝從霸陵上,欲西馳下峻坡,袁盎騎,並車擥轡。"亦可證坡是自低升陵之所經地。"坡""阜"古音通。

【𨺅】　房九切　今讀 fù

許解:兩𨸏之間也。从二𨸏。凡𨺅之屬皆从𨺅。

《段注》:似醉切。按:此字不得其音,大徐依𨺅讀也;《廣韻》《玉篇》扶救切,又依𨸏音讀也。

王筠《句讀》:依此義,則𨺅即"大風有隧"之隧。

謹按:"大風有隧"一語,見《詩·大雅·桑柔》,《毛傳》:"隧,道也。"《左傳·文公元年》引此詩,《注》:"隧,蹊徑也。"又隱公元年:"隧而相見。"隧若今隧道。又僖公二十五年:"請隧,弗許。"《注》:"闕地通路曰隧。"據此諸說,可知隧乃兩阜間小路也。王說甚是。今修鐵路所開之隧道,兩旁高坡陡立,正作𨸏形。

【厽】　力軌切　　今讀 lěi

許解:絫坡土爲牆壁。象形。凡厽之屬皆从厽。

《段注》:絫者,今之累字。《土部》曰:"一曰土謂之圣。"圣者,今之鏟,以鏟取田間土塊,令方整不散,今里俗云坯頭是也,亦謂之版光。累之爲牆壁,野外軍壁多如是,民家亦如是矣。軍壁則謂之壘。

謹按:許解"絫"下應句,作"厽、絫,坡土爲牆壁"。"厽""絫"當是古今字。"坡土"即治土爲坡也。今寧夏銀川、黑龍江等地仍有治坡壘牆之習。其法:在秋收之後,田中灌水,俟其滲涸,然後用鍬切爲方塊如坯狀,移出,曬乾,用以壘牆,俗稱治坯。

【四】　息利切　　今讀 sì

許解:陰數也。象四分之形。凡四之屬皆从四。𦉭,古文四如此。亖,籒文四。

《段注》:……此算法之二二如四也,二字兩畫均長,則亖字亦四畫均長,今人作篆多誤。《覲禮》"四享",鄭《注》曰:"四當爲三,書作三四字,或皆積畫,字相似,由此誤。"《聘禮》注云:"朝貢禮純四只。"鄭志《荅趙商問》:"四當爲三。"《周禮·内宰職》注:"天子巡守禮制幣丈八尺,純四㡿。"鄭志《荅趙商問》亦云:"四當爲三。"《左傳》:"是四國者,專足畏也。"劉炫謂:"四當爲三。"皆由古字積畫之故。按《說文》之例,先籒文,次古文,此恐轉寫誤倒。

王筠《句讀》:《易乾鑿度》:"孔子曰:'陽三陰四,位之正也。'"口象四方,《說苑》"發於一,成於二,備於三,周於四",是也。八以分之。

謹按:四,甲文、金文以及六國文字皆作亖,則此字由來已久,乃古文積畫成數之法。後以積畫過多,容易混淆,故四以上之數,多借同音字爲之。張舜徽《約注》說:"至於四字,乃呬字初文……徒以四、亖音同,故先民恒借四爲亖,如借壹、貳、叁之爲一、二、三耳。"甚是。

【宁】　直呂切　　今讀 zhù

許解:辨積物也。象形。凡宁之屬皆从宁。

《段注》:辨,今俗字作辦,音蒲莧切,古無二字二音也。《周禮》:"以辨民器。"辨,具也。分別而具之,故其字从刀。積者,聚也。宁與貯蓋古今字。《〈周禮〉注》作𥳑,《史記》作積著。《釋宮》:"門屏之閒曰宁。"郭云:"人君視朝所宁立處。"《毛詩》傳云:"宁立,久立也。"然則凡云宁立者,正積物之義之引伸。俗字作佇、作竚,皆非是。以其可宁立也,故謂之宁。《齊風》作著。

王筠《句讀》:此積貯之正字也。積物必有器,所以辯其種族也。器與器相交,則所空之地皆有隅,故此字中央作六角形。

謹按:宁,甲文作ㄓ、ㅂ,ㄓ像貯物之器或貯物之地窖,形似井。空中之點,蓋指所貯之物也。金文作ㅂ、貯,下加貝爲形符,以示所貯者財物也,與甲文加點同意。

【叕】　陟劣切　　今讀 zhuó

許解:綴聯也。象形。凡叕之屬皆从叕。

《段注》:以綴釋叕,猶以糸釋厶也。聯者,連也。

王筠《句讀》:以綴說叕,則綴者叕之分別文也。不然,則綴隸糸部矣。《廣雅》作連,古今字也。《檀弓》:"殷主綴重焉。"《注》:"綴猶聯也。"

謹按:王說是也,句當絕爲"叕、綴,聯也。象形"。是以今字釋古字也。叕者,像絲線、繩索等物綴聯之形,後加糸爲"綴",加形字也。

亞【亞】　　衣駕切　　今讀 yà

許解:醜也。象人局背之形。賈侍中說以爲次弟也。凡亞之屬皆从亞。

《段注》:此亞之本義。亞與惡音義皆同,故《詛楚文》"亞馳",《禮記》作"惡池"。《史記》盧綰孫他之封"惡谷",《漢書》作"亞谷"。宋時玉印曰"周惡夫印",劉原甫以爲即"條矦亞父"。像醜惡之狀也。……別一義。《易·上繫》:"言天下之至賾而不可惡也。"荀爽:"惡作亞,云次也。"《尚書大傳》:"王升舟入水。鼓鐘惡,觀臺惡,將舟惡。"鄭《注》:"惡讀爲亞。亞,次也。"皆與賈說合。

王筠《句讀》:經典通作惡。《書·洪範》六極:"五曰惡。"《傳》云:"醜陋也。"鄭《注》:"容毀故致惡也。"《詩·正月》:"不敢不局。"《傳》:"局,曲也。"案:曲者,謂傴僂也。

謹按:亞,甲文作亞、亞,金文作亞等。《廣韻》作衣嫁切,古音屬影紐、魚韻,現代口語讀(yà)。喉牙相鄰,可互相通,古音可讀如(hɑ),音轉爲(xiɑ),與"枒""匣"音相近。枒、匣等均爲方形物,與亞相似。是以亞之象形,小則可像匣,中則可像枒,大則像序等建築物,是其本義也。亞,古音若(hɑ),與"惡"音相近,今關中口語仍謂壞、惡爲(hɑ)可證。引申之則有醜義,再引申之則有次一等、次第之義。

五【五】　　疑古切　　今讀 wǔ

許解:五行也。从二,陰陽在天地閒交午也。凡五之屬皆从五。X,

古文五省。

徐鉉等注曰：二，天地也。

《段注》：(Ⅹ，古文五如此)小篆益之以二耳。古文像陰陽午貫之形。《毛詩》"七月鳴鵙"，王肅云："當爲五月。"正爲古文五與七相近似。

王筠《句讀》：……當云：從二，從古文Ⅹ，其陰陽在天地間交午也。當逐之以說Ⅹ字。鄭注《大射儀》云："一縱一橫曰午。"服虔曰："堯作誹謗木於橋樑，交午柱頭。"

謹按：五，甲文多作Ⅹ，間有積畫作三者；金文皆作Ⅹ，段說小篆益之以二，非是。蓋Ⅹ像交午之形。即"悟"之本字。借Ⅹ作五，是假借耳。而Ⅹ則爲三、Ⅹ二字之合，取三之上下兩橫，中間加Ⅹ爲聲，則爲五也。

𠕎【六】　力竹切　　今讀 liù

許解：《易》之數，陰變於六，正於八。从入从八。凡六之屬皆从六。

《段注》：此謂六爲陰之變，八爲陰之正也，與下文言七九一例。八篆已見二篇，故類言之。六爲陰之變，九爲陽之變。聖人以九六繫爻，而不以七八。金氏榜曰：《乾鑿度》謂七八爲象，九六爲變，故象占七八，爻占九六。一爻變者以變爻占，是爻占九六也；六爻皆不變及變兩爻以上者，占之象辭，是象占七八也。公子重耳筮得貞屯悔豫皆八，董因筮得泰之八，穆姜筮得艮之八。凡陰不變者爲八也。

王筠《句讀》：言易之陰數，有六有八，不變者謂之八，變者謂之六也。

謹按：六，甲文金文皆作𠆢、𠆢。就字觀之，與數似無關連，以此表數，當是借音。本書《广部》"廬"篆，許解："寄也。秋冬去，春夏居。"《詩·小雅·信南山》："中田有廬。"鄭《箋》："中田，田中也。農人作廬焉，以便田事。"正像𠆢之形。"廬""六"雙聲，古音相近。"六"蓋借

"廬"爲之。許解及段、王二氏注,皆就《易》數立說,無關字學。

７【七】　　親吉切　　今讀 qī

許解:陽之正也。从一,微陰從中衺出也。凡七之屬皆从七。

《段注》:《易》用九不用七,亦用變不用正也。然則凡筮陽不變者當爲七,但《左傳》《國語》未之見。

張舜徽《約注》:此篆實象艸木初生,屈下直上,貫一而出之形。一者,地也,與屮(屯)字同意。

謹按:七,甲文、金文皆作十,後世未免與"十""甲"(十)混淆,始改爲七(７)"則知本象一縱一橫相切之形,非屈下直上,貫一而出之形"也。本書《刀部》"切"篆,許解:"切,刌也。从刀七聲。"疑"七"即"切"之初文,刀是後加形符。今人切物,仍作縱橫相切之形。"切"猶截也,皆斷物爲二之動作。

九【九】　　舉有切　　今讀 jiǔ

許解:陽之變也。象其屈曲究盡之形。凡九之屬皆从九。

《段注》:《列子》《春秋繇露》《白虎通》《廣雅》皆云:"九,究也。"

謹按:九,甲文作㇈等形,金文作㇈等,學者或以爲像肘形,又"九""肘"二字疊韻。或疑像結之形,即"勼"之本字。又"勾""九"古同音,借爲表數詞之"九"字。九,究也。數之盡也,過九則又爲一矣。

禸【禸】　　人九切　　今讀 róu

許解:獸足蹂地也。象形。九聲。《尔疋》曰:"狐、貍、貛、貉醜,其足蹞,其迹厹。"凡厹之屬皆从厹。蹂,篆文厹从足柔聲。

《段注》:足著地謂之厹,以蹂釋厹,以小篆釋古文也。先古文後小篆者,《上部》先二之例也。

王筠《釋例》：厹蓋通體象形。許君引《爾疋》："其足蹯,其迹厹。"蹯之古文作𤣥,象獸掌也。以𤣥而印於地,豈一ㄅ足以象之哉？其外必有匡郭,其内必有凹凸,故厹之内以象其指迹,外以象其圻鄂,乃爪所攫畫也。

謹按：古音娘日歸泥,"内"應讀(náo)。獸爪及掌曰内。猛獸群奔,爪跡遍地,踐踏人物,古稱蹂躪。今人逗嬰兒,伸手作抓癢之狀,亦謂爲抓内,並譽之爲"好内,好内",蓋古音之遺也。

罝【嘼】　　　許救切　　　今讀 shòu

許解：㹀也。象耳、頭、足厹地之形。古文嘼,下從厹。凡嘼之屬皆從嘼。

《段注》：《爾雅》《釋文》引《字林》："嘼,㹀也。"《說文》："嘼,牲也。"今本《說文》作"㹀也",乃後人以《字林》改《說文》耳。嘼、牲二字連文。《禮記》《左傳》皆云："名子者不以畜牲"是也。《牛部》㹀字下亦曰："嘼,牲也。"圈下曰："養嘼之閑。"觠下曰："讀若嘼牲之嘼。"今俗語多云畜牲。嘼今多用畜者,俗書叚借而然。《爾雅》《釋獸》《釋嘼》必異其名者,陸德明曰："嘼是嘼養之名,獸是毛蟲總號。"故《釋嘼》惟論馬、牛、羊、雞、犬,《釋獸》通說百獸之名。按：《尚書》"武成歸嘼",今作"歸獸",二字不分久矣。凡畜養古作嘼養。

謹按：獸,甲文作𤞞,金文作𤣥等,蓋像捕獸所用之獵具及陷井,疑即"狩"之本字。本書《犬部》狩篆許解："犬田也,從犬守聲。"犬田助獵,故亦名獸。或又加犬作"獸","嘼""獸"當是一字。獸,甲文作𤣥等。所以獸下無𠙴(陷井),蓋因加犬可以明意也。其上只作丫或𤣥,則知爲獵具而非像獸之形也。引申而爲一切獸類通稱。

· 308 ·

✆【甲】　　古狎切　　今讀 jiǎ

許解：東方之孟，陽气萌動，从木戴孚甲之象。一曰人頭宜爲甲，甲象人頭。凡甲之屬皆从甲。🖃，古文甲。始於十，見於千，成於木之象。

《段注》：……孚者，𡖽孚也。孚甲猶今言殼也。凡艸木初生，或戴穜於顛，或先見其葉，故其字像之。下像木之有莖，上像孚甲下覆也。

張舜徽《約注》：艸木始萌芽時，其種子率裂爲二，戴之出土，所以自衛護也。人之被甲似之，故《釋名·釋兵》云："甲，似物有孚甲以自禦也。"是已。甲字在金文、甲文中作十或作田，象孚甲坼裂之形耳。"一曰人頭宜爲甲"。《集韻》引"宜"作"空"，空即今之腔字。"人頭空"，即今語所偁腦殼也。

謹按：甲，甲文多作十，卜辭或作田。像石函之中，金文同。釋者或以爲十像魚鱗四鱗相接之形，或以爲像艸木孚甲坼裂之形。引申爲甲胄之甲。綜合考察，則十於所用之字多爲初文，像古代攻防及生產用具。以甲爲首，"甲""干"古雙聲，甲即干也，故甲乙等簡稱十干。《金文編》附錄圖，像人一手執戈、一手持盾之形。干、盾古同物。《方言》："盾，自關而東謂之干。"《小爾雅·廣器》："干瞂，盾也。"其形與十、田相似。作爲天干名是假借也。

乁【乙】　　於筆切　　今讀 yǐ

許解：象春艸木冤曲而出，陰气尚彊，其出乙乙也。與丨同意。乙承甲，象人頸。凡乙之屬皆从乙。

《段注》：冤之言鬱，曲之言詘也。乙乙，難出之皃。《史記》曰："乙者，言萬物生軋軋也。"《漢書》曰："奮軋於乙。"《文賦》曰："思軋軋其若抽。"軋軋皆乙乙之叚借。軋从乙聲，故同音相叚。《月令》鄭《注》云：

· 309 ·

"乙之言軋也。"時萬物皆抽軋而出，物之出土艱屯，如車之輾地澀滯。

王筠《句讀》：……《繫傳》曰："丨音徹。"是知丨爲中之訛。中，艸木之初也，故有出意。屯從中，象艸木之初生，屯然而難，故中亦有難意。

謹按：乙，甲文多作〔或〕，金文多作〔或〕，字形無變化。釋者或據《爾雅·釋魚》以爲"魚腸謂之乙"。或據《禮記·內則》以爲"魚骨爲乙"，均由形而求義也。又《禮記·月令》鄭注："乙之言軋也。"《釋名·釋天》："乙，軋也。"均以音釋義也。以習慣而論，大凡表序之詞，多同類，故古人十干多爲攻防及生產用具，釋爲魚腸、魚骨，似不類。《說文·車部》軋篆下許解："軋，輾也。从車乙聲。"因知"乙""軋"同聲。又《說文·金部》有"錏"字，許解："錏鍜，頸鎧也。"後世叫做護頸，乙字之形正像頸鎧之形，錏蓋即由乙衍變出的形聲字。"乀""乙""錏"古音全同，以爲天干名當是假借。姑備一說，俟詳考。

丙【丙】　兵永切　今讀 bǐng

許解：位南方，萬物成炳然。陰气初起，陽气將虧。从一入冂。一者，陽也。丙承乙，象人肩。凡丙之屬皆從丙。

《段注》：鄭注《月令》曰："丙之言炳也，萬物皆炳然箸見。"《律書》曰："丙者言陽道箸明。"《律曆志》曰："明炳於丙。"

張舜徽《約注》：……蓋一以象天，此與雨之从一同意。入者，日也。冂者，門也。日光從天而下，射入門內，則一室昭然明矣。此乃丙字从一入冂之意。

謹按："丙"字甲文多作內等，金文沿作內等形。也有填實作█者，或變形作㕚，但輪廓未變。像一整體之物，則知从一、入、冂之說、及據从一、入、冂以說義者均誤。故釋者或據《爾雅·釋魚》而以爲"魚尾謂之丙"，或以爲象物之底座，或以爲是戈矛之屬之柄，即後世所謂的刀鐏。

甲文之形,限於書寫工具,往往求簡,欲窺確形,當以金文填實之形求之。據此,疑丙當是斧鑽之"鑽",或簡作"質"。《玉篇》"鑽"字下注:"鐵鑽砧",今手工鐵匠所用之鐵砧,正作█形。砧是生產工具借爲天干名。

↑【丁】　　當經切　　今讀 dīng

　　許解:夏時萬物皆丁實。象形。丁承丙,象人心。凡丁之屬皆从丁。

　　《段注》:"丁實",小徐本作"丁壯成實"。《律書》曰:"丁者,言萬物之丁壯也。"《律曆志》曰:"大盛於丁。"鄭注《月令》曰:"時萬物皆强大。"

　　朱駿聲《定聲》:此篆當訓鐕也。象形。今俗以釘爲之。其質用金或竹若木。

　　謹按:丁,甲文多作口、〇等形,偶有作●者,金文多作填實作●、■等,偶有作▯、◐者。釋者或據《爾雅·釋魚》以爲魚枕謂之丁、魚睛謂之丁;或以爲▯、■像人之顛頂,吳、旻等字从之;或以爲實即釘之初形。今以器具論,丁當是一種刺人之器,周伯琦《六書正譌》:"丁,蠆尾也。象形。"今日口語猶謂蜂、蚊以刺傷人爲叮人。甲、金文蓋自上視下之形,故多作〇,小篆衍變才爲↑。"丁""頂"異物同形,以造字之"近取諸身,遠取諸物"之原理推之,"丁"當以"頂"爲語源,二者同族。後世國家核計人口,每有人丁、丁口等說法,"丁"即"頂"也。"釘""頂"二字,同用"丁"字,同形同音,故後世加金則爲"釘",加頁則爲"頂"。"丁"(釘)本是生產用具,用爲天干字是假借。

戍【戊】　　莫候切　　今讀爲 wù

　　許解:中宮也。象六甲五龍相拘絞也。戊承丁,象人脅。凡戊之屬皆从戊。

《段注》：鄭注《月令》曰："戊之言茂也。萬物皆枝葉茂盛。"《律曆志》曰："豐楙於戊。"

《徐箋》：鐘鼎文多作㦵，蓋从戈，而丨象矛形。戊古音讀若茂，與矛同聲也。

謹按："戊"字甲文多作㦵、㦵或作㦵；金文沿作㦵、㦵，或㦵等形。戈是類符，表示此物是戈類之物；㦵則是器形。像斧鉞之形，蓋即"戚"之古文。《詩·大雅》："干戈戚揚。"毛傳："戚，斧也。揚，鉞也。"戚、揚皆爲斧，因大小不同而有二名。戊是攻防用具，假借爲天干之名。

【己】　　居擬切　　今讀 jǐ

許解：中宮也。象萬物辟藏，詘形也。己承戊，象人腹。凡己之屬皆从己。㠱，古文己。

《段注》：戊己皆中宮，故中央土。"其日戊己"，注曰："己之言起也。"《律曆志》曰："理紀於己。"《釋名》曰："己皆有定形可紀識也。"引伸之義爲人己。言己以別於人者，己在中，人在外，可紀識也。"《論語》："克己復禮爲仁。"克己言自勝也。

張舜徽《約注》：章炳麟曰："言中宮者，雖傅合十榦，然義亦有因。宮猶躳也。凡辟詘有二，曲郤則爲跽，曲身則爲匔。己之同音有跽，長跪也。"舜徽按：己即跽之初文。

謹按："己"字甲文作㠱或㠱，金文同。甲文"雉""弟""第"等字从之，作㠱、㠱、㠱，因知㠱、或㠱本爲捆束物體以至於人體所用的繩索之類用具。用作名詞則同"系"，用作動詞則同"繫"，字或作"結"。結，今口語讀如"紀"，如結鞋帶、結紐扣。朱駿聲《定聲》曰："己即紀之本字。"是也。以爲天干之字，當是假借。

巴【巴】　　伯加切　　今讀 bā

　　許解：蟲也。或曰食象蛇。象形。凡巴之屬皆從巴。

　　《段注》：《山海經》曰："巴蛇食象，三歲而出其骨。"按：不言從己者，取其形似而斠之，非從己也。

　　《徐箋》：許以巴蟲爲一義，食象蛇爲一義。今巴蟲無可考，古蓋作ㄹ，象形。

　　謹按：巴，甲、金文未見用例。以小篆言之，象蛇之行。巴者，巴蟲也；巴蟲者，巴蛇也，長蟲也，故古籍或稱長蛇、修蛇。《淮南子·本經訓》："羿斷修蛇於洞庭。"《路史·後記》改"修蛇"爲"長蛇"。羅蘋《注》："長蛇即所謂巴蛇。"《山海經·北山經》："大咸之山，有蛇名長蛇，其毛如彘豪，其音如鼓柝。"鼓柝每作巴巴之聲，以其音名之，故稱巴蛇。亦似不無可能。

庚【庚】　　古行切　　今讀 gēng

　　許解：位西方，象秋時萬物庚庚有實也。庚承己，象人齎。凡庚之屬皆從庚。

　　《段注》：《律書》曰："庚者，言陰氣更萬物。"《律曆志》："斂更於庚。"《月令》注曰："庚之言更也。萬物皆肅然更改，秀實新成。"

　　《徐箋》：庚之取象，許君言之未詳。李陽冰謂庚從干，象人兩手把干立。今篆體遂譌爲庚，殊非其義。

　　謹按："庚"字甲文多作庚等，或作庚；金文多作庚，或作庚等，以形求之，當是旁有兩耳，中有承擊之器，可以搖響的響具。以聲類求之，當即是鉦。《說文·金部》"鉦"篆，許解："鉦，鐃也。似鈴，柄中，上下通。從金正聲。""鐃"篆下許解："鐃，小鉦也。軍法：卒長執鐃。從金堯聲。"是

313

古人用以止鼓的樂器。古人行軍,有所謂"擊鼓進軍""鳴金收兵"之說。當是金屬制器,與鐃類似。《周禮·地官·鼓人》鄭注:"鐃如鈴,無舌,有柄,執而鳴之,以止擊鼓。"庚、鉦叠韻,古音相通。小篆作兩手捧干之形,當系金文𡴁之所訛。爲天干字是假借。

辛【辛】　　息鄰切　　今讀 xīn

許解:秋時萬物成而孰;金剛;味辛,辛痛即泣出。从一辛。辛,辠也。辛承庚,象人股。凡辛之屬皆从辛。

《段注》:《律書》曰:"辛者,言萬物之新生,故曰辛。"《律曆志》曰:"悉新於辛。"《釋名》曰:"辛,新也。物初新者,皆收成也。"

朱駿聲《定聲》:此篆當訓大辠也。从䇂上,會意。干上爲辛,辠之小者;䇂,撠也。撠,刺也。䇂上爲辛,辠之大者。辠、辤、辜、辟皆从此爲意。《白虎通·五行》:"辛所以煞傷之也。"

謹按:辛,甲文多作𡴁,或上加一橫畫作𡴂;金文沿作𡴁,或填實作𡴃等。古文字學家多釋爲古代刑面之刀具,是也。辛本象形,爲刀具,因其多用於行刑,因而後成爲專用之刑刀。《白虎通》曰:"辛所以煞傷之也。"《易·睽》:"見輿曳,其牛掣,其人天且劓。"《虞注》:"黥額爲天。"蓋古人對於異族之俘虜或同族之犯人,常以辛黥其面爲記,用作俘虜。故"童""妾""僕"等字皆上从辛示意,言以辛刑其面爲記者也。引申之,爲辠愆,爲辛酸,爲辛辣諸義。假借爲天干字。

辡【辡】　　方免切　　今讀 biǎn

許解:辠人相與訟也。从二辛。凡辡之屬皆从辡。

《徐箋》:訟必有兩造,故从二辛,猶二辛也。兩造則必有一是非,因之爲辡論之義,別作辯。又爲辡別之義,別作辨。

王筠《句讀》：桂氏引《禮·三朝記》："哀公曰：'寡人欲學小辡以觀於政，其可乎？'"案：所引者，張揖《上廣雅表》也。其下文云："孔子曰：'爾雅以觀於古，足以辯言矣。'"夫哀公曰辡，孔子曰辯，足徵是一字。故辨、辮、瓣皆在他部，而辯獨在本部。所引在今《大戴禮·小辨篇》中，辡、辯皆作辨。

張舜徽《約注》：今俗倘遭人指斥而不服，有辭以駁之者曰辯，當用此字。

謹按："辡"當是"辨""辯"之初文。其字從二辛，辛者，刀具也。引申爲罪愆。漢字從兩個或三個相同之會意者，有表量的，亦有表質的。表質者亦表其勢之增强，擴大主義者如"林""森""炎""焱"等；亦有表其質之減弱或分析主義者，如"𣏟""丝""班""毳"等，此處之辡亦然。從刀本有分析義，從二辛則爲互相分辯、辨別之義。類似今日所說的辯護，所謂罪人與相訟也，當爲其引申義非本義也。

壬【壬】　　如林切　　今讀 rén

許解：壬，位北方也。陰極陽生，故《易》曰："龍戰于野。"戰者，接也。象人裹妊之形。承亥壬以子，生之敘也。與巫同意。壬承辛，象人脛。脛任體也。凡壬之屬皆從壬。

《段注》：《月令》鄭注："壬之言任也。時萬物懷任於下。"《律書》曰："壬之爲言任也，言陽气任養萬物於下也。"《律曆志》曰："懷任於壬。"《釋名》曰："壬，妊也。陰陽交，物懷妊，至子而萌也。"

《徐箋》：壬，負任也。假借爲壬癸字，久而爲借義所專，又增人旁作任。

謹按：壬，甲文作 𐅁，金文沿作 𐅁，或作 𐅁。小篆改中間一點爲橫，遂成壬形。釋者或以爲"工即縢的古文，機持經者也。象形"。或以爲工即工字,乃器物之象形。蓋古代錐鑽之類,以工具言則名壬,以工作言則名工。或以爲:"以聲求之,當是鑱字,鑱是石針,壬、鑱當是古今字。"或以爲"壬爲兩面之斧"。按:甲文有⚒字,學者隸定爲軔,實即古"壬"字之繁寫。⚒像車的兩輪,其間之工即軔,在車身前端下方。之所以畫出兩輪,是爲工之表義造成一個環境也,與"果"下之木,"石"上之厂同法。車停則以工撐持,使不傾覆;車行則懸工於上,古稱"發軔"。"工""軔"古今字,音同。以"壬"爲天干字是假借。

【癸】　　居誄切　　今讀 guǐ

許解:冬時水土平,可揆度也。象水從四方流入地中之形。癸承壬,象人足。凡癸之屬皆从癸。𦠄,籒文从癶从矢。

《段注》:揆、癸疊韻。《律書》曰:"癸之爲言揆也,言萬物可揆度。"《律曆志》曰:"陳揆於癸。"

《徐箋》:癸从二木,不从水。考鐘鼎文多作癸,似非流水之象。周伯琦曰:"交錯二木,度地以取平,與準同義。其說似通。籒文癸从癶,即行地揆度之意也。

謹按:癸,甲文多作癸,間作癸;金文沿作癸、癸,間作癸等形,當爲小篆之所本。釋者或以爲"癸爲葵之本字,象四葉對生之形";或以爲"癸爲桂之初文,秦人另造桂字以代癸";或以爲癸乃✧之形變,即"戣"之本字,古稱三鋒矛。此說雖較前二說有理,但亦缺少確證。《考古學報》一九七九年第一期載有所出土的"朿觚""朿乙爵"之字正作✧,學者隸定作朿而不作癸。竊疑"癸"之爲字,當別有其義。據从癸得聲之字來看,如暌(乖也)、聧(耳不相聽)、葵(四葉對生)、戣(三鋒矛)、睽(左右視)、騤(<馬>回毛在背曰騤驥),都有交錯的意思。又椎,《方言》:"椎,齊謂之終葵。"又樬,《說文》"木也",《博雅》:"樬,柊樬,椎也。"因知"椎"

"椥"本一字。椎爲戰鬥武器,或成雙,故字作㕚,像二椎交錯之形。作爲天干字,是假借也。

【子】　　即里切　　今讀 zǐ

許解:十一月陽气動,萬物滋,人以爲偁。象形。凡子之屬皆从子。㜽,古文子从巛,象髮也。𢀇籒文子,囟有髮,臂脛在几上也。

《段注》:《律書》:"子者,滋也。言萬物滋於下也。"《律曆志》曰:"孳萌於子。""人"各本譌"入",今正。此與以朋爲朋攩、以韋爲皮韋、以烏爲烏呼、以來爲行來、以西爲東西一例。凡言以爲者,皆許君發明六書叚借之法。子本陽气動萬物滋之偁。萬物莫靈於人,故因叚借以爲人之偁。象物滋生之形。亦象人首與手、足之形也。

《徐箋》:據許釋十二辰通例,篆下似奪"滋也"二字。自子滋至亥荄,皆同聲相訓也。"入以爲偁",段訂作'人',是也。然謂其象物滋生而假借以爲人之偁,且謂其兼象首與手足,則此篆明象人,且有籒文从巛象髮可證,斷無物形借爲人形之理。"人以"二字誤倒,蓋謂十一月建子者,以人爲偁云爾。李陽冰曰:"子在襁褓中,足併。"愚謂初生未能行步,故略之耳。人生而戴髮,故古文㜽象髮;孺子囟不合,故籒文从囟也。籒文下从儿,即奇字人。

張舜徽《約注》:⋯⋯蓋子之言兹也,若艸木之兹生不已也,故己之所生亦偁子。字變爲崽,音讀如宰。《方言》十:"崽者,子也。湘沅之會,凡言是子者謂之崽,若東齊言子矣。"然則崽字所起甚早,乃由籒文𢀇形變而誤,子與崽,實一字耳。今讀分爲二音,猶滓从宰聲,讀阻史切;梓从宰省聲,讀即里切也。

謹按:子,甲文作𢀇、𠀉,或作𠙴等,顯系𢀇之省。金文多作𢀇等形,或𢀇,當承甲文𢀇變來。以形觀測,均像嬰兒之形(𢀇或與兒字形近),嬰兒當是其本義。十二支之子,在卜辭中,多作𢀩;在金文中,多作𢀩等形。而辰巳之巳多作𢀩,或寫作𢀩,即子孫之子,又讀如嗣即後嗣之嗣。如祀字作𥘅,像子嗣跪於示前祈禱之形;改字作𢻻,像子嗣跪地受撲救之形。以聲求之,子者茲也。艸木初生叫茲,或讀若呲,今鄉間仍管艸木初發芽曰茲芽,孳即由茲得聲、得義也。其事曰茲,其成果亦曰茲。言人則爲子,言動物則爲崽,言植物則曰籽,語源全同。以義求之,"子""嗣""崽""籽"都含有嗣續傳代之意。"十二支"之"支",古音義與"子"同,蓋即取子之音爲代表以總其名也。故十二支取義,疑皆由子孳乳繁演也。許曰:"萬物滋,人以爲稱。"滋即茲也,亦當有見於艸木茲生之義,而以音釋義,探求語源也。

𐅼【了】　　盧鳥切　　今讀 liǎo

許解:尣也。从子無臂。象形。凡了之屬皆从了。

《段注》:尣,行脛相交也。牛行腳相交爲尣。凡物二股或一股結糾紾縛不直伸者曰了戾。

謹按:尣,音料,俗謂騾、馬並其後腿向後踢彈爲尣蹶子,即當用此字也。人發怒、咆哮高跳,亦稱尣蹶子。一曰"了"即"繚"之古文,字像小孩被繚包之形,故不見手臂;"了""繚"音亦近。

𥝩【孨】　　旨兗切　　今讀 zhuǎn

許解:謹也。从三子。凡孨之屬皆从孨。讀若翦。

《段注》:《大戴禮》曰:"博學而孱守之。"正謂謹也。引伸之義爲弱小。《史記》:"吾王孱王也。"韋昭曰:"仁謹皃。"與許合。孟康曰:"冀州人謂懦弱爲孱。"此引伸之義,其字則多叚孱爲孨。

謹按:"孨"从三子,當爲同體會意字。漢字之間同體會意字,有言其量者,亦有言其質者,又有言其勢增強者,也有言其實勢減弱者。言其弱小者,如"兹",如"毳"等,"孨"字从三子亦屬此類,故其字之本義爲弱小之兒也。《廣韻・獮部》:"孨,孤露可憐也。"《段注》引孟康語曰:"冀州人謂懦弱爲孱。""孱"即"孨"也。今河北人亦謂懦弱爲孱,俗稱孨頭,是其義也。潺字从孨,言水之小或小水之流聲也。性懦弱,則凡事必戒慎,故引申而有謹義。

𠫓【𠫓】　　他骨切　　今讀 tū

許解:不順忽出也。从到子。《易》曰:"突如其來如。"不孝子突出,不容於内也。凡𠫓之屬皆从𠫓。𠫓,或从到古文子,即《易》突字。

《段注》:謂凡物之反其常,凡事之屰其理,突出至前者,皆是也;不專謂人子。

朱駿聲《定聲》:子生首先出,惟到乃順。故育字、流字皆从之,會意。

謹按:𠫓,甲文𠫓(毓)字从之,像胎兒初生之形。當爲"育"(毓)之初文。《釋言》曰:"育,稚也。"《豳風》毛《傳》曰:"鬻,稚,稚子也。""鬻"即"育"也。許解"从到子"是謂字形乃子字倒寫也。"不順"亦指胎兒初生狀,與小兒順立形不同,非謂難產、逆生也。《段注》曰:"子之不順者,謂之突如,造文者因有𠫓,施諸凡不順者。"則是其引申義也。蓋云有衝突之意。胡衝突親長,即不孝也。今鄉人罵子曰"兔崽子",蓋借兔爲突耳。

丑【丑】　　敕九切　　今讀 chǒu

許解:紐也。十二月,萬物動,用事。象手之形。時加丑,亦舉手時也。凡丑之屬皆从丑。

《段注》:《律曆志》曰:"紐牙於丑。"《釋名》曰:"丑,紐也。寒氣自屈紐也。"《淮南·天文訓》《廣雅·釋言》皆曰:"丑,紐也。"《糸部》曰:"紐,系也。一曰結而可解。"十二月陰氣之固結已漸解,故曰紐也。

朱駿聲《定聲》:丑从又而繫之。指事。與㒸同意。《説文》杻下曰:又者,从丑省。"此其誼也,即杻字之古文。《後漢·蔡邕傳》論:"抱鉗杻,徒幽裔。"以杻爲之。

張舜徽《約注》:……疑丑本手之異文。許云"象手之形",必有所受矣。以本部所録𠃑、羞二篆觀之,亦實以丑爲手也。今讀丑在徹紐,手在審紐,古人聲寬,舌齒本相通耳。

謹按:丑,甲文多作𠃑;金文沿作𠃑,或稍變作𠃑、𠃑,學者多以爲"𠃑像叉之形,當即古叉字";或亦以爲丑"像手械之形",均未得其要。以形求之,"丑"之像手與"又"之像手不同:"又"僅像手形而已,故手指舒展,不以顯意;而"丑"則像手之有所動作、正在扭動之形,故手指上端微曲攏合,以顯示出口語所謂扭動的意思。丑,敕九切,《廣韻》屬徹紐有韻。"徹"古讀舌頭,與"泥"旁紐雙聲,故可讀如"扭",疑"丑"當爲"扭"之初文。从丑得聲的同源字如狃(相枑)、鈕(印鈕、紐扣)、扭(扭動)、忸(忸怩)、蚰(蛐蜒)、汨(水文轉動)等都含有轉動的意思。丑在十二支中,位於子後,意謂陽氣由初生而扭動上升,與子意亦相連。

𡩟【寅】　　弋真切　　今讀 yín

許解:髕也。正月,陽气動,去黃泉,欲上出,陰尚彊,象宀不達,髕寅於下也。凡寅之屬皆从寅。𡩟,古文寅。

《段注》:髕,字之誤也,當作濥。《史記》"淮南王書"作螾。《律書》曰:"寅言萬物始生螾然也。"《天文訓》曰:"斗指寅則萬物螾。"高注:"螾,動生皃。"《律曆志》曰:"引達於寅。"《釋名》曰:"寅,演也。演,生物也。"《廣雅》曰："寅，演也。"《晉書·樂志》曰："正月之辰謂之寅。寅，津也，謂物之津塗。"按：《漢志》《廣雅》演字皆濥之誤。《水部》曰："濥，水瓜行地中濥濥也。""演，長流也。"俗人不知二字之別，濥多誤爲演。以濥釋寅者，正月陽氣欲上出，如水泉欲上行也。螾之爲物，詰詘於黃泉，而能上出，故其字从寅。《律書》《天文訓》以螾釋寅。

《徐箋》：蓋寅即古夤字。彐象脅肋，其中象脊，故爲夾脊肉，借爲辰名。夤當从夕，譌爲歺。《釋文》云："鄭本作臏。"是也。阮氏載父丁鼎又有作🔲者，其象形尤著矣。小篆从宀，由古文變，🔲从土，乃大之譌。《集古錄》大夫始鼎有🔲字，下从大。是其證。

謹按：寅，甲文多作🔲，或作🔲等形，但大形不變。金文多作🔲等，或作🔲等，但大與彐不變。因知大爲必不可少之部作，彐亦很重要。學者或據金文有作🔲者而以爲"寅"爲"燕"的象形字；或據金文有作🔲、🔲者而以爲"寅"像一人束帶形，表示恭敬之義。但金文源于甲文，應據甲文定初形、本義。甲文🔲象矢飛進之形，🔲像兩手捧矢之形。或是🔲之省形，🔲即"引"的本字。《說文·弓部》"引"篆，許解："開弓也。"引申之，則有伸長之意。地支之寅，繼於丑後，其意與子丑亦相連。小篆訛作🔲，但仍有🔲的遺痕。

🔲【卯】　　莫飽切　　今讀 mǎo

許解：冒也。二月，萬物冒地而出。象開門之形，故二月爲天門。凡卯之屬皆从卯。🔲，古文卯。

《段注》：《律書》曰："卯之爲言茂也，言萬物茂也。"《律曆志》："冒茆於卯。"《天文訓》曰："卯則茂茂然。"《釋名》曰："卯，冒也，載冒土而出也。"蓋陽氣至是始出地也。

《徐箋》：門字象闔門，闢之則成🔲，其體轉如開門，此與酉之古文丣極相似。

朱駿聲《定聲》：門兩扉開也，从二戶，象開闢之形。門从二戶相向，卯从二戶相背，古文象柴門桑戶形。

謹按：卯，甲文多作𝺀或𝺁，金文沿作𝺀、𝺁。學者或因聲求義，以為"卯為劉之原字"，意為殺也；或因形求義，以為𝺁為雙刀並植之形，故引申為殺；或以為"卯是窌的初文"，窌，窖也。諸說雖各有據，但與卯在十二支中位寅後辰前，義不相應；比較而言，仍以許慎解說為長。甲文𝺀、金文𝺁，均像開門之形，正今日所謂的卯時，口語慣稱開門時候。疑"卯"（寅卯字）與"卯"（劉字所从）當是二字，以形近而混。

【辰】　　植鄰切　　今讀 chén

許解：震也。三月，陽气動，靁電振，民農時也。物皆生，从乙、匕，象芒達；厂，聲也。辰，房星，天時也。从二，二，古文上字。凡辰之屬皆从辰。𨑃，古文辰。

《段注》：震、振古通用。振，奮也。《律書》曰："辰者，言萬物之蜄也。"《律曆志》曰："振美於辰。"《釋名》曰："辰，伸也，物皆伸舒而出也。"季春之月，生氣方盛，陽氣發泄，句者畢出，萌者盡達。二月靁發聲，始電至。三月而大振動。《豳風》曰："四之日舉止。"故曰民農時。

張舜徽《約注》：……辰字在金文中作𨑃作𨑃；甲文中作𨑃作𨑃，實象蜃殼形，乃蜄之初文。

謹按：辰，甲文多作𨑃等形，或稍變作𨑃；金文多作𨑃等，偶有作𨑃者。儘管辰字在甲、金文中變形甚多，但字中𠂆、乀之貝殼形不變，自是主體部分。《淮南·氾論訓》："古者，剡耜而耕，磨蜃而耨。"則知辰是貝殼。古人用為除草之器，或名為辰。𠂆是貝殼，乀當是後加之柄。辰是農具，故从辰之字如"辱""薅""農""晨"諸字，都與農事有關。古人"日出而

322

作"，即以从事農田工作所用之工具爲記時之名。今京郊農村仍有類似情況。如謂中歇時間爲抽煙時候，謂收工之時爲擦傢夥等。辰在十二支中位於卯後，義應相應。

【巳】　　詳里切　　今讀 sì

　　許解：巳也。四月，陽气巳出，陰气巳藏，萬物見，成文章，故巳爲蛇。象形。凡巳之屬皆从巳。

　　《段注》：《律書》曰："巳者，言萬物之巳盡也。"《律曆志》曰："巳盛於巳。"《淮南‧天文訓》曰："巳則生巳定也。"《釋名》曰："巳，畢布已也。"辰巳之巳既久用爲巳然、巳止之巳，故即以巳然之巳釋之。《序卦傳》："蒙者，蒙也。""比者，比也。""剝者，剝也。"《毛詩》傳曰："虛，虛也。"自古訓故有此例，即用本字，不叚異字也。《小雅‧斯干》箋云："似讀爲巳午之巳，巳續妣祖者，謂巳成其宮廟也。"此可見漢人巳午與巳然無二音，其義則異而同也。

　　朱駿聲《定聲》：巳，似也，象子在包中形，包字从之。孺子爲兒，襁褓爲子，方生順出爲㐯，未生在腹爲巳。《廣雅‧釋言》："子、巳，似也。"

　　謹按：巳，甲文多作𨒫或𠃟，金文沿作𨒫或𠃟。卜辭干支連書之例，如己巳、辛巳等，"巳"皆作𨒫，則知𨒫爲辰巳之"巳"，與子丑之"子"作凷或㝐有別，應讀如嗣，即後嗣之意。後嗣與時間無關，用於地支之名，當系借音。古人記時有以飯食爲準者，午前爲大食，日入前爲小食。食，古讀如飼。"巳""飼"音同。故可假"巳"爲"食"。巳位於午前辰後，義頗相應。

【午】　　疑古切　　今讀 wǔ

　　許解：啎也。五月，陰气午逆陽，冒地而出。此予矢同意。凡午之屬皆从午。

《段注》:啎者,屰也。"啎屰"各本作"午逆",今正。《律書》曰:"午者,陰陽交,故曰午。"《律曆志》曰:"咢布於午。"《天文訓》曰:"午,仵也,陰氣從下上,與陽相仵逆也。"《廣雅·釋言》:"午,仵也。"按:仵即啎字。四月純陽,五月一陰屰陽,冒地而出,故製字以象其形。古者橫直交互謂之午,義之引伸也。《儀禮》:"度而午。"《注》云:"一縱一橫曰午。"

朱駿聲《定聲》:午象杵形,古亦以爲杵字,故舂、秦字從此。

謹按:午,甲文多作〇或〇,金文多作丨或㐅。學者因形求義,或以爲字作〇或〇等形,頗似馬策有節。〇填實作〇,更肖;或以爲"午,御之轡也。骨文作〇若〇,御字從此作〇、〇諸形,疑象索形,殆御馬之轡也";或以爲"午、杵古今字,午爲初形,象杵"。但無論釋杵、釋轡、釋鞭,皆與記時無關,似當以聲求之。按:午,疑古切,《廣韻》屬疑紐姥韻;晤,五故切,《廣韻》屬疑母暮韻,"午""晤"二字古音全同。晤是明朗的意思,日到中天最明朗,因名其時爲午。晤從吾聲,"吾"從五聲,甲文〇、㐅形亦相近。午時在巳後,未前,一日之中光線最強,陽氣(溫度)最盛時也。一日之中由子至午,光線漸強,溫度漸高(陽氣漸升),由午至酉,光線漸暗,溫度漸低(陽氣漸降)。古人以子午爲准,分陰陽。

〇【未】　　無沸切　　今讀 wèi

許解:味也。六月,滋味也。五行,木老於未,象木重枝葉也。凡未之屬皆从未。

《段注》:《口部》曰:"味者,滋味也。"……《律書》曰:"未者,言萬物皆成,有滋味也。"《淮南·天文訓》曰:"未者,昧也。"《律曆志》曰:"昧薆於未。"《釋名》曰:"未,昧也。日中則昃,向幽昧也。"《廣雅·釋言》曰:"未,味也。"許說與《史記》同。

張舜徽《約注》:……許既以味訓未,而又申之曰"滋味也"者,明未即味之古文耳。……滋味之字，形意難象，造字者不得已而託他物之象以明之。木必枝葉茂密，而後能開花結實。艸必大本多葉，其實乃繁；皆植物成孰之候也。故未字但象木重枝葉，而滋味之義寓焉矣。《口部》之味，乃後起增偏旁體。

謹按：未，甲文多作帯、木，或作帯（與木異，像枝葉肥大形）。金文皆作帯，即小篆所本。《說文》聲訓爲"味也。六月，滋味也"，顯系牽強。但言"象木重枝葉之形"，則無不可取，甲文、金文即皆像枝葉茂盛之形。枝葉茂盛，則有光線幽昧之意。故《釋名·釋天》曰："未，昧也。日中則昃，向幽昧也。"《漢書·律曆志》亦曰："昧薆於未。"午後氣濕漸低，光綫漸弱。證之以事實，較爲合理。

申【申】　　失人切　　今讀 shēn

許解：神也。七月，陰气成，體自申束。从臼，自持也。吏臣餔時聽事，申旦政也。凡申之屬皆從申。㪅，古文申。㫃，籀文申。

《段注》：神不可通，當是本作申，如"巳，巳也"之例。謂此申酉之篆即今引申之義也。淺人不得其例，妄改爲神。攷諸古說，無有合者。

張舜徽《約注》：段說非是。申即電之初文也。金文作ㄋ；作ㄢ，甲文作ㄣ，作ㄟ，皆象電光曲折閃耀之形。初民覩此，不解所以，相與驚怪跪禱，此即天神之見所由興。許君以神訓申，蓋亦有所本矣。

謹按：申，甲文多作ㄣ，或簡作ㄢ，金文多作ㄋ或ㄟ。學者以爲像電光閃耀曲折之形，即電之初文。今日口語稱閃電，謂電光閃耀曰"打閃"。《說文》："申，神也。"神當作屈伸之意。即：申，閃也。"申""閃"二字古音同。以天氣言之，閃電多在陰雨之時，說明光線已幽暗，氣溫已下降。故《說文》曰："陰氣成。"亦即溫度低之意。申位於未後，于理甚安。

◁▶《說文》部首集注箋證

酉【酉】　　與久切　　今讀 yǒu

許解：就也。八月，黍成可爲酎酒，象古文酉之形。凡酉之屬皆从酉。丣，古文酉。从卯，卯爲春門，萬物已出。酉爲秋門，萬物已入。一，閉門象也。

《段注》：就，高也。《律書》曰："酉者，萬物之老也。"《律曆志》曰："留，孰於酉。"《天文訓》曰："酉者，飽也。"《釋名》曰："酉，秀也。"秀者，物皆成也。……古文酉謂丣也，仿佛丣字之形而製酉篆。此與弟从古文弟之形，民从古文民之形，革从古文革之形爲一例。

王筠《句讀》：酉乃古酒字也，故《律曆志》曰："留孰於酉。"《天文訓》曰："酉者，飽也。"留、飽皆與酉爲疊韻，許君不用而獨與酒篆下"就也"同用一義，足見其意矣。

張舜徽《約注》：……卯酉之酉，當以古文丣爲正文。門開爲卯，故閉門爲丣。計時之字，蓋惟此用其本義。

謹按：酉，甲文作𢍰、𢍱，或作𢍲；金文作𢍳或作𢍴，皆像酒器。常借"酉"爲"酒"字。《說文》"酉，就也。八月黍成。以酒"未免牽強，許氏以十二支配十二月，故有此等說明。用於一日之間，顯然不通。但謂"象古文丣之形……丣，古文酉。从卯，卯爲春門，萬物已出。丣爲秋門，萬物已入。一，閉門象也"。則可參考。丣像關門，已屆黃昏，與卯相對，日入而息之時也。酉位於申後，順理成章。酉，與久切，《廣韻》屬以紐有韻。丣當作力久切，《廣韻》屬來紐有韻，二字叠韻。又，以屬喻紐四等，古歸定紐，來、定二紐都在舌頭，可以旁轉，故古音假"酉"爲"丣"，完全可能。或以丣字不見甲文、金文爲說，然古文確有"丣"字，"劉""留""柳"等皆从丣，可以爲證。疑"酉""丣""卯"三字或因形似，或因音同，混淆已久也。姑錄以待考。

酋【酋】　　字秋切　　今讀 qiú

許解：繹酒也。从酉，水半見於上。《禮》有"大酋"，掌酒官也。凡酋之屬皆从酋。

《段注》：繹之言昔也。昔，久也。多下曰："从重夕，夕者，相繹也；故重夕爲多。"然則繹酒謂日久之酒，對𩰶爲疾孰酒，醴、酤爲一宿酒言之。繹俗作醳。

謹按："酋"爲金文𩰿（奠）字所从；"奠"甲文作𩰿，因知"酋""酉"本一義，酋爲酉之繁體。

戌【戌】　　辛聿切　　今讀 xū

許解：滅也。九月，陽气微，萬物畢成，陽下入地也。五行，土生於戊，盛於戌。从戊含一。凡戌之屬皆从戌。

《段注》：威，大徐本作滅，非。《火部》曰："威，滅也。"本《毛詩傳》"火死於戌"。陽氣至戌而盡，故威从火、戌。此以威釋戌之恉也。《律書》曰："戌者，萬物盡滅。"《淮南·天文訓》："戌者，滅也。"《律曆志》："畢入於戌。"《釋名》："戌，恤也。物當收斂矜恤之也。"九月於卦爲剝，五陰方盛，一陽將盡。陽下入地，故其字从土中含一。

朱駿聲《定聲》：當訓"恤"也。人被殺傷，可矜恤也。从戊，古文矛字，一，指事，識其殺傷處，與刃同意。

謹按：戌，甲文多作𢦏、𢦦，或作𢦏等形，金文多作𢦏。學者或以爲像戌形，與戊本是一字；或以爲戌之本義爲斧，像斧鋒刃旁向形；或以爲"戌"是"戚"的本字。戚者斧也，後人因"戌"爲支名所專，因而又造"戚"字。以形求之，"戌"確爲古代兵器之一。以音求之，戌，心聿切，《廣韻》屬心紐術韻。戚，倉曆切，《廣韻》屬清紐錫韻。心、清旁紐雙聲，則"戌"爲

"戌"之本字說或是。用作支名,當是借音。《說文》《白虎通》《漢書·律曆志》《淮南·天文訓》都解作"滅也"。《段注》解作"威也",其說甚恰。竊疑"戌"字結構,形聲兼義,以戊覆火,其果爲威。火,表示光線和溫度,時已入夜,故光線已沒,溫度已失,位於酉後,情理恰合。甲文用字有省形之例,如☒省作☒,酒省作酉。支名"戌"字,亦似有可能爲"威"字之省。

【亥】　　胡改切　　今讀 hài

許解:荄也。十月,微陽起,接盛陰。从二,二,古文上字。一人男,一人女也,从乙,象襄子咳咳之形。《春秋傳》曰:"亥有二首六身。"凡亥之屬皆从亥。𠀬,古文亥爲豕,與豕同。亥而生子,復從一起。

《段注》:《律曆志》曰:"該閡於亥。"《天文訓》曰:"亥者,閡也。"《釋名》曰:"亥,核也。收藏萬物,核取其好惡、真偽也。"許云"荄也"者,荄,根也,陽氣根於下也。十月於卦爲坤,微陽從地中起,接盛陰,即壬下所云"陰極陽生"。故《易》曰:"龍戰於野。"戰者,接也。謂二篆之古文實一字也。豕之古文見九篇《豕部》,與亥古文無二字。故《呂氏春秋》曰:"子夏之晉。過衛,有讀《史記》者曰:'晉師三豕涉河。'子夏曰:'非也,是己亥也。'夫己與三相近,豕與亥相似。至於晉而問之,則曰:'晉師己亥渡河也。'"此言始一終亥,亥終則復始一也。一下以韻語起,此以韻語終。

《徐箋》:古文𠀬,即豕字。假借爲辰名之亥,古音豕與豨近,聲轉爲胡改切。戴氏侗謂:"如藥之豨薟,聲轉爲海薟。"是也。豕與亥借義既別,篆體又變,而聲亦轉移,遂歧爲二字二義。

謹按:亥,甲文多作☒,與豕類似,其特點,爲後足無蹄。金文沿作☒,仍保存後足無蹄之特點。《說文·互部》彘篆,許解:"彘,豕也。後蹏廢謂之豙。"疑當移以釋丂。豙,今京郊多指產豬,俗名獲豥,"豥"即"亥"的加形字。《說文》所錄古文丂,與甲文形近。甲文"豕"作丂,因知亥與豕實非一物。學者或以爲"亥之原始初義,爲豕之象形",不同意許說。支名亥當爲借音。許解:"亥,荄也。十月。微陽起接盛陰。"以一日氣溫變化的情況而論,亥,亥時已至子夜,陰極陽生。許說不誤。以"荄"釋"亥",義亦可通。"荄"本義爲草根,春風吹又生,故孕育再生之機。可見,許氏早知十二支之亥乃借音字。又"亥"亦可讀爲"該"。《漢書·律曆志》:"該閡於亥。"該,備也,盡也。則亥言一日之間氣候運行,至此時已賅備,下一日又將複始。

參考文獻

[1] 許慎.說文解字[M].北京:中華書局,1983.

[2] 段玉裁.說文解字注[M].上海:上海古籍出版社,1984.

[3] 戴侗.六書故[M].1784(乾隆四十九年).

[4] 朱駿聲.說文解字通訓定聲[M].北京:中華書局,1984.

[5] 桂馥.說文解字義證[M].北京:中華書局,1987.

[6] 王筠.說文解字句讀[M].北京:中國書店,1983.

[7] 王筠.說文釋例[M].北京:中國書店,1983.

[8] 徐楷.說文解字繫傳[M].北京:中華書局,1987.

[9] 郝懿行.爾雅義疏[M].上海:上海古籍出版社,1983.

[10] 王念孫.廣雅疏證[M].北京:中華書局,1983.

[11] 徐灝.說文解字注箋[M].上海:上海古籍出版社,2002.

[12] 錢繹.方言箋疏[M].上海:上海古籍出版社,1984.

[13] 王先謙.釋名疏證補[M].上海:上海古籍出版社,1984.

[14] 陸德明.經典釋文[M].北京:中華書局,1983.

[15] 阮元,等.十三經注疏(附校勘記)[M].北京:中華書局,1980.

[16] 中國科學院考古研究所.甲骨文編[M].北京:中華書局,1965.

[17] 李孝定.甲骨文字集釋[M].臺灣:臺灣中央研究院歷史語言研究所,1965.

[18] 于省吾.甲骨文字詁林[M].北京:中華書局,1996.

[19] 容庚.金文編[M].北京:中華書局,1985.

[20] 周法高.金文詁林[M].香港:香港中文大學出版社,1974.

[21] 周法高.金文詁林補[M].臺灣:臺灣中央研究院歷史語言研究所,1982.

[22] 高明.古文字類編[M].北京:中華書局,1980.

[23]徐中舒.漢語古文字字形表[M].成都:四川辭書出版社,1981.

[24]陳彭年.宋本廣韻[M].北京:中國書店,1982.

[25]張玉書.康熙字典[M].上海:上海書店,1985.

[26]丁度.集韻[M].上海:上海古籍出版社,1983.

[27]王筠.文字蒙求[M].上海:上海古籍出版社,1996.

[28]顧野王.玉篇[M].上海:商務印書館,1935.

[29]梁啟雄.荀子簡釋[M].北京:中華書局,1983.

[30]曹礎基.莊子淺注[M].北京:中華書局,1982.

[31]司馬遷.史記[M].北京:中華書局,1959.

[32]班固.漢書[M].北京:中華書局,1962.

[33]袁珂.山海經校譯[M].上海:上海古籍出版社,1985.

[34]王國維.觀堂集林[M].北京:中華書局,1959.

[35]容庚,張維持.殷周青銅器通論[M].北京:文物出版社,1984.

[36]張舜徽.說文解字約注[M].鄭州:中州書畫社,1983.

[37]古文字詁林編纂委員會.古文字詁林[M].上海:上海教育出版社,1999.

[38]上海師範大學古籍整理組.國語[M].上海:上海古籍出版社,1978.

附　錄　一

《說文》部首字"六書"歸類表

▲歸類說明：

1.本歸類是結合《〈說文〉部首箋證》正文進行的。

2.歸類以《說文》小篆字形爲准，小篆字形訛變，解說不通，並有甲、金文爲證者，从甲、金文。但仍按小篆歸類，後加注釋說明。

3.凡會意兼形聲一類的字，統歸形聲類。

4.凡輔助象形字均歸象形字類。

5.當字形與字義相矛盾時，一般以字形爲歸類根據。如"豚"，《說文》"小豕也"，顯然指的是物——小豬，但字形結構是"从肉从又豕"，則歸入會意字類，而不歸入象形類。詳參閱附錄二《說文解字》"六書"歸類解說用語。

一、象形

【卷一】王玉气士丨屮艸

【卷二】小釆牛口凵止彳行牙足疋冊

【卷三】舌[①]干丩丵革鬲䚅爪丮又ナ臣乁卜用爻㸚

【卷四】目眉自白羽隹雈丫羊鳥烏華冓幺叀歺冎骨肉刀耒耒角

【卷五】竹丌工巫乃壴豆豊虍虎皿凵去丶井囪入倉缶矢高冂臺（郭）京亯（享）㝬高畗弟

【卷六】木東才叒帀巿生乇㐱乎華麥囗（wéi）貝

332

【卷七】日队晶月囧夕冊(guàn)甬卤朿鼎彔禾黍米曰𠙴朩嵩韭瓜宀吕穴𠆢冂冃㒼网襾巾帀㠯㡀

【卷八】人匕(bǐ)丘身衣毛尸舟方儿

【卷九】頁𦣻面首須彡文厃卩勹包苟鬼甶山广厂長勿冄而豖豨互豸舄易象

【卷十】馬廌鹿怠兔莧犬鼠能火囱大矢夭交尢壺亢囟心

【卷十一】水𡿨巜川泉永𠂢雨雲魚燕龍飛卂

【卷十二】乙不西鹵戶門耳匜手㐯女氏戈戉丿琴匸(xǐ)匚(匡)曲甾瓦弓弦

【卷十三】系絲率虫它黽電卵土田力

【卷十四】勺几且斤斗矛車𠂤厽宁叕亞九內畕甲乙丙丁戊己巴庚辛壬癸子𠫓丑寅卯辰巳午未申酉戌亥。②

二、指事

【卷一】一上三

【卷二】八

【卷三】只十寸皮

【卷四】刃

【卷五】甘曰丂兮亏血丹入夊夂久

【卷六】朱

【卷七】旦冏

【卷八】尺兆欠

【卷九】丏

【卷十】亦夫

【卷十二】至毋丿厂氏𠂆

【卷十三】二

【卷十四】四五六七了

三、會意

【卷一】示珏蓐䒑

【卷二】告叩哭走癶步此正是辵彳延品龠

【卷三】䀏谷向古卅誩音丵共異舁曰爨鬥史支聿肀畫隶臤殳殺

【卷四】昌䀠盾③䳈習奞首羴雈雥丝玄予受叀死筋

【卷五】左珡喜豊虤食會嗇麥舛韋桀

【卷六】林才出巢束邑䢜

【卷七】有朙多齊片克秝香毇凶朩麻宮广

【卷八】匕(huà)从比北似壬臥身老毳尾履兄兂(jì)皃見先覞次旡(zān)

【卷九】匰彡后司卩色卯辟厶(sī)屾丸危石豚

【卷十】麤狀炎黑焱炙赤灸夲夫立竝恖

【卷十一】冰瀕蟲辰谷黌非

【卷十二】民乁我弜

【卷十三】素蚰蟲垚堇里畕男劦

【卷十四】开囩辡叒

四、形聲

【卷二】半犛齒

【卷三】句言䢅䀠殺教

【卷四】鼻瞿放韧

【卷五】箕可号旨鼓虘青皀舜④

· 334 ·

【卷六】稽橐員

【卷七】臬冥東瓠癟帛

【卷八】重裘禿歈

【卷九】逐嵬户

【卷十】熊壹奢思

【卷十二】鹽系

【卷十三】風黃⑤

【卷十四】金

五、假借

【卷五】來⑥

【卷十二】西⑦

注釋：

①舌：从甲、金文爲象形字。按《說文》當爲會意兼形聲字。

②干支字本皆象形字，作干支字爲假借也。

③盾：此按《說文》爲會意字，甲、金文當爲象形字。

④舜：按《說文》爲形聲字，小篆字形謁變也。按甲、金文當爲象形字。

⑤黄：《說文》爲形聲字，按甲、金文當爲象形字。

⑥來：本爲象形字，此按常用義歸類。

⑦西：本爲象形字，此按常用義歸類。

附 錄 二

《說文解字》六書歸類解說用語

六書都是造字法,各有各的特點,界限是很清楚的。這可以從許慎在《說文解字》的解說用語中找到說明。近年有些學者(例如唐蘭先生)說:

六書說能給我們什麼?首先,它從來就沒有過明確的界說。各人可有各人的說法。其次,每個文字如用六書來分類,常常不能斷定它應屬哪一類。(見唐蘭《中國文字學・三書》)

這些話說得不太公允,還是可以商討的。單就《說文》來講,六書定義,都只用了八個字,又爲韻腳和句式所局限,嫌它不夠"明確",倒還說得過去;要是"每個文字如用六書來分類,常常不能斷定它屬哪一類",那就與事實不符合了。許慎對《說文》中所記載的九千三百五十三個字都按六書歸了類,只是歸類所用的詞語各有不同罷了。《說文》是以解說漢字的形體結構爲主要內容的著作,常常是在解釋字形之後或同時就把這個被解說的文字按六書歸了類。爲了條目清晰和分別主次起見,我們把轉注放在最後,把其他各書的識別法則提到前面。分別舉例說明如下:

(一) 象形用語

表示屬於象形的字,常用"象形",或"象……之形",或"某象某"等詞語。例如:

日 《說文・日部》日篆,解釋說:"日,實也。太陽之精不虧……

象形。"

月 《說文·月部》月篆,解釋說:"月,闕也。大陰之精。象形。"

仌 《說文·仌部》仌篆,解釋說:"仌,凍也。象水凝之形。"

虫 《說文·虫部》虫篆,解釋說:"虫,一名蝮,博三寸,首大如擘指,象其卧形。"

田 《說文·田部》田篆,解釋說:"田,陳也。樹谷曰田,象四口,十,象阡陌。"

雨 《說文·雨部》雨篆,解釋說:"雨,水从雲下也。一象天,冂象雲,水霝其間也。"

(二) 指事用語

表示屬於指事的字,常常用根據象形部分增加標誌,或變換字形辦法解說,直接註明指事的,只有上下兩字。例如:

上 《說文·上部》上篆,解釋說:"上,高也。此古文上,指事也。"按:上應作"二"。

下 《說文·下部》下篆,解釋說:"下,底也。指事。"按:下應作"二"。

刃 《說文·刃部》刃篆,解釋說:"刃,刀堅也。象刀有刃之形。"按:"象刀有刃之形"是指刀上加的標誌"丶"的位置說的。不是單指"刀"說的,"丶"不成字。《說文》慣例,凡表示指事的不成字的標誌或符號,在解說時往往不出現,所以指事的"象……之形"和解說象形字有區別,象形字是單就形象或筆劃說的。

亦 《說文·亦部》亦篆,解釋說:"亦,人之臂亦也。从大,象兩亦之形。"按:"大"是人的正立形象,亦字是腋的本字。"象兩亦之形",是指亦字兩旁的"丷"說的。"丷"不成字,所以不寫出。

匕 《說文·匕部》匕篆,解釋說:"匕,變也。从到人。"按:匕是化的本字。到、今作倒,到人就是把"人"字顛倒過來。用這種方法指出變化的意思。

　　卂　《說文·卂部》凡篆,解釋說:"卂,疾飛也。从飛而羽不見。"按:飛,小篆作飛。卂,小篆作卂,這是用省形的辦法指出飛得迅速的意思。卂今作迅。

　　(三) 會意用語

表示屬於會意的字。常用"从某从某""从某某",或"从二(三、四)某"等說法。例如:

　　信　《說文·言部》信篆,解釋說:"信,誠也。从人从言"會意。按:《論語》"與朋友交,言而有信",又《大學》"與國人交止於信"。信是人們交際準則,故从人从言。

　　走　《說文·走部》走篆,解釋說:"走,趨也。从夭止。夭止者,屈(止)也。"按:走,小篆作𧺆,隸楷訛夭作土。

　　古　《說文·古部》古篆,解釋說:"古,故也。从十口。識前言者也。"按:十口意思是輾轉因襲,即十代相傳的意思。

　　筋　《說文·筋部》筋篆,解釋說:"筋,肉之力也。从力,从肉,从竹。竹,物之多筋者。"

　　从　《說文·从部》从篆,解釋說:"从,相聽也。从二人。"按:聽在這裏作信從講。

　　炎　《說文·炎部》炎篆,解釋說:"炎,火光上也。从重火。"按:重火指火上加火,和火不同。

　　猋　《說文·犬部》猋篆,解釋說:"猋,犬走皃。从三犬。"按:"犬走皃",即一群狗快跑的樣子。

　　甜　《說文·甜部》甜篆,解釋說:"甜,眾口也,从四口。讀若戢,又讀若呹。"

(四)形聲用語

表示屬於形聲的字常用"从某某聲",或"从某,从某,某亦聲",或"从某,某省聲"等說法。例如:

河 《說文·水部》河篆,解釋說:"河,水出敦煌塞外昆侖山發源,注海,从水可聲。"按:這是所謂一形一聲,一般認為是形聲正例。

寶 《說文·宀部》寶篆,解釋說:"寶,珍也。从宀,从玉,从貝,缶聲。"按:這是所謂數形一聲,一般認為是形聲變例。

禮 《說文·示部》禮篆,解釋說:"禮,履也。所以事神致福也。从示,从豊,豊亦聲。"段玉裁說:"亦聲者,會意兼形聲也。"按:所謂亦聲是表示用作形符的字,同時也用作聲符,既然是由"形聲相益"法則構成的,仍是形聲字。

棨 《說文·木部》棨篆,解釋說:"棨,傳信也。从木啓省聲。"按:省聲是指省掉用作聲符字的一部分,啓作聲符,省掉口字,填進形符木字。

(五)假借用語

表示屬於假借的字,常用"故以為""或以為""古文以為""籀文以為"等說法。例如:

西 《說文·西部》西篆,解釋說:"西,鳥在巢上。象形。日在西方而鳥棲,故因以為東西之西。"按:西,小篆作鹵,所以才說鳥在巢上,本是象形字,借為東西之西。

來 《說文·來部》來篆,解釋說:"來,周所受瑞麥來麰,一來二縫,象芒束之形。天所來也,故為行來之來。"按:來,本是象形字,借為行來之來。

臤 《說文·又部》臤篆,解釋說:"臤,堅也。从又臣聲……古文以為賢字。"按:臤,本是形聲字,借為賢能之賢。

疋　《說文·疋部》疋篆,解釋說:"疋,足也。上象腓腸,下从止,……古文以爲《詩·大疋》字……,或曰胥也。一曰疋,記也。"

(六)轉注識別用語

表示屬於轉注的字,常用"聯文互訓"或"雙音並義"的方式解說。我們用"聯文互訓"和"雙音並義"這兩個術語,爲的是和訓詁專用的互訓區別開。《說文》是以解說單個漢字的結構爲對象的,遇到要用兩個有聲韻演變關係的漢字記錄的,古已有之的雙音詞,或兩個在形、音、義方面有密切聯繫的同義詞,需要聯合解說時就發生矛盾了。爲了既要一個字的分析解說,又要照顧雙音詞或二字同義的特點,許慎想了個變通辦法,就是把有以上情況的字,一先一後蟬聯一起,對同義詞用互訓法解釋,對於雙音詞用雙音並義法解釋。所謂"有聲韻演變關係"或"形、音、義方面有密切聯繫",實際上是一回事,歸納起來說,就是雙聲關係和迭韻關係。根據雙聲原則或迭韻原則由舊字孳乳新字,這就是轉注的造字法則。這個孳乳出來的新字就叫轉注字。分別舉例如下:

(1)聯文互訓

新舊兩字之間的情況,大都是古今字,方雅字。由舊字孳乳新字,有的是用增加音符(舊字沒有音符)的辦法,如老與考,走與趨……有的是用變換聲符的辦法,如妹與娚,逆與迎……下邊按照聲韻演變情況各舉幾個例字。如:

顛與頂　《說文·頁部》顛、頂二字蟬聯。顛篆解釋說:"顛,頂也。从頁真聲。"頂篆解釋說:"頂,顛也。从頁丁聲。"

竅與空　《說文·穴部》竅、空二字蟬聯。在表示"孔"這個意思上是同意字。竅篆解釋說:"竅,空也,从穴敫聲。"空篆解釋說:"空,竅也。从穴工聲。"

逆與迎　《說文·辵部》逆、迎二字蟬聯。逆篆解釋說:"逆,迎也。

从辵屰聲。關東曰逆,關西曰迎。"迎篆解釋說:"迎,逢也,从辵卬聲。"

飴與飵　《說文·食部》飴、飵二字蟬聯。飴篆解釋說:"飴,相謁食麥也,从食占聲。"飵篆解釋說:"楚人相謁食麥曰飵,从食乍聲。"

以上是雙聲轉注例。一、二兩例是古今字,三、四兩例是方雅字。

標與杪　《說文·木部》標、杪二字蟬聯。標篆解釋說:"標,木杪末也。从木票聲。"段注:"古謂木末曰本標。"杪篆解釋說:"杪,木標末也。从木少聲。"

隅與陬　《說文·阜部》隅、陬二字蟬聯。隅篆解釋說:"隅,陬也。从阜禺聲。"陬篆解釋說:"陬,阪隅也。从阜取聲。"

妹與娟　《說文·女部》妹、娟二字蟬聯。妹篆解釋說:"妹,女弟也。从女未聲。"娟篆解釋說:"娟,楚人謂女弟曰娟,从女胃聲。"

芋與莒　《說文·艸部》芋、莒二字蟬聯。芋篆解釋說:"芋,大葉、實、根駭人,故謂之芋。从艸于聲。"莒篆解釋說:"莒,齊謂之芋爲莒,从艸呂聲。"

以上是迭韻轉注例。一、二兩例是古今字,三、四兩例是方雅字。

(2)雙音並義

這指的是古已有之的雙音詞,兩個音節合起來表示一個單純的意思。這種字的孳乳關係比較複雜一些,有的可能是由另一個單音字演變出來的。如茨演變爲蒺藜,空演變爲窟窿,蛩演變爲蟋蟀;有的可能是由單音延引爲雙音,如轂(轂)轆、螳螂、鷦鷯等。下邊以雙聲、迭韻爲標準各舉幾個例字。

忼與慨　《說文·心部》忼、慨二字蟬聯。忼篆解釋說:"忼,忼慨也。从心亢聲。"慨篆解釋說:"慨,忼慨,壯士不得志也。从心既聲。"

趑與趄　《說文·走部》趑、趄二字蟬聯。趑篆解釋說:"趑,趑趄,行不前也。从走次聲。"趄篆解釋說:"趄,趑趄也。从走且聲。"

蜽與蛧　《說文·虫部》蜽、蛧二字蟬聯。蜽篆解釋說："蜽蛧,山川之精物也。……从虫网聲。"蛧篆解釋說："蛧,蜽蛧也。从虫兩聲。"

菡與萏　《說文·艸部》菡、萏二字蟬聯。菡篆解釋說："菡,菡萏也。从艸函聲。"萏篆解釋說："萏,菡萏,芙蓉華未發爲菡萏,已發爲芙蓉,从艸閻聲。"

以上一、二兩例是雙聲並義,三、四兩例是迭韻雙音並義。兩個漢字相當兩個音節,合到一起,作爲一個雙音詞的音標。分開來,都沒有任何意義。以上四例的解說,很清楚地說明這種情況。

在這個小節中所舉的雙聲、迭韻的例字,是經過選擇的力求和現代語音相近,以便於理解。儘管如此,古今聲韻差別,仍不能完全避免。如"竅與空""逆與迎",按現代音讀,已經不是雙聲了。"隅與陬""走與趨",按現代音讀,已經不是迭韻了。研究《說文》的音韻,要以古音爲標準,不能拿現代聲韻來衡量。(節錄自辛介夫先生《說文轉注探原》。)

後　　記

　　1985年秋天,我們從祖國的不同方向,匯聚陝西師範大學中文系,投入辛先生門下,成了辛介夫先生的第一批碩士研究生。2007年1月14日,我們敬愛的辛介夫先生永遠離開了我們。先生走了,給我們留下了無限的傷痛,也給我們留下了無盡的思念。

　　最難忘先生的修養和境界。先生是一位充滿正能量的長者,1958年先生不幸被錯劃為右派,遭受坎坷磨難20年。但是20年的苦難卻成就了先生對《說文解字》的背誦和自成一家的研究。1979年重返教學崗位,先生從不怨天尤人,不但自己夜以繼日地工作,以彌補失去的美好時光;同時時常勉勵弟子們惜時如金立志成才,努力報答社會、報效國家。浩然正氣,坦蕩情懷,赤子之心,拳拳之忠,雖九死而尤未改。老人家85歲的時候還受聘為陝西師範大學文科基地班的學生講授《周易》,94歲的時候還在看足球比賽,關注中國足球走向世界。在重返教學崗位的28年裡,每逢國有盛舉,老人家總會欣然賦詩,刊于校報。這是一種學得來的精神,這是一種學不來的情懷,學不來的境界。

　　最難忘先生傳道授業,每逢先生講授"說文解字選修課",一座難求,必須提前搶座。在先生的課上,不僅能體驗學問,更能學會做學問。先生有詩曰:"鴛鴦不繡繡凡鳥,樂把金針度與人。"(《說文擁彗·跋》)體現了辛先生教書育人的境界。我們研究文字訓詁,考證文字的能力和方法都來自于辛先生的教誨、傳授。先生之德範,仰之如太乙終南;先生之情懷,感之如三秦大地;先生之學術,行之如周行大道。《說文部首集注箋證》一書,就是先生培養我們讀書研究的記錄和見證。書稿猶在,斯人已逝。見書思人,懷念先生。

《說文部首集注箋證》的問世,承載了我們對先生的懷念,承載了先生對我們的教誨。為此,我們由衷地感謝陝西師範大學副校長党懷興教授,沒有党懷興教授的親自籌劃、安排、組織、協調,就沒有本書的今天。本書在出版過程中還得到了陝西師範大學文學院的領道和陝西師範大學出版社幾位編輯的支持和幫助,在此謹表謝忱!

在本書的整理過程中,葉正渤同志和他的研究生們根據1988年油印版《說文部首集注箋證》完成文字的錄入工作,并進行了校勘;陳楓同志和党懷興教授的研究生完成了一至七卷的古文字替換和再次校勘;蔡永貴同志和他的研究生完成了八至十四卷及附錄一的古文字替換和再次校勘。又由蔡永貴同志和他的研究生對全書進行了第三次的整理和校勘。最後由陳楓同志和党懷興教授、趙學清教授的研究生進行了最終的校勘。對於各位老師和同學的鼎力相助,我們表示由衷地感謝。

由於1988年油印《說文部首集注箋證》校對不精,又有缺字,而我們1986年以來形成的手寫稿一時又難以找齊,所以校對起來非常困難,難免留下不少舛誤,敬請見諒。

蔡永貴 陳 楓
二零一七年三月

參編人員近況

葉正渤,江蘇響水人,江蘇師範大學文學院教授。

陳　楓,新疆烏魯木齊人,陝西師範大學文學院教授。

蔡永貴,陝西子洲人,寧夏大學人文學院教授,榆林學院文學院教授。

田耕漁,四川鹽源人,綿陽師範學院教授。

陳　曦,江蘇蘇州人,北京语言大學教授。

馮玉濤,陝西銅川人,華僑大學華文學院教授。